U0136116

明清的西學中源論爭議

雷中行　著

蘭臺出版社

序

黃克武

　　雷中行先生將他在清華大學歷史研究所的碩士論文（2007）修改出版，我感到特別的高興。他自幼生長在史學氣氛十分濃厚的家庭環境，其後秉承庭訓，考取清華大學歷史研究所。這一本論文最初受到徐光台教授啟發，其後由我與該校黃敏枝教授共同指導，口試時又承蒙師大洪萬生教授、清華大學鍾月岑教授多方指正，可以說是結合了台師大、清華與中正大學三所學校的史學傳承，而孕育出來的一個作品。口試時委員們均認為這一篇論文花了很大的功夫，深具價值。一年多之後，我們終於看到這一本書的問世，無論是對於較廣的明清科學史、中國近代思想史而言，或者較專門的嚴復研究來說，中行這一本書都具有突破性的貢獻。

　　中國近代史上的「西學中源論」和一個相關的題目如「中國文明西來說」一樣，是一個不太受到學界重視的題目，主要的原因是現在的讀者大多會覺得這類的理論是過時的，甚至可以說荒誕不經的，因此不值細究。然而，如果我們回到明清以來的文化

脈絡，卻會發現，這些理論都曾經風行一時，甚至許多一流的知識分子都對之深信不疑，而撰文鼓吹，如黃宗羲、章炳麟、梁啟超、俞樾等。究竟是哪些因素，促成此一現象呢？我們必須返回到當時歷史的場景，重新來檢視這些問題所源生的文化場景與思想論域。「中國文明西來說」最近有日本學者石川禎浩與李帆等人的研究，[1]中行這本書則重新檢討了「西學中源論」。

　　過去學界有關西學中源論的研究甚少，我們對此議題的認識多半依賴全漢昇教授在 1936 年所撰寫的〈清末的「西學源出中國」說〉，或是王爾敏、熊月之等學者的作品，[2]這些研究成果或是為時已久、或是較為簡略，難以窺其全豹。中行的專書可說是首次從長期的歷史演變與深入的文本分析兩方面，來探討此一議題。他不但仔細地討論了明末清初以來幾位重要的「西學中源論」論者的想法、釐清其脈絡，而且指出了「西學中源論」內部的複雜性。

　　例如當時有人考察知識源流，進而指出「新學新知只是深入

---

[1]　石川禎浩，〈20 世紀初年中國留日學生「黃帝」之再造──排滿、肖像、西方起源論〉，《清史研究》2005:4，頁 51~62。李帆，〈西方近代民族觀念和「華夷之辨」的交匯──再論劉師培對拉克伯里「中國人種、文明西來說」的接受與闡發〉，《北京師範大學學報（社會科學版）》2008:2，頁 66~72。

[2]　全漢昇，〈清末的「西學源出中國」說〉，《嶺南學報》，卷 4 期 2（1936），頁 57~102。王爾敏，〈中學西源說所反映之文化心理趨向〉，《中央研究院成立五十周年紀念論文集》（臺北：中央研究院，1978），頁 793~808。熊月之，《西學東漸與晚清社會》（上海：上海人民出版社，1994）。

補充中學的粗疏之處」（劉嶽雲）；有人則在古籍中找尋各種依據，來證明「西學中源論」的成立（王仁俊）。有的學者藉此抒發己見，或企圖貶抑西學、鑽研中學（阮元、張自牧）；或藉此消除人們對西學的敵視、強化西法學習之正當性，進而促成中西學的會通（如梅文鼎、奕訢、張自牧）。此外還有學者，像薛福成，不但本身的想法有所轉變，而且又將「西學中源論」改為「西學東源論」，綜合考察埃及、希臘、印度、中國等文明對西學形成的影響，使此一理論更為圓融。上述的各種觀念都冠在「西學中源論」的大帽子之下，經過本書作者的釐清，我們得以瞭解其內部複雜、多元的面貌。

　　本書不但深入分析「西學中源論」的內容，也描繪了當時學者對它的質疑與批判的情況，這兩者猶如兩軍之對壘，展現思想界的交鋒。如李之藻、江永、趙翼等都指出南宋時陸九淵所謂「東海西海，心同理同」的說法是有道理的，[3]中國與歐洲其實互不交流，只是因為具有一些共同的心理趨向，而觀察、發明出一些類似的科學理論；另一些人如新教傳教士與王韜則是對於西學源流的考察，展現西學自有其本身的體系，與中學無涉。順此理路，作者提出了他對嚴復翻譯赫胥黎《天演論》的一個很重要的觀察。他認為嚴復翻譯此書的原因之一，就是藉此說明西學本身獨

---

[3]　　有關此一觀念的演變，參見葛兆光，〈一個普遍真理觀念的歷史旅行——以陸九淵「心同理同」說為例談觀念史的研究方法〉，《東嶽論叢》，2004：4，頁 5~15。

特的歷史發展、批判西學中源論，以糾正官紳士子對西方的淺薄
認識。我認為這個說法完全可以立足。

　　有關嚴復對西學中源論的反應，最早要追溯到他赴英國留學
期間的經驗。1878 年 3 月 12 日在英國留學的嚴復與當時擔任駐
英公使的郭嵩燾討論到張自牧（力臣，1833-1886）的〈瀛海論〉
（張自牧的「西學中源論」，可參見本書第二章）。[4]張自牧是
郭的好友，在日記中曾多次記載兩人討論時事、洋務，甚至一些
重要的人事任命案，郭稱讚他「於洋務所知者多，由其精力過人，
見聞廣博，予每嘆以為不可及」（1879 年 5 月 9 日日記），[5]由
此可見兩人關係匪淺，且在積極認識西學上具有共識。在郭出使
之前，曾保舉當時為「布政使銜貴州候補道」的張自牧作為二等
參贊官，後張因故未能成行。[6]嚴復在與郭嵩燾討論時很直率地
批評了張自牧的「西學中源論」。例如張自牧認為基督教其實是
源於墨子的想法，加上印度、阿拉伯的觀點。他在〈瀛海論（中
篇）〉中說，「耶穌天主之教……蓋墨氏之本旨，而緣飾以桑門
天方之說，煦煦為仁、孑孑為義，兼天下而愛之，撥遂萬物以利
之，無君臣、父子、夫婦、兄弟之倫，而一以朋友之道處之，博

---

[4]　　郭嵩燾，《郭嵩燾日記》（長沙：湖南人民出版社，1982），卷 3，頁
444~445。

[5]　　同上，卷 3，頁 855。

[6]　　葛士濬編，《皇朝經世文續編》（上海：廣百宋齋校印，1891），「遵
旨議奏疏附各片　總署王大臣」，頁 5~1。汪榮祖，《走向世界的挫折：郭
嵩燾與道咸同光時代》（臺北：東大，1993），頁 221。

施尚同，而昧於本末親疏之道。」[7]張自牧並表示「天主」二字源於中國。郭嵩燾記載了嚴復對他的質疑：

> 其辟力臣論十字架及天主之名乃特妙，以為力臣之言：「天主二字，流傳實始東土」，不識所流傳者其字乎？其音乎？其字Roman Catholic，其音則羅孟克蘇力也，何處覓「天主」二字之諧聲、會意乎？[8]

嚴復也知道郭、張為好友，並認識到張自牧的「西學中源論」說法具有積極開拓西學的意義，張自牧藉此指出不應排斥西學，且儒者應以不知西學為恥；不過嚴復也看到張自牧思想中與舊有觀念的妥協面，他批評張自牧對鐵路、機器的保守態度，以及對海防工作的忽略。由此可見嚴復對西學中源論，或藉此論來接引西學的作法，早有質疑，而後來他在〈《天演論》自序〉（「富文本」）中說「必謂彼之所明，皆吾中土所前有；甚者或謂其學皆得於東來，則又不關事實，適用自蔽之說」，可謂其來有自。

作者在論證嚴復以《天演論》批判「西學中源論」時，有一個在材料運用上的重要特點。他運用了與目前通行的《天演論》不同的早期版本，亦即辜公亮文教基金會於 1998 年出版的《嚴復合集：天演論匯刊三種》中所收錄的「味精本」、「手稿本」，

---

[7] 張自牧，〈瀛海論（中篇）〉，葛士濬編，《皇朝經世文續編》，卷一百二，「洋務二洋務通論中」，頁 16~1。

[8] 郭嵩燾，《郭嵩燾日記》，頁 444~445。

與「富文本」。尤其文中對於「重構聖人意義」之分析，最為精彩，作者引用「味經本」中的兩段話：

> 今夫移風易俗之事，古之聖人亦嘗有意於此矣。然而卒不能者，格物不審，見道不明，而智慧限之也。居今之日，藉真學之日優，而思有以施於濟世之業者，亦惟去畏難苟且之心，而勿以晏樂媮生為的者，而後能得耳。[9]
> 〔世人〕視聖智過重，以轉移世運為聖人之所為，而不知世運至，然後聖人生。世運鑄聖人，而非聖人鑄世運也。徒曰明自然而昧天演之道故也。[10]

這兩段話的確展示西方的「智慧」讓嚴復對聖人觀念作出新的詮釋。對嚴復來說，新的聖人可藉西方的智慧去實現以往「移風易俗」的道德理想；然而另一方面聖人的能力又有所限制，必須要依賴「世運」而起。此一想法與嚴復在〈論世變之亟〉（1895）中所論完全一致：

> 嗚呼！觀今日之世變，蓋自秦以來，未有若斯之亟也。夫世之變也，莫知其所由然，強而名之曰運會。運會既成，

---

[9]　「味經本」，頁 78。此段在「富文本」中「居今之日」前均被刪除，「藉真學之日優」被改為「藉真學實理之日優」，此外還有些許文字之出入，見頁 276。
[10]　「味經本」，頁 37。此段在「手稿本」中被刪除，見頁 122~123。「富文本」又增添進入，見頁 231。

雖聖人無所為力，蓋聖人亦運會中之一物；既為其中之一物，謂能取運會而轉移之，無是理也。彼聖人者，特知運會之所由趨，而逆睹其流極。唯知其由趨，故後天而奉天時；唯逆睹其流極，故先天而天不違。於是裁成輔相，而置天下于至安。後之人從而觀其成功，遂若聖人真能轉移運會也者，而不知聖人之初無有事也。[11]

由此可見嚴復所謂的「世運」其實是結合了西方的「天演之道」與宋朝邵雍的「運會」觀念，這也顯示此一聖人仍與宇宙有直接的關係，不能以「除魅化」或「世俗化」的觀點來看。換言之，嚴復所重構的聖人概念既有延續，亦有創新。[12]

　　上述的討論依賴早期《天演論》的初譯本，而非後來的定稿本。在此可約略對這些版本的差異加以說明。「味精本」是由陝西味精售書室刊印，該書有「去今光緒二十二年丙申……」（頁39）的字眼，可知是嚴復譯於 1896 年的初稿本，根據陝西學政葉爾凱與汪康年的通信，此書係味經書院劉古愚（與康梁關係密切，可能是透過梁啟超取得此一版本）編校出版。[13]孫應祥、

王天根兩位先生對此版本的源流有詳細考證,可以參看。[14]至於「手稿本」題名為《赫胥黎治功天演論》,現藏北京中國革命博物館,「手稿墨書,以紅藍綠各色筆作修改」(頁81),冊中有刪改過程的日期標示多處,如「丁酉六月初六刪改」(頁155),可知是 1897 年嚴復修改的版本。根據筆者考訂,這一個版本是1897 年 3 月請呂增祥至保定面交吳汝綸的本子,吳汝綸在上面以黃、藍筆作批註,再由嚴復改定。有關吳汝綸對嚴譯《天演論》的具體貢獻,可參看拙著〈走向翻譯之路〉。[15]「富文本」由南京富文書局出版,印於 1901 年。它與 1898 年正式出版的湖北沔陽盧氏慎始基齋本,大致相同,僅刪去後者〈譯例言〉中說明版本來源而註明「嚴復識於天津尊疑學塾」的一段話。「富文本」與 1905 年商務印書館的版本也沒有太大的差異。

　　在「味經本」與「手稿本」刊行之後,多數人只是藉此考訂其版本流傳,而忽略了經吳汝綸建議而為嚴復所刪除的許多字句,以及它們在思想史上的意義。這些句子是嚴復翻譯赫胥黎著作的最初感受,只要稍微比對「味經本」與「手稿本」就可以發現,這些被嚴復「勾去」的文字主要有以下兩類。嚴復在「手稿

---

[14]　孫應祥,〈《天演論》版本考異〉,收入黃瑞霖主編,《中國近代啟蒙思想家》(福州:方至出版社,2003),頁 320~332。王天根,〈嚴復譯著時間考析三題〉,同上書,頁 309~319。

[15]　黃克武,〈走向翻譯之路:北洋水師學堂時期的嚴復〉,《中央研究院近代史研究所集刊》,期 49(民國 94 年),頁 1~40。

本」的「譯例」（這一部分在「富文本」中被改為「譯例言」，其內容或有所擴充，或被刪除）對此有以下的說明：

> 原書引喻多取西洋古書，事理相當，則以中國古書故事代之，為用本同，凡以求達而已。……有作者所持公理已為中國古人先發者，謹就謭陋所知，列為後案，以備參觀。（頁85）

在「富文本」的「譯例言」中前半段完全被刪除，而後半段則被改為「今遇原文所論，與他書有異同者，則就謭陋所知，列入後案，以資參考」。這個對照很值得注意。這顯示在1897年春天嚴復將譯稿給吳汝綸之前，他對中西學的關係有一些徬徨，他知道「由此而必謂西學所明皆吾中土所前有，固無所事於西學焉，則又大謬不然之說也。蓋發其端而莫能竟其緒，擬其大而未能議其精，則猶之未學而已矣，曷足貴乎？」（「手稿本」序，頁83~84，作於1896年秋）這一段話在「富文本」之中略有所改動，但大旨相同。問題在於他同時也相信赫胥黎的觀點之中有「所持公理已為中國古人先發者」，這樣的想法也使他很大膽地採取所謂「換例譯法」，將西方的事例取代為中國古書中的事例（嚴復在1908年翻譯《名學淺說》時仍多次運用此一譯法）。在吳汝綸批改嚴復的初稿之後，嚴復在這方面變得更為小心，他不但刪除了中國事例，也勾去了正文之中插入的《易經》、《書經》、《孟子》等古書上的話。換言之，吳汝綸的提醒使他更意識到西方歷史的

獨特性,而且不再說有些西方公理「已為中國古人先發」。此後嚴復轉而強調「其中所論,與吾古人有甚合者。」[16]總之,從「已…發」到「甚合」是一個值得玩味的轉變。後來他多次表示斯賓塞的理論與《大學》、《中庸》相配合(見《群學肄言》〈譯餘贅語〉),而西方自由的觀念與傳統中國「絜矩」的想法非常類似(見《群己權界論》)〈譯凡例〉)。

這種對中西學關係的矛盾態度,亦即一方面認為中西文化有所不同,另一方面又以為兩者部分相合的想法,與嚴復一生中企圖建立一個會通性的理論來解釋「中學和西學的異同及其互相關係的問題」與追尋富強、自由與文明之新中國的理想,一直交織在一起。如果說在 1890 年代末期嚴復集中火力攻擊「西學中源論」的話,那麼到了 1900 年代,他又把焦點放在攻擊張之洞的「中體西用論」,在這方面 1902 年所撰寫的〈與《外交報》主人書〉一文最具代表性。而民國成立之後,他再將矛頭對準陳獨秀、胡適等五四健將的「全盤西化論」,很可惜此時他只能發出很微弱的聲音,激進的時代掩蓋了嚴復對中西文化接觸、互動的深沉思索。嚴復與清末民初三種最具影響力之文化理論之對壘,足以映現他本身「舉中外治術學理,靡不究極原委,抉其失得,證明

---

[16] 　這一句話最早出現在 1896 年秋天,嚴復所撰〈赫胥黎治功天演論序〉,「其中所論與中士古人有甚合者」(頁 84),至「富文本」改為「其中所論,與吾古人有甚合者」(頁 171)。

而會通之」，或所謂「繹新籀古折以中」的理想。[17]本書作者對於「西學中源論」的深入討論，幫助我們釐清了這一段糾葛不清的歷史與嚴復在這方面所扮演的重要角色。

---

[17] 陳寶琛，〈清故資政大夫海軍協都統嚴君墓志銘〉，《嚴復集》，冊5，頁1542-1543。

致謝

　　我感謝所有願意耗費時間，充實我諸多知識的朋友。在學習的意義上，他們都是我的老師。來自於清大歷史所的周維強、陳敏皓、許進發，和陳志銘等四位先生，使我免於犯下各種愚蠢的歷史學錯誤。來自於中正歷史所讀書會的李昭毅、林靜葳、王震邦、朱振宏、伍少俠、馬以謹，和林恩辰等七位先生女士，不厭其煩地閱讀我的草稿，並予以指正。來自於清大合唱團的丁孝鈞、陳欣楷、歐博翔、林明興，和林佳怡等五位先生女士，為我闡示近現代天文物理學、熱力學、動植物學等學科背景知識。來自於清大思潮社的呂寧遠和秦安倫兩位先生，則為我的諸多莫名其妙的科學疑議提出解釋。最後，感謝中正大學鄭榮偉教授與南山人壽林好嬪女士，分別在 20 世紀物理學史和細胞學上為我解惑。沒有上述各位，我無法完成這份論文。

　　撰寫論文的過程中，我感謝徐光台老師，帶領我進入科學史的領域。他的督促與教誨，使我有長足的長進，儘管其中有相當的鬱悶，但是也挾帶大量的快樂。我能圓滿畢業，必須特別感謝黃克武、黃敏枝、鍾月岑，和洪萬生等四位老師，在我陷入困難時毫不考慮地伸出援手。他們教導我的東西，已然超越學識，我

願將他們給予我的，給予旁人。

　　最後，我要感謝我的父親，雷家驥先生，沒有他的身教和廚藝，我不會步入歷史之域，並且餓死。我的母親，黃淑梅女士，她兩度為我校對此書，沒有她的幫忙，我在當兵期間永遠做不完校對工作。王遠義先生，沒有他的引領，我的研究之途將無從開始。

2008　9 月 29 日

嘉義嵩園・老爸書房

目　錄

第一章　序論

　　約莫三百五十年前，明末傳教士在中國傳播西方自然知識。從此一時點開始，註定了中國士子日後所遭受的智識衝突與命運。本書將為各位揭示，明清兩代所發生的，歷史考據與自然知識的連串爭議，表面上是中國士子逐步接受西方近代科學的過程，其實卻紀錄著歷代偉大心靈如何竭力突破智識上所面臨的衝突與困境。在這個意義上，雖然舊日的中國人認識科學的過程，已然埋沒於歷史深淵，瞭解它似乎於現實生活毫無益處，但是偉大心智所遭遇的，所有跨文化的衝突，反覆的「優越新知」與「傳統舊說」對抗，仍值得當下及未來的人們一再反省，以為借鏡。筆者期許，閱讀者在知悉這段歷史之時獲得樂趣，同時能更理解與憐憫這個時代中國士子們遭受的智識衝突與困境，一如對待抱持異議的親人，甚至是不同時期的自己。

一、西方科學源自於中國

　　中國近代史上，西學東漸對中國學術的影響是顯著的，為了

因應西學帶來的衝擊，明清士子持續對中學與西學的關係問題作出討論。這個問題之一形成明清的西學中源論爭議，爭論著西方科學是否源自於中國。[1]乍看之下，這個主張很蠢，根本不須認真看待。但是事實是，明清士子甘為之耗費心血，撰文持論，務求其說成立，它成為明末到清末近三百年來的主流思想，在中國近代史上，它意義非凡。該如何解釋這個奇怪的歷史圖像，筆者不停地反覆推敲，最終，發現它比原先預想的更為矛盾且複雜。問題有趣的地方是，明清士子在論述西學中源論時，採用的論證相當特別，迥異於筆者以往對於西學的認識，同時他們在處理中學與西學關係的立場上顯得複雜且隨時代而變化，[2]更促使筆者對此一脈絡感到好奇。基於一次偶然的機會，筆者發現嚴復（1854-1921）翻譯的《天演論》[3]（1898）與西學中源論有所關

---

[1]　西學中源論爭議只是中國處理自身與西方關係的其中一個面向，另一個有關的重要爭議，即是晚清張之洞主張的「中體西用論」爭議。由於西學中源論與中體西用論，兩者雖同為處理中學與西學的關係，但是內涵卻相去甚遠，時間段限也不相同，是以筆者僅試圖透過本書探討西學中源論爭議，暫不處理中體西用論的相關問題。

[2]　參王揚宗，〈「西學中源」說在明清之際的由來及其演變〉，《大陸雜誌》，第九十卷，第六期，1995，頁 44。值得一提的是，歷史上處理中國與西方文化源流的論述，上古即有所謂的老子化胡說，明清的主流為西學中源論，然而時至二十世紀初期，至三十年代為止，中國文化西源說開始盛行，恰巧與西學中源論論述顛倒。參王爾敏，〈中西學源流說所反映之文化心理趨向〉，收錄於《中央研究院成立五十周年紀念論文集》（臺北：中央研究院，1978），頁 793~795，802~804。

[3]　嚴復撰，王慶成主編，《天演論匯刊三種》（臺北：財團法人辜公亮文教基金會，1998），收錄於王慶成、葉文心和林載爵主編，《嚴復合集》（臺北：財團法人辜公亮文教基金會，1998）。筆者在本書的引文以「富文書局印本」

聯，因而撰寫過學期報告加以討論。[4]故本書是在此一基礎上，展開對明清西學中源論爭議問題的相關探討。

二、站在巨人的肩膀

對於明清的西學中源論爭議問題，學界已有相關探討。主要可分為明清的西學中源論流變；反對西學中源論者的出現等兩個面向，幫助筆者掌握明清西學中源論爭議的時代背景和脈絡發展。同時，筆者認為《天演論》具有反對晚清西學中源論的傾向，似乎影響著晚清西學中源論爭議的發展，是以一併展開回顧。這方面的研究主要分為《天演論》處理西學中源論和《天演論》處理晚清自然知識[5]等兩個面向，促使筆者深入認識《天演論》在明清的西學中源論爭議中所具有的特殊意義與影響力。

在討論明清的西學中源論流變上，全漢昇、熊月之和王揚宗

（富文本，1901）為主要依據，富文本是《天演論》眾多版本中較為完備的版本。參嚴復撰，王慶成主編，前揭書，頁 v。

[4] 筆者曾經於 2004 年修習徐光台師在清華大學歷史研究所講授的「明清自然知識」課程，並且撰寫一份學期報告，探討嚴復《天演論》具有反對晚清西學中源論的傾向。經過徐光台師的指導與修改，筆者遂改寫成〈論嚴復在《天演論》中建立西方學術脈絡的用意〉一文並發表之。請參考雷中行，〈論嚴復在《天演論》中建立西方學術脈絡的用意〉（發表於「國立清華大學歷史研究所九十三學年度研究生論文發表會」，收錄於《國立清華大學歷史研究所九十三學年度研究生論文發表會論文集》，新竹：國立清華大學歷史研究所，2005 年 4 月 22-23 日）。

[5] 自然知識（nature knowledge）是指時人對自然界（nature world）現象與背後原理的認識。參徐光台，〈「自然知識儒學化」：通過自然知識在「格物窮理」中的地位來看朱熹與利瑪竇的歷史關連〉，收錄於鍾彩鈞主編，《朱子學的開展：學術篇》（臺北：漢學研究中心），頁 165~166。

等三位學者已然對西學中源論的各個時期展開討論。全漢昇首先指出西學中源論是清季士子處理中學與西學關係的流行論述。[6]認為在中國傳統攘夷說的壓力下，主張接受西學的士人不得不創造出西學中源論以為護身符，行推廣西學之實，同時降低反對者對西學的拒斥。[7]熊月之則主張 19 世紀 60 至 90 年代是西學中源論最為盛行的時期，不僅主張學習西方的士子利用它，反對者也如法炮製。同時，西學中源論的日益盛行同時導致一股挖掘和研究中國科學技術的風氣。[8]不久後，王揚宗細分西學中源論為三個變化的階段。先是明末的熊明遇等人提出西學中源論，為淡化中學與西學之爭，次是經康熙帝大力提倡和宣揚，使其成為清代欽定的學說，同時促使西方曆算學在中國日益散播。最後是乾嘉時期，西學中源論中貶抑西學的論述再次興起，成為當時理解和接受西學的障礙。[9]上述三位學者的研究皆試圖呈現明清的西學中源論發展情況。

　　相對地，江曉原、屈寶坤和熊月之也注意到導致明清西學中源論爭議的其他因素。譬如江曉原指出清代部分考據學者似乎抱持著與西學中源論相左的見解。[10]屈寶坤和熊月之則注意到新教

---

[6]　參全漢昇，〈清末的「西學源出中國」說〉，《嶺南學報》，第四卷，第二期，1936，頁 58。

[7]　參全漢昇，前揭文，頁 93~102。

[8]　參熊月之，《西學東漸與晚清社會》（上海：上海人民出版社，1994），頁 721~722。

[9]　參王揚宗，前揭文，頁 45。

[10]　「事實上清代也有一些著名學者如江永、趙翼等，保持著清醒、公正的態度，不去盲目附和『西學中源』說。」見江曉原，〈試論清代「西學中源」說〉，《自然科學史研究》，第七卷，第二期，1988，頁 108。

傳教士和王韜（1828-1897）都有反對西學中源論的論述，甚至開始主動釐清西學源流。他們反對的方法是透過書籍和報章雜誌介紹西學源流。王韜協助傳教士翻譯西書，也促使自己在介紹西學源流的過程中往批判西學中源論的立場轉移。[11]這些研究點出西學中源論雖然是明清之際處理西學的主流論述，但是反對西學中源論的論述也同時影響著中學與西學關係的轉變。

嚴復翻譯的《天演論》中是否與明清的西學中源論爭議有關，亦引起部分學者的討論。史華茲首先對這個問題做出思考，認為嚴復在《天演論‧自序》中有意識地將自己對於中學與西學關係的見解與西學中源論作出區隔，並且視中學與西學是互補且具有類似性的。[12]他注意到嚴復在〈自序〉努力與西學中源論這

[11] 「新教傳教士在傳播西方科學文化的同時，堅決反對『西學中源論』。他們反對『西學中源』的主要手段是介紹西學的源流……〔王韜〕撰有《西國天學源流》、《西學原始考》等著作，在晚清士大夫認識西方科學的歷史沿革，綜合性地窮原究委中，堪稱第一人。而他自己也在介紹西學源流中，不斷發展其觀點，由主張『西學中源』轉向批判『西學中源』。」見屈寶坤，〈晚清社會對科學技術的幾點認識的演變〉，《自然科學史研究》，第十卷，第三期，1991，頁 216。另參熊月之，前揭書，頁 275~276。

[12] 「在《天演論‧自序》中，嚴復再一次提到……中國傳統思想的某些要素與近代西方思想的要素之間的類同問題……嚴復認為，研究近代西方思想實際上反而會使中國古代思想更顯得清楚明白……嚴復確實由衷地相信中國古代的某些思想是與近代西方思想一致的。不過，儘管他認為古人也許已暗示出近代西方的真理……他明確地不使自己與那種認為西方思想均係『來自東方』的觀點相聯繫。」見史華茲，《尋求富強：嚴復與西方》（南京：江蘇人民出版社，1995），頁 89-90。《尋求富強：嚴復與西方》為 Benjamin Schwartz, *In Search of Wealth and Power：Yen Fu and the West* （Cambridge, Mass：Harvard University Press, 1964）1983 年版的中譯本。史華茲以第四章整章的篇幅充份地探討《天演論》一書的動機、內容與特質。

種傳統觀點作出區隔的企圖。馬克鋒進一步指出，嚴復對西學中源論做出更多的批評，是清末最全面性也最深刻的批評者。同時，他論證嚴復看待中學與西學的見解，是兩種不同的學術，兩者相似但並非真正相同。在中學與西學相互交流的過程中，嚴復認為運用本土的辭彙加以翻譯和介紹，是一種相互比較，而不是單純地比附。[13]這兩位學者所奠定的基礎，促使筆者繼續探討這個問題，筆者發現嚴復在〈譯天演論自序〉和〈譯例言〉的部份論述是針對西學中源論而來，這個舉動並非一時興起，嚴復早在1878年即開始具有反對西學中源論的傾向。同時，在《天演論》一書中，嚴復試圖建立一個西方學術脈絡的圖象，其用意是使時人認清西學自有體系，與中學無涉的歷史事實。[14]

　　明清的西學中源論爭議也呈現在晚清士子的自然知識產生劇烈變化上。李澤厚首先注意到《天演論》在知識上的影響，甚至達到讓晚清士子產生新的世界觀的程度。他提到《天演論》透過客觀的科學性給予時人相當深刻的印象，並且，人們亦從《天演論》中獲得許多西方哲人的故事。種種的新穎知識帶給中國人

---

[13] 「嚴復認為，在世界文化發展史上，有些發明與發現是中國居先，……必須予以充分地承認。需要指出的是，在研究與比較兩個不同的文化時，用本土文化固有的且為人們所熟知的辭彙、概念來闡釋外來文化，這是比較，不是比附。………借用《易》中名、數、質、力四個名詞概念來指代西學，並無西學出於《易》之意。嚴復的用意，旨在以近代西方哲學，重新詮釋和發明中國古文化，使其隱晦不明之意明晰。……其目的並不是比附，而是一種用新學啟迪舊學的嘗試。……嚴復主要是指兩種文化系統中學派間的偶合，是『近似』而不是『真同』。」見馬克鋒，〈「西學中源」說及嚴復對其批評與反思〉，《中國近代史》，第六期，1993，頁51。

[14] 參雷中行，前揭文，頁8~10，15，27。

新的世界觀與人生觀。[15]張錫勤則是提出《天演論》在傳播經驗
論與釐清傳統氣化論上也有所貢獻。他以《天演論》的內容論證
嚴復著重介紹與強調的是「及物實測」的唯物主義認識論原則，
基於這個理由，嚴復公開批評程朱理學的先驗之理，促使明清的
理氣論基礎開始動搖。[16]在此一基礎上，彭世文、章啟輝繼續討
論傳統氣論在晚清的問題，他們透過對《天演論》與《穆勒名學》
內容一系列的舉證，論述說經嚴復改造的「氣」範疇，有效地將
傳統自然知識與近代西方科學作出連接，創造傳統哲學變革的條
件，導致嚴復的理論提供比傳統學說更強的應答能力。[17]上述四
位學者的研究，有效地呈現出《天演論》在自然知識上帶給晚清

---

[15]　「《天演論》用自然科學的許多事實，論證了生物界物競天擇、進化無已的
　　　客觀規律，以達爾文主義的科學性和說服力，給了當時中國人以發聵震聾的
　　　啟蒙影響和難以忘懷的深刻印象，……然而，《天演論》的作用還不止此。
　　　人們讀《天演論》，不只是獲得了一些新鮮知識，儘管例如破天荒第一遭兒
　　　知道西方也有並不亞於中國古聖賢的哲人，……更獨特的是，……《天演論》
　　　給人們帶來了一種對自然、生物、人類、社會以及個人等萬物的總觀點總態
　　　度，亦即新的世界觀和人生觀。」見李澤厚，《中國近代思想史論》（臺北：
　　　風雲時代出版社，1990），頁 313~314。

[16]　參張錫勤，〈嚴復對近代哲學變革的複雜影響〉，《孔子研究》，第一期，
　　　1994，頁 82~83。涅伏（nerve）即神經。

[17]　「嚴復正式則結合近代西方自然科學，在『氣』範疇中塞進了近代哲學的內
　　　容，使氣範疇進入到近代的機械唯物論發展階段，有突出的科學性、技術性、
　　　實證性、經驗性色彩，為傳統知識份子接受西方近代科學思維創造了條件，
　　　為傳統哲學向近代哲學變革打下了基礎。經他改造過的氣範疇，具有破壞和
　　　重新解釋傳統哲學的新的內容，這種理論比傳統具有更強的應答能力，使得
　　　其在精神中、內容上與近代哲學具有通約性和銜接性。」見彭世文、章啟輝，
　　　〈論嚴復「氣」範疇及其近代意義〉，《湖南大學學報》（社會科學版），
　　　第四期，2001，頁 16。

士子的衝擊，進而對解決西學中源論爭議有所助益。

綜合上述研究顯示，明清的西學中源論爭是導致中學與西學關係變化重要的原因，但是反對西學中源論的論述同時影響著中學與西學關係的轉變。並且西學傳入後，中國士子的自然知識轉變亦促使西學中源論爭議更為複雜。在這個脈絡下，嚴復《天演論》被發現具有反對西學中源論的傾向，適時地說明晚清的西學中源論是重要的。它顯示嚴復為了傳播西學，必須觸及並處理此一看法。同時，《天演論》亦促使晚清士子在自然知識上產生變化。嚴復不僅單方面傳播科學理論，並且透過批評朱熹的理氣論，使晚清士子認識《天演論》中的機械論比理氣論具備更強的解釋力，說明《天演論》在自然知識上的影響。這也促使晚清的西學中源論爭議更為複雜。

雖然上述的研究呈現出明清西學中源論爭議的大致輪廓，但是筆者認為前人在探討明清西學中源論爭議此一問題，相對集中在明末清初，較少討論自強運動以降的變化。對於明清的反對西學中源論的論述，與嚴復《天演論》在此一脈絡下所展現的意義，仍然缺乏深入的研究。筆者雖曾經花下時間，試圖釐清問題的若干面向，但是無法進行系統性的處理，是以基於既有的基礎，筆者想對此一問題做專門研究，以瞭解明清士子面臨的西學中源論爭議問題。

三、爭議的焦點

為時三百年的爭議當中，兩個主要的爭議焦點貫穿其間。一是西學中源論在根據上的歷史考據，二是各階段西學新知帶來的自然知識衝突。絕大多數的爭議都挾帶其一，或是兩者兼之，是

以提供了各個不同時間，立場不一的意見共同的比較基礎。從這個角度觀之，筆者發現，不只反對西學中源論者隨著認識西學日深而做出新的論證，與現行概念相違的是，西學中源論的持論者亦不斷地參考以往的正反見解而逐步更新其中依據。

在歷史考據上，究竟是哪些中學，又於何時傳入西域，這兩個問題始終是歷史考據的關鍵。從明末徐光啟最初的猜想，再由熊明遇提出的歷史發展雛形，到梅文鼎與阮元補充此一論述的若干空缺，最後為薛福成修正成西學東源論。這兩個問題貫串著西學中源論者的論述焦點。相對的，反對西學中源論者亦以釐清這兩個問題為己任，不斷地闡釋「西學源始」，作為反證的基礎。從明末的李之藻開始提出異議，再由清初的江永、趙翼加以深化，這段期間可視為中國士子的內部反省，可惜的是上述三人的觀點並未引起時人的注意。直至自強運動以降，新教傳教士持續地闡明「西學源始」，才再次吸引到清季士子重新思考此一歷史問題。最後，在王韜與嚴復做出既廣且深的大量闡釋與論證下，西學中源論的歷史考據工作才算是有了一個句點。

明清的自然知識衝突形成另一個有趣且複雜異常的問題。西學新知如波浪般地傳入，明清士子無不苦思如何調適這兩種異源的知識。方以智、王錫闡、梅文鼎、劉嶽雲和王仁俊等人，主張以中國傳統智識為核心，吸取西方新知來做為補充，形成一套以中學為主體，且與時俱進的自然知識系統。但是相反地，江永、薛鳳祚、歐禮斐和嚴復等人則以西學為優位，試圖透過中國類似的知識概念來說服時人，藉以建立嶄新的知識基礎。在對待自然知識上，這兩者截然不同的方式形成了明清潛在的思想衝突，最終導致西學中源論走向沒落。

最後，筆者擬對本書的章節具體結構與相關問題稍作說明。

　　本書將採如下步驟進行。第二章的開始，筆者擬剖析明清西學中源論的歷史發展脈絡，將明末到清末的西學中源論發展和流變作出討論，並且約略分成三個階段。首先是重新討論西學中源論的起源與其早期發展，試圖還原明末士子在發明此一論述的思想過程。隨後是重建整個西學中源論所引發的清初曆學大辯論，探討西學中源論在西曆挑戰下的轉變。緊接著要處理的是，康熙朝的政策使然，西學中源轉變為官方的意識形態問題。

　　次之，自強運動時期，筆者擬對洋務派與守舊派士子之間的論戰，掀起傳統士子借用西學中源論立論的高潮，[18]連帶地引起西學中源論者不同見解的過程展開討論，藉以說明西學中源論者之間在動機和見解上呈現不一致的現象。最後，跟著檢視晚清西學中源論的理論基礎，以清末士子的自然知識見解作為基礎，觀察西學中源論在大量西學新知傳入的變化情況。

　　第三章，筆者試圖呈現明清異於西學中源論的見解與反對西學中源論的論述存在著某種連續性，亦約略分為三個階段。首先，少數明清之際的中國士子，諸如李之藻、江永和趙翼似乎已然做出若干異於西學中源論的見解。其次，新教傳教士在自強運動以降大量地介紹西學，並且論及西學自身的源流。筆者希望藉由分析相關的論述，來瞭解他們反對西學中源論的原因與方法。最後，晚清士子在接觸到大量的西學新知後，似乎有從主張西學中源論轉變到反對西學中源論的現象，王韜的存在則有助於筆者瞭解晚清西學中源論發展的此一面向。

　　第四章，藉由對《天演論》的文本分析，筆者欲以三個面向

---

[18]　參季榮臣，〈論洋務派的「西學中源」文化觀〉，《中州學刊》，第三期，1999，頁135~136。

探討《天演論》作為反西學中源論的存在，具有何種意義與影響力。首先，要處理的是《天演論》有部份篇幅涉及中、西學的哲學比較，並且也對特定的傳統觀念給予新的詮釋。其次，《天演論》似乎亦有突顯「迥異」的西方歷史發展的傾向，釐清何者出自於嚴復個人的意思，何者只是嚴復如實翻譯，也是本章的重要課題。最後，《天演論》述及各種異於中學的西學知識基礎，帶有論證西學在自然知識上的特殊性，與中學截然不同的用意。因此筆者擬藉助各種西學原始經典，尋求這些學術觀點的理論原型，以求更為全面地突顯當時在中、西學智識上的差異，則是本章的另一個重心。

　　緊接著，讓我們回到西學東漸之初，西學中源論被發明的時刻去。

第二章　明清處理西學的主流看法及其演變——西學中源論

　　由於西學東漸，明末士子遂在吸收西學之餘，同時思索中學與西學的關係。不同的論點之中，西學中源論於是誕生，並且形成一種日後中國士子面對西學的主流看法。筆者擬將前人對明清的西學中源論研究成果加以綜合，進一步地討論明末到清末的西學中源論發展和流變，並且約略分成三個階段。首先是西學中源論的起源與早期發展部份，並且隨後轉變為官方的意識形態的過程。其次是闡釋自強運動時期，西學中源論者之間的論述差異問題，說明他們擁有不同的動機與見解。最後，筆者亦將透過當時的自然知識檢視晚清西學中源論的理論基礎，以呈現出西學中源論者處理自然知識的兩種不同典型。筆者希望，在綜合前人研究成果的同時，能對西學中源論的起源、流變與處理自然知識的層面提出若干新的見解。

第一節　明末西學中源論的起源及其清初發展

　　明清之際的西學中源論是複雜的，並經歷過數次的變化轉型。明末耶穌會士如利瑪竇（Matteo Ricci, 1552-1610）和龍華民（Nicolas Longobardi, 1559-1654）等人渡海來華傳教，並在清初經過湯若望（Johann Adam Schall von Bell, 1591-1666）、南懷仁（Ferdinand Verbiest, 1623-1688）等人的持續努力下，歐洲的自然哲學知識遂透過知識傳教的傳教方法進入中國。[1]從明末清初諸多討論西學的著作來看，部分中國士子在這場知識交流中是深受影響的。譬如傳自西方的自然知識在多方面引起徐光啟（1562-1633）和方以智（1611-1671）的研究興趣，王錫闡（1628-1682）和梅文鼎（1633-1721）更透過他們的著作極其仔細地討論中、西曆法的差異，阮元（1764-1849）更因之撰寫《疇人傳》進行古今中、西曆學的全面比較。[2]他們會如此積極地討論西學表示他們注意到西學某些方面的優越性，但他們是否在第一時間即採取對抗的立場，創造西學中源論以制衡西學的擴散？王揚宗則對此點提出質疑。他指出明末熊明遇（1579-1649）即已提出部分的西學中源論觀點，然而與清初頗具排他性的西學中源論

---

[1] 朱維錚對耶穌會士以知識傳教作為其傳教手法的歷史背景有著詳細的論述。參〔意〕利瑪竇著，朱維錚主編，《利瑪竇中文著譯集》（上海：復旦大學出版社，2001），頁 7~9，26~28。

[2] 「古今為數者，三統以來，不下七十餘家……是編擷摭尤備，以見古人變率改憲，其精神實有不可磨滅之處。讀者因流溯原，知後世造術密於前代者，蓋集合古人之長而為之，非後人之知能出古人上也。」見〔清〕阮元撰，楊家駱主編，《疇人傳彙編》（臺北：世界書局，1962），〈疇人傳凡例〉，頁 3。

不同，其目的卻是為了淡化中學與西學之爭，使西學得以順利在中國傳播。[3]徐光台師的研究則指出熊明遇認真地研究傳教士帶入中國的西方「格致學」，並且用以考證中國傳統格致學。[4]這個態度與稍晚的清初西學中源論大不相同。因此，從王揚宗、徐光台師的研究可知在耶穌會士將西學傳入中國之後，中國士子處理西學的態度似乎不僅只限於西學中源論，而且西學中源論者之間似乎也並非一味拒斥西學。那麼，具有排他性的西學中源論是如何興起的？這些不一致的態度又是如何過渡到西學中源論這個中國士子日後的主流態度？本節將試圖回答此二問題。

一、西學中源論的起源

雖然王揚宗指出第一位提出西學中源論的榮譽應該歸於熊明遇，在證據上是毫無問題的，但是透過研究徐光啟幾篇譯書序言，筆者發覺猶有可議之處。原因在於熊明遇創造的西學中源論立論過於清晰，彷彿是在解決一個已然被人提出的問題，而不像是初逢西學東漸時可能出現的問題。因此，筆者試圖尋找早於熊明遇而被提出的原始問題點，徐光啟為此提供某些可能的解答。他在〈刻幾何原本序〉（ca.1607）中講道：

> 唐虞之世，自羲和治曆暨司空、后稷、工虞、典樂五官者，非度數不為功。周官六藝，數與居一焉，而五藝者不以度數從事，亦不得工也。襄曠之於音，般墨之於械，豈有他

---

[3]　參王揚宗，〈「西學中源」說在明清之際的由來及其演變〉，頁 45。

[4]　參徐光台，〈明末清初西方「格致學」的衝擊與反應：以熊明遇《格致草》為例〉，頁 235~237，247~251。

謬巧哉？精於用法爾已。故嘗謂三代而上為此業者盛，有
元元本本師傳曹習之學，而畢喪於祖龍之燄。漢以來多任
意揣摩，如盲人射的，虛發無效，或依儗形似，如持螢燭
象，得首失尾，至於今而此道盡廢，有不得不廢者矣……
私心自謂：不意古學廢絕兩千年後，頓獲補綴唐虞三代之
闕典遺義，其裨益當世，定復不小。[5]

　　徐光啟試圖透露他曾耳聞過數學之學在中國上古曾一度興
盛，而毀於秦火的說法。三代以下，古人鑽研數學之風相當興盛，
將其運用在天文曆法、農耕、建築、音樂之間，成為專門學問，
並且透過師徒制度得以流傳後世。但是秦朝焚書坑儒，導致數學
典籍幾乎盡失，師徒制度也跟著斷絕。[6]漢朝以降，學者捕風捉
影、穿鑿附會，中國數學遂一蹶不起。秦始皇焚書坑儒是中國歷
史上相當明確且影響嚴重的事，徐光啟熟知這段歷史，同時認為
上古數學之學毀於秦火是合理的。[7]然而他卻在研讀歐洲的幾何
學書籍之後暗自認為這些數學書籍能替代遠古因秦火所喪失的
數學典籍，幫助中國士人重拾廢絕已久的算學知識。這裡有兩個
重點，其一是徐光啟認為中國上古是知曉幾何學的，[8]並且與此

---

[5]　〔明〕徐光啟撰，王重民輯校，《徐光啟集》（上海：上海古籍出版社，1984），
　　〈序跋〉，〈刻幾何原本序〉，卷二，頁74~75。

[6]　三代以前，六藝皆為王官之學，不予外傳，是以此時的天文和數術之學，是
　　透過師徒代代相傳而延續。

[7]　秦始皇焚書坑儒，僅有醫藥，占卜和植樹三種類別的書籍得以免於火焚的噩
　　運，是以三代以降所流傳的數學在此時受到嚴重的打擊是相當合理的假設。

[8]　筆者認為由於徐光啟是在譯完〈幾何原本〉之後才撰寫此序言，故推斷徐光
　　啟此處是特指幾何學，與上古數術的某些道理相通，而非整個上古的數術。

時自歐洲傳入中國的幾何學相仿。這個觀點已然具備決定西學中源論成立與否的先決條件：部份西學的道理早已出現在中國上古學術中；其二是徐光啟用「私心自謂」與「不意」形容自己此刻的想法，不啻說明當時類似的想法似乎尚未興起，他是私下經過思考而得出這個獨特的結論。

　　分析徐光啟其餘譯書序言，則可發現他置身於一個弔詭的知識環境，故提出上述想法。他似乎試圖去解釋如下現象：為何從蠻夷之地傳來的西學會比學術淵源悠久的中學在某些方面更加優越。這一點首先反映在徐光啟認知到中學與西學在解釋的細膩程度上有所差異，他在〈泰西水法序〉（1612）如是說道：

> 余嘗留意茲事、二十餘年矣，詢諸人人，最多畫餅。驟聞若言，則唐子之見故人也；就而請益，輒為余說其大指，悉皆意外奇妙，了非疇昔所及。[9]

另外，他在〈簡平儀說序〉（1611）中也說道：

> 唐虞邈矣，欽若授時，學士大夫罕言之。劉洪、姜岌、何承天、祖沖之之流，越百載一人焉，或二三百載一人焉，無有如羲和仲叔極議一堂之上者，故此事三千年以還忞忞也。郭守敬推為精鈔，然於革之義庶幾焉；而能言之其所為故者，則斷自西泰子之入中國始。[10]

---

[9]　〔明〕徐光啟撰，王重民輯校，前揭書，〈序跋〉，〈泰西水法序〉，卷二，頁67。

[10]　〔明〕徐光啟撰，王重民輯校，前揭書，〈序跋〉，〈簡平儀說序〉，卷二，頁73。

上述兩段引文共同指出，徐光啟認識到的西學是與中學有著解釋程度上的細膩差別。這種差別主要是指西學在解釋該種現象時展現出比中學為優的解釋力。徐光啟長年留心於水文和水利的學問，故他對傳統的水利經典必然熟稔，也能輕而易舉地判斷時人談論水法的知識是否真確。但是當他接觸歐洲自然哲學關於水的知識後，他旋即為其吸引，進而認識其中精妙，非其熟知的中學水利知識所能企及。在天文學的知識中，他也發現類似的情況，更點出中學與西學最大的差異，在於西學能夠細膩地說明天文現象後面隱藏的道理，中學則較無法加以說明。

中學缺乏對現象的解釋，但是在描述現象的精確度上也許不遜於西學，然而徐光啟亦否定此一可能性。他透過比較中、西學在數學的差異後，認識到中國曆法因為使用的數學工具而損及其準確性，西曆則因數學工具良好而益顯精妙。他在〈刻同文算指序〉（1614）中表示：

> 觀利公與同志諸先生所言曆法諸事，即其數學精妙，比於漢唐之世十百倍之，因而造席請益。惜余與振之出入相左，振之兩度居燕，譯得其算數如干卷，既脫稿，余始間請而共讀之、共講之，大率與舊術者同者，舊所弗及也；與舊術異者，則舊所未之有也。旋取舊術而共讀之、共講之，大率與西術合者，靡弗與理合也；與西術謬者，靡弗與理謬也。[11]

由於歐洲的天文曆法使用的數學工具在程度上比中國古法

---

[11] 〔明〕徐光啟撰，王重民輯校，前揭書，〈序跋〉，〈刻同文算指序〉，卷二，頁80~81。

更為精準，故徐光啟與友人對中、西學的數學做了比較研究。[12]
他們發現，歐洲數學方法若與中國數學方法類似的話，歐洲數學
會比中國數學更精確，[13]不僅如此，他們還發現若歐洲數學與中
國數學在某些地方不一致，則是中國數學從未發現那些數學計算
方式。[14]這個現象引起他們的訝異，故他們以中國數學為考察點
再做研究，結果是中國數學與歐洲數學相合的地方，沒有不合理
的；反之，兩者不一樣的地方，中國數學沒有不出錯的。這個現
象也顯示徐光啟認為西學與中學在描述現象的精確度上存有差
異。

　　筆者認為徐光啟基於在西學東漸的弔詭知識環境，開始思考
如何解釋中、西學為何類似，卻又在解釋的細膩程度和描述現象
的精確度不同，這迫使他得出「不意古學廢絕兩千年後，頓獲補
綴唐虞三代之闕典遺義」的結論。誠然如某些學者所說的，這是
徐光啟欲使西學得以順利進入中國的策略選擇，[15]但若從另一
個角度觀察，如何能順利解釋中學與西學在基礎概念雷同，而又
符合於中國文明勝於蠻夷的固有思維呢？只怕也只有這種退步
史觀式的解釋最為合理。[16]因此，儘管徐光啟並未處理「中學如

---

[12] 此處的友人應是指李之藻、李天經、利瑪竇等人。

[13] 例如《同文算指》中所使用的根號（$\sqrt{\ }$）運算，就是中算所不及的。參李儼、
　　錢寶琮著，《李儼錢寶琮科學史全集‧第三卷》（瀋陽：遼寧教育，1998），
　　頁 459~465。

[14] 例如《同文算指》中所提及的帆船法（galley method）就是最出名的例子。
　　參李儼、錢寶琮著，前揭書，頁 459~465。

[15] 參王揚宗，〈「西學中源」說在明清之際的由來及其演變〉，頁 39~40。

[16] 徐光啟本人似乎也相信此一想法的真實性。「算數之學特廢於近代數百年間
　　耳。廢之緣有二，其一為名理之儒土〔士〕苴天下實事；其一為妖妄之術謬

何西傳」此一歷史問題，但是不能否認的是他的確隱然含有西學源自於上古中學的原始思想雛型。[17]

　　徐光啟宣稱他是私底下得出這個結論，似乎是可信的，因為七年後熊明遇（1579-1649）試圖透過〈表度說序〉（1614）開始為這個近乎直覺的結論尋找合理的基礎。他說道：

> 西方之儒之書，持之有故，言之成理也。或曰中夏聖神代起，開闢以來，詎閟斯旨，而借才異域為〔之〕。熊子曰：「古神聖蚤有言之者。岐伯曰：『地在天中，大氣舉之。』伯為黃帝天師，參佐有義和五官，曆法肇明，上哉敻矣。惟黎亂口燔，莊荒列寓，疇人耳食，學者臆摩，厥義永晦……西域歐羅巴國人，四泛大海，周遭地輪，上窺玄象，下採風謠，彙合成書，確然理解。仲尼問官於剡子曰：『天下失官，學在四夷。』其語猶信。古未有歐羅巴通中夏，通中夏自今上御曆始。[18]

　　熊明遇試圖將之解釋成中夏聖賢借用歐洲人擅長航海、見多識廣的專才，以精緻化中國早已存在的「詎閟斯旨」，這已然將

言數有神理，能知往藏來，靡所不效。卒於神者無一效，而實者亡一存，往昔聖人所以制世用之大法，曾不能得之士大夫間，而術業政事，盡遜於古初遠矣。」〔明〕徐光啟撰，王重民輯校，前揭書，〈序跋〉，〈刻同文算指序〉，卷二，頁80。

[17] 筆者認為徐光啟是首位提出西學中源論原始思想雛型的學者，而非更早的利瑪竇。筆者檢視過利瑪竇的相關中文譯作，並沒有發現他抱持著類似的觀點。參〔意〕利瑪竇著，朱維錚主編，《利瑪竇中文著譯集》。

[18] 〔明〕熊明遇撰，〈表度說序〉（收錄於〔明〕李之藻撰，吳相湘主編，《天學初函》，臺北：臺灣學生書局，1965），頁2527~2530。

徐光啟的西學中源論雛型更細緻化。另外，值得注意的是，他一方面將中國上古學術的混亂往前追溯至九黎為亂的時候，另一方面也指出歐洲人在明末以前並未有前來中國的記載，因而否定了中、西學術類似是西學中傳的可能性。[19]這為「中學如何傳播到歐洲」的問題上提出了可能的解釋。二十餘年以後，熊明遇撰寫《格致草》（1648）時重新表達此一見解，並且找到更多基礎支持他早年的論點。他說道：

> 上古之時，六府不失其官，重黎氏世敘天地而別其分主。其後，三苗復九黎之亂德，重黎子孫竄於西域，故今天官之學裔，土有顓門，堯復育重黎之後不忘舊者，始復典之。舜在璿璣玉衡以齊七政，於是為盛，三代迭建，夏正稱善，今之所從也。[20]

　　這段論述中，熊明遇試圖說明當時（明朝）的曆法是根據上古制定的曆法而來的，然而在曆法的傳承過程中遭遇到三苗和九黎的兩次兵禍，[21]卻也導致上古曆法透過當時避禍的天官及其後

---

[19] 在這裡筆者提出一個與王揚宗不一樣的觀點。王揚宗認為「古未有歐羅巴通中夏，通中夏自今上御曆始」意謂中、西學術在古代沒有交流的可能性。這是一個雙面向的否定，既否定西學中源，也否定中學西源。但是筆者認為這句話旨只是單面向的否定中學西源的可能性，如此才不會與熊明遇在《格致草》的說法相矛盾，更顯得熊明遇長期的思想連貫性。參王揚宗，〈「西學中源」說在明清之際的由來及其演變〉，頁40。

[20] 〔明〕熊明遇撰，《格致草》，〈格致草自序〉，頁57。

[21] 三苗之亂發生在炎帝時代，約為西元前三千多年，九黎之亂發生在黃帝時代，黃帝生卒年約為西元前 2679-2579，兩者時間相差僅約數百年。關於炎帝與黃帝的年代，請參考《維基百科》

人輾轉流傳到西域。比起二十年前他將中學西傳的原因歸於「惟黎亂口燔」，現在他則是更篤定地指出是三苗和九黎的兩次兵禍影響，明確地解釋了中學何以傳播到歐洲此一問題。同時地，熊明遇開始批評後世學者無法保持三代以來的優良學術傳統。他繼續說道：

> 寖尋至春秋戰國騶衍、楊朱、莊周、列禦寇之徒，荒唐曼衍，任意鑿空，其則安在？秦火之後，漢時若董仲舒第以推陰陽為儒者宗，劉向數禍福傳以洪範，而司馬遷之書、班固之志、張衡、蔡邕、鄭玄、王充諸名儒論著具在，文辭非不斐然，其於中庸不二之道，孟子所以然之故，有一之吻合哉？唐溺於攻詞，疎於研理，僅僅李淳風以方士治曆，但之測數，立差其於差之故，亦茫乎未之曉也。宋如稱斌斌理解矣，而朱子《語錄》、邵子《皇極經世書》，其中悠謬白著耳，食者輒群然是訓是式，而不折衷於孔子、可思、孟子，其可乎？[22]

乍看之下，熊明遇似乎是直接持承繼著徐光啟「漢以來多任意揣摩……此道盡廢」的脈絡中繼續發揮，但是若仔細觀察，徐、熊對於古學衰敗的時間說法，便可發現其中顯著的不同。比較起徐光啟將上古數學盡毀歸因於秦始皇焚書坑儒，熊明遇則認為格物之道早在春秋戰國即開始混亂，在時間上比徐光啟認為的早了許多。然而，熊明遇並非忽視「秦火」的影響，只是他認為漢代

---

http://zh.wikipedia.org/wiki/%E7%A5%9E%E8%BE%B2%E6%B0%8F
和「教育大事年表」http://history.moe.gov.tw/history.asp?id=1。
[22]　〔明〕熊明遇撰，前揭書，〈格致草自序〉，頁57。

學者因為上古典籍遺留不足，故討論格物的著作流於華麗辭藻，不知其理。唐朝學者則普遍不鑽研格物之理，轉攻詩詞歌賦。宋以降雖然有朱熹（1130-1200）、邵雍（1011-1077）數位大家企圖重拾格物之道，但是講到某些細微處卻無法明辨箇中道理，仍流於傳抄沿襲前人說法。這段論述不僅比徐光啟的說法細膩，更透露出熊明遇耗費二十年考究以往各類格物著作所花下的心血。因此，熊明遇在《格致草》填補了西學中源論在基礎上的空缺，進而強化對後世格物學者的批評力道，所以才會寄望《格致草》達到拋磚引玉的效果，「但令昭代學士不頹首服膺於漢唐宋諸子無稽之談，俾兩間物生而有象，象而有滋，滋而有數者，各歸於中庸不二之道」[23]。

　　從上述的解釋、批評和期許來看，熊明遇顯然是憂心於中學能否與西學抗衡的。然而不僅止於熊明遇，方以智也透過《物理小識》（1643）試圖處理此一問題。他在〈物理小識自序〉中說道：

　　　盈天地間皆物也……通觀天地，天地一物也。推而至於不可知，轉以可知者攝之。以費知隱重元一實，是物物神神之深幾也。寂感之蘊，深究其所自來，是曰通幾。物有其故，實考究之，大而元會，小而草木蟲蠕，類其性情，徵其好惡，推其常變，是曰質測。質測即藏通幾者也。[24]

---

[23]　〔明〕熊明遇撰，前揭書，〈格致草自序〉，頁58。

[24]　〔明〕方以智撰，《物理小識》，收錄於任繼愈主編，《中國科學技術典籍通彙・物理卷》，鄭州：河南教育，1995，據光緒寧靜堂刻本影印。前揭書，〈物理小識自序〉，頁1c（總頁323）。

首先將傳統的格物方法區分成兩大派別，一是以知曉的道理推究不可知的現象，說明其所以然的「通幾」方式；一是確實地觀察各種大小自然現象，說明其所當然的「質測」方式。雖然方以智將格物方法分成此二派別，卻不認為兩者各做各的，毫無關係，他認為質測的成果中隱藏著通幾的關鍵。做完這個區分後，他又說道：

> 萬歷〔曆〕年間遠西學入，詳於質測而拙於言通幾，然智士推之，彼之質測猶未備也。儒者守宰理而已，聖人通神明、類萬物，藏之於易，呼吸圖策，端幾至精，歷律醫占，皆可引觸，學者幾能研極之乎？[25]

方以智稱讚歐洲西學觀察測量皆屬精確，但是卻發現它有缺乏解釋現象的缺陷。既然如此，為什麼西學仍受到時人的推崇？方以智認為這是儒者只懂墨守成規，沒能瞭解上古聖人透過《易》此一經典傳下來的精湛成果和道理，因此不知道西學在觀察測量尚未完備。這個論述點出當時傳入中國的西學理論正好因為歐洲科學革命興起而處於混亂的狀態，同時，它也承襲著徐光啟以來批評後世格物學者的一貫論調。[26]

---

[25] 〔明〕方以智撰，前揭書，〈物理小識自序〉，頁 1c-1d（總頁 323）。

[26] 方以智在〈物理小識總論〉中繼續對此發揮，其批評力道比之熊明遇有過之而無不及。「聖人與民折中，日用使之中節，而以其格致研極之精微，皆具於易，誰固達而知乎？襲言常理者拘膠閡茸千萬，讓讓不肯研幾，究為生死鬼神，魟斷商喬宇者，所劫而惴徒跁蹞耳。其造迷解閉，偏高鈞奇，塞通為術而因人從之，嚼破黃蘗，悟何道乎？……本末源流知則善於統御，舍物則理亦無所得矣。又何格哉？病於言物者好奇之士，好言耳目之所不及，附會其說，甚則構虛駭人。其拘謹者斤斤耳目之前，外此則斷然不信。」〔明〕

　　至此，筆者認為西學中源論的大致輪廓已然成形，其主要構成部分有四個。其一是徐光啟確立晚近的西學與上古中學暗合，在時序上構成西學中源的合理性，而非相反。其二是熊明遇明確地創造出西學中源的歷史過程，為西學中源論形塑了可供進一步精緻化的軀體。其三是方以智指出中學深邃莫測，西學只得其體，莫得其神，在學術價值觀上給予西學中源論正當性。其四是徐、熊、方三人皆以一種退步史觀的方式指責三代以降的學者未能承襲古學，造成西學東漸的窘狀發生。上述四者無一不影響清季的西學中源論甚深，清初士人也成功地將前三者精緻化而說服時人。

　　值得一提的是，王揚宗在文章中提出明末清初之際西學中源論態度轉向的問題，指出徐光啟和熊明遇兩人的目的是淡化中、西之爭，縮小中、西學術的隔閡。自方以智至清初士子卻轉變成以貶抑西學為目的。[27]這暗示早期的西學中源論有兩種運用策略上的分別，欲使西學順利傳播和欲貶抑西學，提倡中學。筆者認為這種二元並存的適用性，和西學中源論本身的合理性是造成清季西學中源論歷久不衰，並且一度在自強運動中盛極一時的原因，但是也因此導致非西學中源論的衰弱，這個部份將會在第三章著墨，在此不贅。

二、清初曆學的大辯論

　　「中學到底能否與西學相抗衡？」這個問題雖然經過明末士子的處理，時至清初仍舊引起熱烈的討論。若以西學中源論形成

　　方以智撰，前揭書，〈物理小識總論〉，頁 2a-3a（總頁 326）。

[27] 參王揚宗，〈「西學中源」說在明清之際的由來及其演變〉，頁 44。

的過程來看，清初士子不像明末士子一樣，企圖透過比較自然知識和找尋歷史根據，建立為時人接受的西學中源論基礎，清初士子討論西學中源論則集中在比較中、西學天文曆算領域上的優劣。不僅將西學中源論精緻化，亦因而形成清初曆學上的大辯論。[28]

不可諱言，西學在天文曆算的某些優點是明顯的，是以薛鳳祚（1600-1680）在《曆學會通》（1662）一書表達著中、西曆學結合的主張。他說道：

> 中土文明禮樂之鄉，何詎遂遜外洋？然非可強詞飾說也，要必先自立於無過之地而後吾道始尊，此會通之不可緩也。斯集殫精三十年始克成帙，舊說可因可革，原不泥一成之見；新說可因可革，亦不避蹈襲之嫌，其立義取於授時及天步真原十之八九，而西洋二者亦間有附焉，鎔各方之材質入吾學之型，庶幾詳內亦以及外，亦無偏詘。[29]

薛鳳祚強調中國曆法有遜於歐洲曆法的地方，這是無法掩飾的，儘管如此，卻不損及中國為「文明禮樂之鄉」的地位。這句話道出他認同中曆在時序上早於西曆的說法，帶有一種中國文化歷史悠久的優越感。雖然如此，他同時主張曆法過時則需被修正，不僅中國曆法可以加以修正，歐洲曆法亦然。因此《曆學會

---

[28] 關於清初曆學上大辯論，因為牽涉到滿清入關選用西曆或中曆做為曆法的問題，實有其政治上的背景，請參考黃一農，〈擇日之爭與「康熙曆獄」〉，《清華學報》，新21卷，第2期，1991，頁258~259，263~274。

[29] 〔清〕薛鳳祚撰，《曆學會通》（收錄於任繼愈主編，《中國科學技術典籍通彙‧天文卷六》，鄭州：河南教育出版社，1995，據北京圖書館藏《益都薛氏遺書》影印），〈正集敘〉，頁2a-3a（總頁619-620）。

通》主旨在「鎔各方之材質入吾學之型」，將中國古代曆法和歐
洲傳來的曆法融入當今的曆法中，對中學以及西學都無偏廢。[30]
上述的論述雖然肯定中曆早於西方曆學，但是比起熊明遇跟方以
智，薛鳳祚顯然將中國曆法傳統以來的獨霸地位讓出部分給予歐
洲曆法，認為中、西曆學結合才能獲得更好的曆算工具。這間接
承認西學的優越性必須被重視。

　　但是時至 1675 年揭宣（ca.1610-1702）《璇璣遺述》的內容
問世，整個關於曆學的討論似乎起了極大的轉變。中學是否能與
西學相抗衡，彷彿已不再是個一面倒向西學的問題，反而是優勢
轉向中學這裡。據筆者所瞭解，《璇璣遺述》的特殊之處在於提
出元氣漩渦理論，是一種顧慮到行星軌道交叉和行星動力學問題
的理論。揭宣提出這個理論在當時引起極大的轟動與影響。[31]
從當時士子為《璇璣遺述》撰寫的序言來看，揭宣帶給中國曆學

---

[30] 薛鳳祚的這項訴求在書中的〈西法會通參訂十一則〉顯得更為清晰。「曆法
　　損益多術，非一人一世之聰明所能揣測，必因千百年之積候。而後智者立法
　　若前無緒業，雖上智，於未傳之理，豈能周之？舊中法遞修遍改至郭氏加勝
　　於前多矣，而謂其究竟無差亦不能也。……遠西湯羅暢其玄風，其為理甚奧，
　　為數甚微，而亦有可議者。其法創自西儒地谷，為經星一門，西士稱為名家
　　也，交食等事，西曆原不重之，且去今五六十年法制尚有未備。嗣有尼閣法，
　　向余所譯為天步真原者，議其未盡者種種而以通之中法，又有相戾難合者。
　　今參考其與新西法當參訂者六，則與中法當參訂者五，則通於時憲參訂二十
　　六，則為制乃大備耳。」〔清〕薛鳳祚撰，前揭書，〈古今曆法中西曆法參
　　訂條議〉，〈西法會通參訂十一則〉，首卷，頁 10a-10b（總頁 625）。

[31] 參任繼愈主編，《中國科學技術典籍通彙・天文卷》（鄭州：河南教育出版
　　社，1995），〈璇璣遺述提要〉，頁 275~277。揭宣自創的元氣漩渦理論主
　　要是指：整個天體系統中存在兩種元氣漩渦，分別推動著各層天體繞地球運
　　動，和使主要天體推動附屬天體（如衛星和小行星帶）的運動。

上無限的希望與想像。譬如方以智的序言寫道：

> 璣衡曆數允中首傳孔子提中五，以曆衍易而成變化、行鬼
> 神，莫能外焉。後世學者循執常理而已，或胃〔謂〕洸洋
> 以委天耳，誰肯合俯仰遠近以通神明而質測？其故者乎此
> 一實究原未可坐望之世人也。……廣昌揭子宣淵源其仰萊
> 堂之學，獨好深湛之思，連年與兒輩測質旁徵，所確然決
> 千古之疑者，……每發一條輒出大西諸儒之上，乍閱之洞
> 心駴目，實究之本如是也。[32]

　　秦漢以降的中國學者不肯深入探究古聖先賢早已發現的天
文規律和道理，往往歸於不可知的天數。從這可看出方以智仍舊
抱持著三十多年前撰寫《物理小識》的論點，批評著後世學者抱
殘守缺，直到方以智與揭宣論學。揭宣以深思好學的精神，和長
年親身觀察天文，不僅解決許多遠古遺留下來的疑問，每一創見
都超越時下的歐洲曆學，是以令方以智對其撰寫的《璇璣遺述》
內容感到吃驚，本以為揭宣是刻意標新立異，實際考究後卻發現
其為確然之論。這燃起方以智相當的希望，認為中學可以與西學
相提並論，甚至超乎其上。方以智的次子方中通（1634-1698）也
抱持同樣的想法，他在序言中寫道：

> 自太西氏入而天學為專門，崇禎時建局推候所在，有習之
> 者、有咤之者，不知皆中土聖人之法，天地之本然也。……
> 及遇子宣，以素所疑難者質問子宣，輒為剖析，無留義。

---

[32] 〔明〕揭宣撰，《璇璣遺述》，收錄於任繼愈主編，《中國科學技術典籍通
　　 彙・天文卷六》，鄭州：河南教育出版社，1995，據刻鵠齋本影印。，〈原
　　 序〉，頁 1a-b（總頁 283）。

豁然！萬里一氣，萬數一理，萬種之動皆由一動，紗出參差，指掌犁然也。……此真發太西所未發，開中土之天學哉！[33]

隨後又說：

道本易簡，心專則通，格致則一。中土聖人早開橐籥，特學者不肯窮，各膠於所執則不能窮，苟安其所便又不暇窮耳。……幸獲子宣徵質寫與同心互期研極……中士之氣豈甘為遠西所軒輊耶？神而明之，接踵繼紹，寔在午會矣。[34]

　　比較方以智父子的論述，兩人基本上立場相同，批評與讚美的對象也極其相似。其中，方中通特別指出揭宣的「元氣漩渦理論」是西學尚未發現的想法，以此為基礎則可於日後創造出全新的中國天文學，超越歐洲天文學。從父子二人的論述來看，《璇璣遺述》為清初士子帶來某些中國曆法勝過歐洲曆法的可能性，[35]使得他們除了接受明末以降的西學中源論以外，也積極地在「中、西曆學孰優孰劣」這個問題上為中國曆學辯護。

---

[33]　〔明〕揭宣撰，前揭書，〈原序〉，頁 9b-10b（總頁 287）。

[34]　〔明〕揭宣撰，前揭書，〈原序〉，頁 10b-11b（總頁 287-288）。

[35]　不僅方氏父子受到《璇璣遺述》的鼓舞而有這個想法，胡念修也在〈重刻璇璣述序〉中有著類似的表述。「若梅定九所稱深明西術而又別有悟入，其言多古今所未發，豈虛語哉？今者海禁大開，遠人駢集，碧瞳高準之流，挾我古微之術，發明精蘊，測演實徵，……凡斯創解悉多聞，始先生得之，當必拈鬚莞笑，授簡疾書也。」〔明〕揭宣撰，前揭書，〈重刻璇璣述序〉，頁 2c-3a（總頁 279-280）。

　　王錫闡（1628-1682）是另一位長年觀測天文的曆算家，[36]
素與薛鳳祚齊名。[37]雖然他與薛鳳祚同樣強調中、西曆學相互會
通的重要性，[38]但是從其撰寫的《曉菴遺書》（ca.1659-1681）
中，他似乎擬從另外的路徑為中國曆學的優越性展開辯護。一是
回溯中國曆法緣起，以證明其淵源悠久、歷久不衰；二是攻擊歐
洲曆學對宇宙體系的解釋莫衷一是，不如中國曆學解釋穩固。他
首先在《曉庵新法‧自序》說道：

　　炎帝八節歷〔曆〕之始也，而其書不傳。黃帝顓頊夏殷周

---

[36]　《疇人傳》記載著王錫闡「每遇天色晴霽，則登屋臥鴟吻之間，仰察星象，
　　　竟夕不寐。」〔清〕阮元撰，楊家駱主編，《疇人傳彙編》，〈國朝一〉，
　　　〈王錫闡上〉，卷三十四，頁421。王錫闡自己也提到親身觀測天象的經驗，
　　　「《天問》曰：『圜則九重，孰營度之？』則七政異天之說，古必有之。近
　　　代既亡其書，西說遂為創論。余審日月知視差密，五星之順逆，見其實然，
　　　益知西說原本中學，非臆撰也。」進而得出西學中源論確屬實然的結論。王
　　　錫闡，《曉庵新法》（收錄於任繼愈主編，《中國科學技術典籍通彙‧天文
　　　卷六》，鄭州：河南教育出版社，1995，據本影木犀軒叢書本影印），〈雜
　　　著〉，〈曆說五〉，頁10b（總頁597）。
[37]　「論曰：國初算學名家，南王北薛並稱。」〔清〕阮元撰，楊家駱主編，前
　　　揭書，〈國朝三〉，〈薛鳳祚〉，卷三十六，頁449。
[38]　王錫闡的這個主張，從他〈自序〉對自己的工作描述便可得知。「且譯書之
　　　初，本言取西曆之材質歸大統之型範，不謂盡墮成憲而專用西法如今日也。
　　　余故兼采中西，去其疵類，參以已意者。曆法六篇，會通若干事，放正若干
　　　事，表明若干事，增葺若干事，立法若干事。雖舛而未可遽廢者，兩存之理
　　　雖可之，而非上下千年不得其數者闕之。雖得其數而遠引古測未經目信者，
　　　別見補遺，而正文仍襲其故。」王錫闡撰，《曉菴遺書》，收錄於薄樹人主
　　　編，《中國科學技術典籍通彙‧天文卷》，第六卷，鄭州：河南教育，1995，
　　　據守山閣叢書本影印，〈自序〉，頁4b-5a（總頁434-435）。

魯七歷〔曆〕，先儒謂其偽作，今七歷〔曆〕具存，大指
與漢歷〔曆〕相似，而章蔀氣朔未覩其真，其為漢人所托
無疑。太初三統法雖疏遠，而創始之功不可沒。……萬歷
〔曆〕季年，西人利氏來歸，頗工歷〔曆〕算。崇禎初，
命禮臣徐光啟譯其書，有歷〔曆〕指為法原，歷〔曆〕表
為法數，書百餘卷，數年而成，遂盛行於世。言歷〔曆〕
者莫不奉為俎豆。吾謂西歷〔曆〕者善矣，然以為測候精
詳，可也。以為深知法意，未可也。循其理而求通，可也。
安其誤而不辨，不可也。[39]

這段論述有三個重點。第一，王錫闡認為最早的曆法源自炎
帝（ca.3500B.C.）的八節曆，將中國曆學的起源又再度推前數百
年。第二，他繼承方以智以降對西學精於測候，拙於言法意的觀
點，並且將它運用在曆法的比較中。第三，王錫闡強調中、西曆
學交流會通是該做的事，但是卻也察覺歐洲曆學存在某些問題必
須被辨明，此舉帶有明顯的針對性。雖然與薛鳳祚同為贊成中、
西曆學交流會通，卻與薛氏偏向歐洲曆學的基本立場有著明顯的
差異。

在西學中源論的根據上，王錫闡除了將中國曆學的起源往前
推，更考究了元朝的曆法變化，得出一個前人未曾發現的結論。
他在《雜著‧秝說一》說道：

元修大統秝，雖錄守敬舊章，然覺其未密，故去消長不用，
而又別寫土盤經緯秝法，分科互測以為改憲之端。惜乎！
疇人子弟習常肆舊，無有能會通而修正之者。近代西洋新

---

[39]　王錫闡，前揭書，〈自序〉，頁1a-2a（總頁433）。

> 法大抵與土盤秝同源，而書器猶備，測候加精。[40]

王錫闡注意到元朝也發生改曆事件，引發了「土盤經緯秝法」[41]從中產生。經過一番探究，他卻發覺「土盤經緯秝法」大致上與現今流傳中國的歐洲曆法同源，所用的測量器具和方法是相同的，只是測量結果上，歐洲曆法較「土盤經緯秝法」更為精確罷了。假設這個觀點成立，將非常具有意義，因為明末以降的中國士子僅認為中學傳往西學的過程發生在三苗、九黎為亂之時，王錫闡卻在元朝找到另一個西學中源的曆學證據，這不啻是支持西學中源論最好的根據。然而王錫闡在此觸犯了一項歷史錯誤，引起梅文鼎在日後進行中、西曆學比較詳細論證此一問題，在此擬不詳述。[42]

尋找西學中源論的根據之餘，王錫闡同時認識到當時歐洲曆法上的一項先天缺陷，故主張中國曆法不遜於歐洲曆法。他說道：

---

[40] 王錫闡，前揭書，〈雜著〉，〈秝說一〉，頁 1b（總頁 593）。

[41] 「土盤經緯秝法」應是日後的回回曆。參〔明〕貝琳編，《七政推步》（收錄於〔清〕高宗敕撰，《欽定四庫全書》，臺北：臺灣商務，1970，據故宮博物院所藏文淵閣本影印），〈子部六〉，〈天文算法類一〉，〈提要〉，頁 1a-2b。另參陳遵媯撰，《中國天文學史》（五）（臺北：明文書局，1988），頁 194，特別是註 2 和註 3。

[42] 王錫闡的錯誤在於沒有認識到土盤經緯秝法就是阿拉伯傳入中國的回回曆。在西元 10-12 世紀，西歐持續進行著學術翻譯運動，將阿拉伯的學術知識翻譯成拉丁文，包括天文學知識。因此西洋新曆是由回回曆演變而來的，並非由元朝的土盤經緯秝法衍生出來的。參戴維‧林德伯格（David C. Lindberg）著，王珺譯，《西方科學的起源：公元前六百年至公元一千四百五十年宗教、哲學和社會建制大背景下的歐洲科學傳統》（北京：中國對外翻譯出版公司，2003），頁 210~213。

> 夫治秝者不能以天求天，而必以人驗天，則其不合者固多
> 矣。雖幸而合，久必乖焉。何也？天地終始之故，七政運
> 行之本，非上智莫窮其理。然亦只能言其大要而已，欲求
> 精密則必以數推之。數非理也，而因理生數，即因數可以
> 悟理。……夫曆理一也，而曆數則有中與西之異。西人能
> 言數中之理，不能言理之所以，同儒者每稱理外之數不能
> 明。數之所以異，此兩者所以畢世而不相通耳。[43]

唯有神明無窮的智慧才能窮盡天象的原理，因此生於地上的
曆算家只能言其大要。為了求更加精確，曆算家必須以數學工具
加以推測，但是數學工具並非原理本身，只能幫助曆算家領悟原
理。天象的原理只有一個，中曆與西曆卻在推測數據上有所差
別。雖然歐洲曆算家能說明推測數據的道理，卻無法說明原理本
身，與儒者一向主張的原理外的數據無法說明原理並無二致，故
只能說天象原理與推測數據永遠不能相等罷了。王錫闡的意思似
乎是不能因為歐洲曆學較為精確就說其在窮究天象原理上比中
學優越。他隨後又說：

> 舊法之屈於西學也，非法之不若也，已甄明法意者之無其
> 人也。今考西秝所爭勝者不過數端，疇人子弟駭於剏聞，
> 學士大夫喜其瑰異，互相誇耀，以為古所未有，熟知此數
> 端者悉具舊法之中而非彼所獨得乎？……大約古人立一
> 法，必有一理詳於法而不著其理，理具法中，好學深思者
> 自能力索而得之也。西人竊取其意，詎能越其範圍，就彼

---

[43] 王錫闡，前揭書，〈雜著〉，〈秝說一〉，頁 4a-5a（總頁 593-594）。

所命創始者，事不過如此，此其大略可覩矣。[44]

果然，王錫闡在這裡就直接切入重心，強調中國曆法在窮究天象原理上並非弱於歐洲曆法，只是多數中國士子不明曆法法意，又為歐洲曆學新穎特異所吸引，以為古之未有罷了。他同時說明，中國古代曆算家每創立一新法，必有隱藏在後面的道理，鑽研此道者學習深思就可知曉，偏偏後世學者抱殘守缺，於是荒廢。歐洲人私自領會箇中道理，自命為創始者，是瞞不過中國有識之士的，事情就是如此而已。從上述兩段論述可以看出，王錫闡不僅承襲著西學中源論一貫批評漢唐以降學者的觀點，還將方以智的「通幾」「質測」對立的論點在曆學討論中具體化。

這裡隱藏著一個相當重要的問題，「理與數的關係是什麼？」換句話說，觀測天文而得到的數據等於天象背後的原理嗎？王錫闡的時代已然發現傳入中國的歐洲曆法有多種不同的系統，在解釋天文體系顯得莫衷一是，故準確地抓住歐洲曆法的這個先天缺陷而加以攻擊。[45]事實上，明末清初傳入中國的歐洲曆法的確存在著多種不一致的解釋系統，原因在於 17 世紀的歐洲正經歷一個從未發生過的科學革命，故導致在歐洲就已然產生出哥白尼（Nicolas Copernicus, 1473-1543）「日心說」、第谷（Tycho Brahe, 1546-1601）「兩個中心說」、笛卡爾（Rene Descartes, 1596-1660）

---

[44] 王錫闡，前揭書，〈雜著〉，〈秝策〉，頁 1b-2a（總頁 592）。

[45] 中國曆算界當時存在著多種曆算方式，譬如利瑪竇引進亞里斯多德-托勒密的宇宙體系，徐光啟的《崇禎曆書》（1629-1634）引進的第谷「兩個中心說」宇宙論。此一狀況使王錫闡對之做出「西人每詡數千年傳人不乏，何以亦無定論」，「亦見其技之窮矣」等批評。參盧嘉錫總主編、金秋鵬分卷主編，《中國科學技術史·人物卷》（北京：科學出版社，1998），頁 588~589，662~663。

「漩渦論」、牛頓（Isaac Newton, 1642-1727）「萬有引力論」等
多個新的天文物理學說前後相互競爭，傳入中國的歐洲曆法只是
某種程度上的如實反映當時歐洲學界的狀況。[46]王錫闡的想法似
乎是，歐洲曆法的數學推算系統有多種，究竟哪一種反映出宇宙
的真實狀況呢？這裡疑問觸及歐洲天文學中長久以來「整理外
觀」（saving the phenomenon）和「尋求真理」（searching for the
truth）的路數之爭。[47]相較於中國曆學自炎黃以降都處在同樣的
系統中作觀測數據的更動，致力於「天數」和「曆元」宇宙真實
狀況，當時歐洲的數學天文學顯然無法讓王錫闡得到一個關於宇
宙真實狀況的肯定解釋。

　　王錫闡在曆學上的見解，自然引起梅文鼎的注意，進而在做
比較中、西曆法的工作時一起處理。必須先說明的是，在如何處
理當時曆法的問題上，梅文鼎與王、薛相同，主張中西應該會通，
[48]但是在中、西曆法孰優孰劣的問題上，梅文鼎則向王錫闡靠

---

[46]　科學革命是指 17 世紀的歐洲物理和天文學者慢慢瞭解到傳統權威的諸多錯
　　誤後，進行的一連串學術改良和競爭。然而在這個不斷發展的過程中，耶穌
　　會士不斷地引進當時較先進的學說進入中國，遂使歐洲各種新舊的天文學說
　　在中國一時並存。因此這種情況反應出歐洲天文學在科學革命時的快速變
　　動。

[47]　解釋現象與尋求真理的天文學爭議自亞里斯多德以來即已存在，一直延續到
　　科學革命才稍歇。解釋現象的訴求是以數學模型精準描述與預測行星的運
　　動，不強求宇宙的物理真實。尋求真理則致力探索宇宙的真實構成。參戴維・
　　林德伯格（David C. Lindberg）著，王珺譯，前揭書，頁 99~101，109，186。

[48]　「夫〔西法〕於中法之同者，既有以明其所以然之故，而於中法之未備者，
　　又有以補其缺。於是吾之積候者得彼說而益信，而彼說之若難信者亦因吾之
　　積候而有以知其不誣。雖聖人復起亦在所兼收而亞取矣。」〔清〕梅文鼎撰，
　　《歷學疑問》，〈論中西二法之同〉，卷46，頁 11b。

攏，[49]積極地為中學辯護。他同意王錫闡的「古人立法，理具法中」觀點，[50]亦認為揭宣提出的「元氣漩渦理論」可與西學相抗衡，[51]並且不諱言自己維護古學的決心，[52]在在地顯示出他面對

---

[49] 《疇人傳》有段敘述說明了梅文鼎與王錫闡的學術承襲關係。「《考成》所採文鼎以上下左右算交食方向，法實本於錫闡矣。」〔清〕阮元撰，楊家駱主編，前揭書，〈國朝二〉，〈王錫闡下〉，卷三十五，頁446。

[50] 梅文鼎曾以遠古聖人是否知道地圓之理來作論證此一觀點。「問西曆以地心地面為測算根本則地形渾圓可信，而《周髀》不言地圓，恐古人猶未知也。曰：『《周髀算經》雖未明言地圓而其理、其算已具其中矣。』」〔清〕梅文鼎撰，《曆學疑問補》（收錄於《百部叢書集成》，臺北：藝文印書館，據〔清〕吳省蘭輯刊藝海珠塵本影印），〈論《周髀》中即有地圓之理〉，頁4b。古人是如何知曉的呢？梅文鼎將原因歸於古人觀察月蝕所知，「地圓之大致可見，非不知地之圓也。即如日月交餹常在朔望，則日食時日月同度，為月所掩亦易知之事，而《春秋》、〈小雅〉但云日有食之。古聖人祇舉其可見者為言，皆如是也。」〔清〕梅文鼎撰，《曆學疑問補》，〈論《周髀》中即有地圓之理〉，頁6a-6b。

[51] 「當如西人初說，七政在天如木節在板。……若如板之有節，則小輪之法又將安施？即西說不能自通矣。故惟七政各有本天以為之帶動，斯能常行於黃道而不失其恒，惟七政之在本天又能自動於本所，斯可以施諸小輪而不礙，揭說與西說固可並存而不廢者也。」〔清〕梅文鼎撰，《曆學疑問》，臺北：藝文印書館，據原刻影印，〈論天重數二〉，卷47，頁22a。

[52] 梅文鼎在〈曆法通攷自序〉曾說明他輯書的動機：「夫如是則古人之精意可使常存，不致湮沒於崇已守殘之士。而過此以往，或有差變之微出於今法之外，亦可本其常然以深求其變而徐為之修改，以袁於無弊。是則吾輯曆法通考之意也。」見〔清〕梅文鼎撰，《雜著》（收錄於嚴一萍輯選，《叢書集成三編》，臺北：藝文印書館，據原刻影印），〈曆法通攷自序〉，卷六十，頁3b-4a。另外根據《疇人傳》的記載，梅文鼎曾自言為中國曆學辯護的決心，謂「自言吾為此學，皆歷最艱苦之後，而後得簡易。有從吾遊者，坐進此道，而吾一生勤苦，皆為若用矣。吾為求此理大顯，使古絕學不致無傳，

中、西曆學孰優孰劣的問題是站在「中曆本良善，仍需求會通」的立場進行關於中、西曆法上的討論。

梅文鼎的主張如此，其作法則分為二路。一是比較中、西曆算的技巧，以證明兩者看似不同，其理相同；二是強化西學中源論的歷史基礎，以顯得中國曆法相較歐洲曆法淵源深遠，隨時修正。基於篇幅與本文旨趣，筆者僅針對梅文鼎在強化西學中源論基礎的工作加以分析。

梅文鼎透過對三個方面的深入分析使西學中源論的基礎更加可信穩固。首先在西學中源論的歷史根據上，他重新檢視《史記》關於「幽厲之時，疇人子弟分散」的記載，確認曆法是否是中學向外傳播的唯一孤證，若是孤證，說服力自然不強，但是若非孤證，就足以證明曆學西傳是有其時代背景，並非基於偶然。為了驗證這個想法，他在〈論中土曆法得傳入西國之由〉中作出如下考據：

> 如魯論載少師陽擊磬襄入於海，鼓方叔入於河，播鼗武入於漢，故外域亦有律呂音樂之傳，歷〔曆〕官遯逃而歷〔曆〕術遠傳亦如此爾。又如傳言夏衰不窋失官而自竄於戎翟之間，厥後公劉遷邠，太王遷岐，文王遷豐，漸徙內地，而孟子猶稱文王為西夷之人。夫不窋為后稷，乃農官也，夏之衰而遂失官竄於戎翟，然則羲和之苗裔屢經夏商之喪亂而流離播遷，當亦有之。太史公獨舉幽厲，蓋言其甚者耳。

則死而無憾。」〔清〕阮元撰，楊家駱主編，前揭書，〈國朝二〉，〈梅文鼎上〉，卷三十七，頁 465。

[53]

　　透過《魯論》和《春秋》等古史的記載，梅文鼎考證中國音樂及其理論亦有因士大夫遷徙而傳播至華夏之外的情況產生，故認為上古曆學外流是基於類似的途徑傳播出去，並非唯一的孤證。另外，羲和後裔因夏商喪亂而遷徙西域；后稷因夏朝衰敗而往西流竄，都是中國文明往西方散播的證明，是以梅文鼎得出司馬遷（ca.135-ca.87）單獨舉發生在周幽王和周厲王時曆學西傳的例子，僅是因為當時的動亂規模大，影響亦大，並非它是唯一史例。這項考據增強了西學中源論的合理性。[54]

　　其次，梅文鼎注意到中國曆法與歐洲曆法的相似性問題，對兩者做出詳細的討論和釐清。透過王錫闡的見解，梅文鼎自然對「土盤經緯曆」與「西洋新曆」同源感到興趣，但是從他的著作當中僅可以發現其對回回曆與「歐羅巴曆法」的探討。[55]為何梅

---

[53] 〔清〕梅文鼎撰，《歷學疑問補》，〈論中土歷法得傳入西國之由〉，頁 3a-3b。

[54] 梅文鼎同時認為唐代以降的外國曆法都是從西方傳入中國，與中國上古文明都往西方散播不無關係。「當是時唐虞之聲教四訖，和仲既奉帝命測驗，可以西則更西，遠人慕德景從。或有得其一言之指授、一事之留傳，亦即有以開其知覺之路。而彼中穎出之人從而擬議之，已成其變化，故宜有之。考史志唐開元中有九執曆，元世祖時有札馬魯丁測器，有西域萬年曆，明洪武初有馬沙亦黑馬哈麻，譯回回曆，皆西國人也。而東南北諸國無聞焉，的以想見其涯略矣。」〔清〕梅文鼎撰，《歷學疑問補》，〈論中土歷法得傳入西國之由〉，頁 3a-4b。

[55] 如梅文鼎對星座名稱淵源的探索，謂「今余所攷則以回曆星名同者為証，……查恆星出沒表四十五大星內，星名同者二十一。人坐椅子諸像，非西洋六十像之像。如貫索，在回回曆為缺椀，在西洋則為冕旒，及此見西古之本出回回也。」〔清〕梅文鼎撰，《雜著》，〈西國三十雜星攷〉，卷六十，頁 37a。

文鼎不繼續深入討論土盤經緯曆此一西學中源論的重要根據，而改探究與並非源自中國的回回曆呢？筆者認為這與他發現王錫闡誤以為土盤經緯秤法是中國本土曆法的變形，不清楚它其實源自阿拉伯傳入中國有直接的關係。[56]為了修正王錫闡的錯誤觀點，梅文鼎在〈論回回曆與西洋同異〉的註解如此說道：

> 按回回古稱西域，自明鄭和奉使入洋，以其非一國，絮稱之曰西洋。厥後歐羅巴入中國自稱大西洋，謂又在回回西也。今歷〔曆〕書題曰西洋新法，蓋回回曆〔曆〕即西洋舊法耳。論中舉新法皆曰歐羅巴，不敢混稱西洋，所以別之也。[57]

他發現「西洋」是鄭和創立的一個集合名詞，其所指涉並非僅為單獨國家，故帶有些許的模糊性。回回即是中國古稱的西域，然而歐羅巴又在回回西邊，故不應以「西洋」這個名詞混稱之，應仔細地區別兩者，與兩者使用的曆法淵源。接著又說道：

> 問回回亦西域也，何以不用其曆而用西洋之曆？曰：回回曆與歐羅巴同原異派，而疎密殊，……故余嘗謂西歷〔曆〕

---

[56] 根據《欽定四庫全書考證》的《七政推步‧提要》的考證，明洪武十五年回回曆被翻譯入中國，是以提要撰寫人認為貝琳在自序說「洪武十八年遠夷歸化獻土盤法」顯然於理不合。梅文鼎在進行中、西曆學比較時似乎已然瞭解到王錫闡所謂的土盤曆其實就是源自於阿拉伯的回回曆。由於回回曆並非是中國本土曆法的變形，只是在明朝時譯入中國而為欽天監加以運用，故不能做為支持西學中源論的有力證據。參〔清〕王太岳，王燕緒等纂輯《欽定四庫全書考證》（臺北：商務，1986）《七政推步‧提要》，〈子部六〉，〈天文算法類一〉，頁 1a-2b。

[57] 〔清〕梅文鼎撰，《曆學疑問》，〈論回回曆與西洋同異〉，卷 46，頁 14a。

之於回回，猶授時之於紀元統天，其疎密固較然也。然在
洪武間立法未嘗不密。[58]

從這裡可以看出梅文鼎認為回回曆與歐羅巴曆法同源而異
流，回回曆跟西洋新曆的關係是舊法與新法的關係。因此，王錫
闡雖然試圖以土盤曆與西洋新曆同源做為西學中源論的根據，但
是經過梅文鼎對「西洋」做出深入分析，發現回回與歐羅巴是兩
個地點不同的國家，西洋新曆是與回回曆同源異流，進而透露梅
文鼎其實洞悉王錫闡所謂的土盤曆其實就是回回曆，並不源於中
國，故王錫闡的努力並未在日後形成西學中源論有強而有力的基
礎。

儘管反駁了回回曆與中國曆法的關係，梅文鼎卻提出中、西
在曆法上同源的另一根據。他在〈論蓋天與渾天同異〉說道：

載考容成作蓋天，隸首作算數，黃帝時顓頊作渾天在後。
夫黃帝神靈首出，又得良相如容成、隸首，皆神聖之人，
測天之法宜莫不備極精微，顓頊本其意而製為渾員之器以
發明之，使天下共知。非謂黃帝容成但知蓋天不知渾天而
作此以釐正之也。知蓋天與渾天原非兩家，則知西歷〔曆〕
與古歷〔曆〕同出一原已。[59]

梅文鼎認為西洋新曆衍生自中國的蓋天說，並隨即提出一個
根據：

今西洋所作星圖自赤道中分為兩，即此製也。所異者西洋

<hr />

[58] 〔清〕梅文鼎撰，《歷學疑問》，〈論回回曆與西洋同異〉，卷46，頁13a-13b。
[59] 〔清〕梅文鼎撰，《歷學疑問補》，〈論蓋天與渾天同異〉，頁2b-3a。

> 人浮海來，實行赤道以南之海道，見南極左右之星而補成
> 南極星圖。與古人但圖可見之星者不同，然其理則一，是
> 故西洋分畫星圖亦即古蓋天之遺法也。[60]

　　他從比較中、西方的星座圖上發現兩者所記載的星象雖然略
有差異，但是紀錄星象的方式卻是一致的。西洋星圖與中國星圖
都利用赤道中分天域，再分別記錄星象。雖然中國與西洋的星圖
記錄看似不同，但是導致兩者有所差異的原因只是西洋人將航海
時所觀察的南半球星象補入傳統星圖之中。因此從方法上言之，
梅文鼎認為西洋星圖利用赤道中分天域的作法仍然是其源自於
中國蓋天法的明證。

　　最後，梅文鼎也試圖比較中、西在曆學發展的時間順序，以
支持西學受到中學啟蒙的說法。他在〈論高行周天〉說道：

> 《曆法西傳》曰古西士去今一千八百年，以三角形測日
> 軌，……今以年計之當在漢文帝七年戊辰，此時西歷〔曆〕
> 尚在權輿。越三百餘年至多祿某而諸法漸備，然則所謂古
> 西士之測算或非精率，然而西史之所據止此矣。[61]

　　透過《曆法西傳》[62]一書的記載，梅文鼎推算出距當時 1800
年前（173B.C.），歐洲天文學家以三角形推算太陽與地球的距離，
這時是歐洲曆法的開始，西洋史書並無更早的記載。三百年後到
希臘化時期的托勒密（Clandius Ptolemaeus, ca.90A.D.-ca168A.D.）

---

[60]　〔清〕梅文鼎撰，《歷學疑問補》，〈論渾蓋之氣與《周髀》同異〉，頁 9b。
[61]　〔清〕梅文鼎撰，《歷學疑問》，〈論高行周天〉，卷 48，頁 5a-5b。
[62]　《曆法西傳》為湯若望專向中國讀者介紹歐洲天文學發展史綱要之作。

[63]撰寫《至大論》（*Almagest*），歐洲曆法才逐漸完備。相較於中國曆法源於西元前 3000 年的炎黃之時，歐洲曆學的開始（173B.C.）顯然晚了許多，是以在時間順序上更添增了西曆晚於中曆的合理性，給予西學中源論間接的支持。

可以這麼說，梅文鼎的中、西曆學比較研究統整了清初士子對於中、西曆法的種種觀點。透過長年浸淫在天文曆算的學術生涯中，梅文鼎明確地瞭解歐洲曆法在推算過程的優越性，但是雖然如此，中國算學家對歐洲曆法提出的種種質疑也顯得不無道理，歐洲曆法對宇宙體系的假設相當混亂，無法透過它認知宇宙體系的真實面。這種情況下，只要使中、西曆法屬於同源的前提成立，梅文鼎統整中、西曆學的工作就有機會獲得多數中國士子的支持，進而達成他追求中、西曆學會通，促使中國曆算去蕪存菁而且持續進步的目的。因此可以發現，在處理清初曆學大辯論的諸多問題中，梅文鼎透過大量的考據試圖鞏固西學中源論在曆學上的基礎，這個舉動使得處理「中學到底能否與西學相抗衡」此一問題顯得不再那麼急迫且尖銳。換言之，透過利用西學中源論，梅文鼎在某種程度上賦予歐洲曆法成為清朝官方曆法的合理基礎，同時為中、西曆學會通，促使中國曆法去蕪存菁創造機會。

---

[63] 多祿某即托勒密，希臘化時期居住在亞歷山卓城的天文學家、地理學家、數學家和星占學家。他繼承亞里斯多德的思想和根據自己的天文觀測，提出地球為宇宙的中心的宇宙論體系，成為日後的權威理論。著有《天文學大成》（Almagest）、《光學》（Optica）和《地理學指南》（Geographike Hyphegesis）等書。

三、康熙時代形成的官方意識形態

　　清初的曆學大辯論固然在學術界有其影響性，但是使西學中源論成為日後主流思想的關鍵，則與清聖祖康熙（愛新覺羅・玄燁，1662-1722）的態度密切相關。據筆者所瞭解，康熙帝提倡西學中源論的理由有二，一是康熙早年所面臨到的「康熙曆獄」（1664-1669）事件，[64]使他注意中、西曆法的衝突，並且思索化解之道，二是康熙本身對數學的喜愛。由於以康熙為首的權力核心已然接受西學中源論並提倡之，故使西學中源論隱然取得某種官方意識形態的色彩而益為中國士子信服。

　　表面上，康熙曆獄是中國士子楊光先（1597-1669）針對西洋傳教士所引起的曆法衝突，但是實質上卻相當程度地涉及順治朝遺留下來的滿漢官員衝突。時年 16 歲的康熙雖然化解了當下的衝突，並採用較為準確的西曆作為清廷曆測的標準，[65]但是中國曆法不為清廷所接受，仍舊是多數中國士子無法接受的事情，並且成為清初曆學大辯論的重要背景。由此觀之，經歷過康熙曆獄後，思索如何妥善地消除中國士子對西曆的敵視，進而使其接納採用西曆的清廷統治，應是康熙繼位以來懸在心頭上的緊要問題。[66]

---

[64] 「康熙曆獄」表面上是以楊光先撰寫〈選擇議〉攻擊欽天監選擇榮親王葬期錯誤，和不當使用洪範五行理論所引發的政治事件，實際上卻是楊光先用以打擊耶穌會士把持欽天監的行動。雖然短暫地造成耶穌會士被集體處斬，但是最終仍然被耶穌會士翻案平反。這個事件代表著中國士子對曆法「以夷變夏」的反彈。參黃一農，前揭文，頁 258，263~274。

[65] 參黃一農，〈擇日之爭與「康熙曆獄」〉，頁 258，263~274。

[66] 由 1713 年康熙對皇子們的說明，可略知康熙當時的心路歷程是有統治權力上的考量。他說：「爾等惟知朕算術之精，卻不知我學算之故。朕幼時，欽天

　　據江曉原與韓琦的研究，康熙提倡西學中源論是出於較多的政治考量。康熙向耶穌會士學習西方天算始於 1689 年，並且在 1692 年撰寫《三角形論》，約略與梅文鼎的《曆學疑問》（1690-1692）同時。然而直到他第一次召見梅文鼎之後（1705），梅文鼎才記載著自己得知康熙在撰寫《三角形論》之時已然主張西學中源論。值得注意的是，韓琦認為梅文鼎在《曆學疑問》一書已流露出西學源於中國的觀點，是以「1692 年左右康熙撰寫的三角形論，在梅文鼎的書中找到了佐證」，故 1705 年康熙召見梅文鼎時就將自己的十多年前寫的《三角形論》展示給梅文鼎觀看。[67]由此可以看出，康熙參考了梅文鼎的部份觀點而瞭解到西學中源論是化解中國士子不滿西曆的靈丹妙藥，而梅文鼎在 1705 年得知康熙此舉的目的後，也樂意配合康熙，[68]致力於建構西學中源論的合理基礎，撰寫《曆學疑問補》，以達成他維護古學與促其改良的心願。兩人出發的動機不盡相同，卻都看出提倡西學中源論所帶來的好處。

監漢官與西洋人不睦，互相參劾，幾至大辟。楊光先、湯若望於午門外九卿前，當面賭測日影，奈九卿中無一人知其法者。朕思，己不知，焉能斷人之是非，因自憤而學焉。」見〔清〕康熙述，《聖祖仁皇帝庭訓格言》（收錄於〔清〕高宗御製，《欽定四庫全書》，臺北，臺灣商務，1978），〈子部一〉，〈儒家類〉，頁 69a。另參韓琦，〈君主與布衣之間：李光地在康熙時代的活動及其對科學的影響〉，《清華學報》，新 26 卷，第 4 期，1996，頁 439-441。另參韓琦，〈白晉的《易經》研究和康熙時代的「西學中源」說〉，《漢學研究》，第十六卷，第一期，1998，頁 199。

[67] 參江曉原，〈試論清代「西學中源」說〉，頁 103~104。另參韓琦，〈君主和布衣之間：李光地在康熙時代的活動及其對科學的影響〉，頁 439~441。

[68] 參韓琦，〈君主和布衣之間：李光地在康熙時代的活動及其對科學的影響〉，頁 439~441。

再者，康熙本身對數學的喜愛也使西學中源論在中、西數學比較方面顯露出來。從康熙主導撰寫的《數理精蘊》（ca.1721）中，可以得知康熙曾詢問朝中的傳教士有關西方數學源起的事。他提到：

> 明萬曆年間，西洋人始入中土。……及我朝定鼎以來，遠人慕化，至者漸多，有湯若望、南懷仁、安多、閔明我，相繼治理曆法，間明算學，而度數之理，漸加詳備。然詢其所自，皆云本中土所流傳。……至於三代盛時，聲教四訖，重譯向風，則書籍流傳於海外者，殆不一矣。周末疇人子弟，失官分散，嗣經秦火，中原之典章，既多缺佚，而海外之支流，反得真傳。此西學之所以有本也。[69]

過程顯示著被康熙詢問的傳教士沒有趁此闡明西洋數學的發展史，反而轉為同意康熙主張的西學中源論，故使康熙以為傳教士亦同意中國數學是西方數學發展的源頭。雖然事實可能是傳教士「人在屋簷下，不得不低頭」而隨聲附和康熙的意見，[70] 但是這個舉動卻使得康熙對西學中源論更無疑議。同時，《數理精蘊》主要撰寫者梅瑴成（1681-1763）基於康熙之故接觸到代數學（時稱借根方）時，也流露出西方數學源於中國的推論。他在《赤水遺珍》一書說道：

> 後供奉內廷，蒙聖祖仁皇帝授以借根方法，且諭曰：「西洋人名此書為阿爾熱八達，譯言東來法。」敬受而讀之，

---

[69] 〔清〕愛星覺羅‧玄燁撰，王雲五主編，《數理精蘊》，臺北：臺灣商務印書館，1967，〈周髀經解〉，卷1，頁8。

[70] 參江曉原，前揭文，頁105。

其法神妙，誠算法之指南，而竊疑天原一之術頗與相似。
復取《授實曆草》觀之，乃渙如冰釋，殆名異而實同，非
徒曰似之已也。夫元時學士著書，臺官治曆，莫非此物，
不知何故，遂失其傳，猶幸遠人慕化，復得故物，東來之
名，彼尚不能忘所自，而明人視為贅疣，而欲棄之。[71]

　　梅瑴成說明某日康熙將載有「借根方」法的書籍展示給他觀
看，並說明道西洋傳教士將此書命名為「東來法」。梅瑴成閱讀
且詳加演算後，詫異此法與傳統的天元術[72]相似，經過事後考
究，發覺兩者其實相同。這個經驗使梅瑴成有著如下推論，元朝
曆官使用天元術治曆，不知為何失傳了，幸而歐洲人崇尚華夏文
化，輾轉得之。故歐洲人就以「東來法」加以命名，記錄其源自
中國。康熙和梅瑴九在中、西數學做出的比較工作，為日後的算
學家奠定了努力的方向，更令西學中源論的影響性日益擴張。

　　正是在這種風氣的影響所及，[73]阮元以及其弟子李銳

---

[71] 見〔清〕梅瑴成撰，《赤水遺珍》（收錄於嚴一萍選輯，《梅氏叢書輯要》，
　　臺北：藝文印書館，1971），〈天元一即借根方解〉，卷 61，頁 8b-9a。見
　　〔清〕阮元撰，楊家駱主編，《疇人傳彙編》，〈國朝六〉，〈梅文鼎下〉，
　　卷 39，頁 486。

[72] 「天元術」就是代數學，大約從十三世紀初開始在河北、山西交界的一些地
　　區興起，李治的《測圓海鏡》是中國天元術的代表著作，它的問世使數學根
　　基在中國紮實，而光大了天元術的應用。

[73] 從《疇人傳》中的兩段記載，可清楚窺知阮元企圖迎合康熙主張西學中源論
　　的心態，不僅止於陳述西學中源論的證據，更帶有吹捧康熙的意思。他說：
　　「推步之法，由疏漸密，至國朝而大備。我聖祖仁皇帝，聖學生之，聰明天
　　縱，御制《數理精蘊》，契合道原，範圍乾象。以故天下勤學之士，蒸然向
　　化，若宣城梅文鼎、梅瑴城，大興何宗國，泰州陳厚耀，休寧戴震等，先後

（1769-1817）開始了《疇人傳》（1799）的撰寫工作，企圖評論古今中外疇人的成就，和為西學中源論定調。但是與清初士子非常不同的是，置身於乾嘉考據學興盛的時代，阮元是透過考據經史的方法繼續強化西學中源論的基礎。[74]其主要的方法有二，第一是指出西洋早期曆算家生平和成就上的矛盾，第二是給予熱中西學、「數典忘祖」的明清士人負面的評價。阮元的作法對日後不通西學的清季士子具有極強的說服性，成功地將西學中源論通俗化和普及化。[75]

在阮元的時代若要瞭解西洋早期的曆學發展，主要似乎是透

林立，亦皆闡揚推衍，各有撰述。元少治六經，涉及九數，服官以後，未能究心。徒以象數之學，儒者所當務，爰肇自皇帝，迄於昭代，凡為此學者，人為立傳。俾後來彥俊，知古今名公大儒從事於此者不少，庶幾起其向慕之心。且緣是考求修改源流沿革條目，然後進而恭讀聖制，或得有所領解，仰窺萬一。此則輯錄是編之大旨也。」見〔清〕阮元撰，楊家駱主編，前揭書，〈疇人傳凡例〉，頁1。又說：「論曰，以句股量天，始見於《周髀》。後人踵事增修，愈推愈密，而乃嗤古率為牾疏，毋乃既成大輅而棄椎輪耶？歐羅巴測天專恃三角八線。所謂三角，即古之句股也。伏讀聖祖仁皇帝御制三角形論曰，論者謂今法、古法不同，殊不知原自中國，流傳西土，毋庸歧視。大哉王言，非星翁術士所能與知也。」見〔清〕阮元撰，楊家駱主編，前揭書，〈上古〉，〈榮芳、陳子〉，卷1，頁7。

[74] 他說：「元嘗博觀史志，綜覽天文算術家言。」見〔清〕阮元撰，楊家駱主編，前揭書，〈西洋〉，〈湯若望〉，卷四十五，頁589。又說：「且緣是考求修改源流沿革條目，然後進而恭讀聖制，或得有所領解，仰窺萬一。此則輯錄是編之大旨也。」見〔清〕阮元撰，楊家駱主編，前揭書，〈疇人傳凡例〉，頁1。

[75] 參任繼愈編，《中國科學技術典籍通彙·綜合卷》（鄭州，河南教育，1995），〈疇人傳、續編、近代疇人著述記、三編、四編提要〉，頁135。

過明末傳教士修訂的《崇禎曆書》[76]和清初傳教士的著作，但是《崇禎曆書》共 137 卷，由徐光啟、李天經、李之藻、龍華民、鄧玉函、羅雅谷、湯若望等人合撰，清初傳教士又有湯若望、南懷仁、蔣友仁等人留下的論著，在描述西洋早期的天文學家難免會有出入，故阮元在撰寫《疇人傳》時十分清晰地將箇中矛盾展現出來。譬如他在〈依巴谷〉傳說道：

> 月離曆指卷一，謂依巴谷在周顯王時，其第二卷又言依巴各在漢武帝元朔時，前後矛盾，不可究詰。然則彼所謂周時人秦時人者，安知不皆烏有子虛之類耶？[77]

另外在〈歌白尼〉傳也指出：

> 論曰蔣友仁言歌白尼論諸曜，謂太陽靜，地球動，恆星天常靜不動。西士精求天文者，皆主其說，與湯若望術法西傳所稱迥異。據若望言，歌白尼有天動以圓解，又求太陽最遠點，及太陽躔度。夫既曰天動以圓，而太陽又有遠近，有躔度，則天與太陽皆動而不靜矣。同一西人，何其說之互相違背如此耶？[78]

這兩段敘述都說明了西洋早期的天文學家在中文記載上的矛盾。前者提到依巴谷（Hipparchus, 190-120 B.C.，現譯為希帕

[76] 《崇禎曆書》（1634）又名《西洋曆法新書》、《新法曆書》或《新法算書》。見〔清〕阮元撰，楊家駱主編，前揭書，〈疇人傳凡例〉，頁4。

[77] 〔清〕阮元撰，楊家駱主編，前揭書，〈西洋一〉，〈依巴谷〉，卷四十三，頁551。

[78] 〔清〕阮元撰，楊家駱主編，前揭書，〈西洋一〉，〈歌白尼〉，卷四十三，頁554。

恰斯）在生卒年上面的問題，後者則質問哥白尼的天文理論中恆星天和太陽是動是靜的問題。困擾於此類矛盾，阮元最後給出一個結論，說道：

> 歐羅巴人自明末入中國，嗣後源源而來，相繼不絕。利瑪竇、湯若望、南懷仁等，推步一事，頗能深究，亦當為之作傳。惟新法書所載未入中國之西洋人，有在秦漢以前者，而驗其時代，又往往前後矛盾，不可檢校。其人之有無，蓋未可知，及果有其人，所謂默冬、亞里大各之類，亦斷不可與商高、榮芳竝列。是編依放諸史傳外國之例，凡古今西人別為卷第，附於國朝人物之後。[79]

阮元認為幫明末以來進入中國且精通曆算的西洋傳教士作傳沒有什麼問題，但是對於矛盾百出，甚至不確定其人存在與否的西洋早期天文學家，為之作傳就是一項有違史學求真的基本原則。因此筆者認為，阮元為求謹慎，將這些記載殘缺不明的西洋人物別為卷第，置於最後，主要是其史學素養使然。雖然如此，這個作法也間接地具有否定西洋早期天文學家，強化西學中源論的意思。

除此之外，阮元同時透過《疇人傳》後的評論批評著熱中西學、「數典忘祖」的明清士人。例如他在〈多祿某〉（現譯為托勒密）傳末批評道：

> 論曰中士推步之學，自漢而唐而宋而元，大抵由淺入深，

---

[79]　〔清〕阮元撰，楊家駱主編，前揭書，〈疇人傳凡例〉，頁4。按：文中所謂「新法書」應即《崇禎曆書》。

由疏漸密者也。乃多祿某生當漢代，其論述條目，即與明季西洋人所稱，往往相合。豈彼中步算之秘，固自昔已然耶？然攷西人舊率，即用後漢四分法，是則彼之立術，亦必先疏後密，而謂多祿某時其法之詳備以如是，毋亦湯若望輩夸大其詞，以眩吾中國，而徐李諸公受其欺而不之悟也。[80]

這裡批評湯若望誇大的托勒密天文學的成果，經歷千餘年而不改變，更可笑的是徐光啟、李之藻等人為西學所迷惑，竟然沒有察覺這種膚淺的誇大之詞。[81]另外，它也以類似的理由批評江永（1669-1739），說道：

論曰，慎修專力西學，推崇甚至，故於西人作法本原，發揮殆無遺蘊。然守一家言，以推崇之故，并護其所短，恒氣注術辨，專申西說以難梅氏，蓋猶不足為定論也。[82]

他另又將徐光啟、李之藻和江永等人的學術與梅文鼎相比，說：

學者張皇過甚，無暇深考乎中算之源流，輒以世傳淺術，謂古九章盡此，於是薄古法為不足觀，而或者株守舊聞，

---

[80] 〔清〕阮元撰，楊家駱主編，前揭書，〈西洋一〉，〈多祿某〉，卷四十三，頁553。

[81] 事實上，西元1世紀的托勒密天文體系在15世紀哥白尼提出日心說後百餘年才逐漸崩潰。阮元經由中國歷代不斷修曆的經驗批評湯若望說法不實，但是湯若望在這點上其實並未誇大其辭。

[82] 〔清〕阮元撰，楊家駱主編，前揭書，〈國朝九〉，〈江永〉，卷四十二，頁528。

遽斥西人為異學。兩家之說，遂成隔礙。文鼎集其書而為之說，用籌用筆用尺，稍稍變從我法，若三角比例等，原非中法可該，特為表出。古法方程，亦非西法所有，則專著論，以明古人之精義，不可湮沒。[83]

相較之下，徐、李、江三人都熱中西學，「無瑕深考乎中算之源流」，是所謂的「薄古法為不足觀」之輩，但是梅文鼎卻考據出中國古代的方程論，並非西方原有的學術，對維護中學有相當的貢獻。在這裡，不難看出阮元其實有抑西揚中，提倡西學中源論的影子。

綜合觀之，在明末徐光啟、熊明遇和方以智三人的初步建構下，西學中源論已具備其雛型。這個成果在清初曆學的辯論中得到進一步的精緻化，譬如揭宣提出「元氣漩渦理論」和王錫闡大力地攻擊西曆解釋系統混亂的缺點，都提供了中曆優於西曆的觀點，增強了西學中源論在學術意義上的合理性。相形之下，梅文鼎對西學中源論的主要貢獻在於，補強和釐清西學中源論的歷史根據和曆法相關性。最終，原本侷限於少數曆算學者的學術討論，引起了康熙皇帝的注意和運用於鞏固清廷統治的合法性。康熙接納西學中源論的過程，使其開始帶有官方意識型態的色彩，並且經過阮元等中央文臣著書向民間散播，以其頗為完備的論述說服大部分的清季士子，進一步促使西學中源論成為影響深遠的主流學說。直到自強運動以前，這個狀態都沒有太大的變化。

---

[83]　〔清〕阮元撰，楊家駱主編，前揭書，〈國朝二〉，〈梅文鼎上〉，卷三十七，頁 466。

第二節　自強運動時期的西學中源論

英法聯軍（1860）之後，西學中源論始受到自強運動的刺激而呈現出變化。英法以五萬餘人的部隊，以壓倒之勢攻陷京畿，使咸豐皇帝避居熱河，清廷大為震動。這個難堪的處境使清廷內部浮現出反省的聲浪，自強運動於是展開。然而改革的過程並不順利。季榮臣在〈論洋務派的「西學中源」文化觀〉一文指出西學中源論在自強運動期間具有一種兩片刃的性質，李鴻章（1823-1901）與奕訢（愛新覺羅・奕訢 1833-1898）等洋務大臣以西學中源論為依據，藉由西學皆為古代中學來化解士子排拒西學的阻力；但是守舊派亦同樣以此立論，說明學習西法乃多此一舉，應回歸於鑽研中法。[84]熊月之於《西學東漸與晚清社會》亦認為 19 世紀 60 至 90 年代是西學中源論最為盛行的時期，不僅主張學習西方的士子利用它，反對者也如法炮製。同時，西學中源論的日益盛行同時導致一股挖掘和研究中國科學技術的風氣。[85]因此，本節將試圖釐清如下問題：西學中源論在經過清初的定型之後，如何為立場不同的洋務派與守舊派士子所運用？在自強運動時期傳入中國的西學新知，是否使清初以降的西學中源論產生某些變化？筆者認為從同治五年（1866）中一場有關同文館招收學生的辯論為切入點，並配合張自牧（1833-1886）與薛福成（1838-1894）對西學中源論的看法，將會察覺到三種對待西學中源論頗不一致的態度，呈現在自強運動時期當中，藉此希望對上述問題有一番新的認識。

---

[84] 參季榮臣，〈論洋務派的「西學中源」文化觀〉，頁 136~139。

[85] 參熊月之，《西學東漸與晚清社會》，頁 721~722。

一、因天文算學館設立所引起的問題

同治五年十一月五日（1866 年 12 月 11 日），恭親王奕訢[86]上了一道奏摺給同治皇帝，內容是說明同文館成立已有五年，但由於當初招收的學生皆為未滿 14 歲的八旗子弟，學習效果有限，因此他請求新設一個天文算學館，以滿漢舉人、恩拔歲副優貢[87]和各項正途出身五品以下的滿漢京外官員為招收對象，致力學習天文算學，務求洞澈根源。雖然這項洋務措施的用意在為清廷快速地培育科技人才，立意良善，然而此舉仍舊引起軒然大波。[88]

這次的爭執點與以往大同小異，問題仍舊落在是否有「用夷變夏」的環節上。預料到此一存在已久的問題可能遭到反對者大力的攻擊，恭親王等人也早已為它做足功課，準備出一套說法來緩和反對者的批評，方法就是重新給予西學中源論一個新的詮釋，用以說明學習西法等同學習中法。恭親王等人在十二月二十三日（1867 年 1 月 28 日）的奏摺中如是說：

> 至以捨中法而從西人為非，亦臆說也。查西術之借根，實

---

[86] 愛新覺羅・奕訢，清道光帝第六子，咸豐帝同父異母兄弟，為清末洋務派首領。其主張學習外國科技以加強中國軍事實力，外交上主張保持與歐美大國的和平，支持開辦了中國早期的近代軍事工業，是清朝洋務運動的中樞首腦。

[87] 恩拔歲副優貢是指恩、拔、歲、副、優貢各層級身具功名的生員。經過歲試則成為「歲貢」生；恰逢朝廷有重大慶典或喜事時成為歲貢生則稱「恩貢」；「拔貢」十二年考選一次，逢酉年一選；因額滿或些微差距落第者則可能成為「副貢」；「優貢」則是經地方官員保舉而參加特考者。

[88] 關於當時的同文館爭議的背景以及始末，李細珠《晚清保守思想的原型-倭仁研究》中有詳盡的描述。參李細珠，《晚清保守思想的原型-倭仁研究》（北京：社會科學文獻出版社，2001），頁 166~173。特別是頁 167~168。

本於中術之天元，彼西土目為東來法，特其人性情縝密善於運思，遂能推陳出新，擅名海外耳。其實法固中國之法也。天文算學如此，其餘亦無不如此。中國創其法，西人襲之，中國儻能駕而上之，則在我既已洞悉根源，遇事不必外求，其利益正非淺鮮。[89]

先認定西法是中法的深化，再指出學習西法等於學習中法，本身並無「用夷變夏」的問題。在這裡，恭親王等人將清初已有的西學中源論重新賦予一個新的詮釋。首先，他們承認西人「性情縝密善於運思，遂能推陳出新」，遂使西法能挾其優勢「擅名海外」。這種直接承認西法優於中法的論調在清初士子與西洋曆法爭勝的氛圍下是少見的。其次，由於西法是中法的深化，故習得先進的西法後，中國不必再去學習西法的根源。這個西學中源的論點從另外一面強化學習西法的正當性與利益。西法既然是中法的深化，故不會有學其應用而不知原理的問題，中國士子學習西學，顯而易見的利益就是在原理面「遇事不假外求」，並且節省大量的學習時間。為了使上述的新詮釋站得住腳，不落入「用夷變夏」的禁忌裡，恭親王等人必須為「西法是中法的深化」此一前提找到強而有力的根據，於是他們接著說：

且西人之術，我聖祖仁皇帝深韙之矣。當時列在臺官，垂為時憲，兼容並包，智周無外，本朝掌故亦不宜數典而忘。況六藝之中，數居其一，古者農夫戍卒皆識天文，後世設

---

[89] 見〔清〕寶鋆等修，沈雲龍主編，《籌辦夷務始末・同治朝》（臺北：文海，1971），卷46，頁4499。

為屬禁，知者始鮮。[90]

他們請出康熙帝和六藝中的數術傳統為他們的前提背書。經過康熙自身提倡西學中源論，與阮元《疇人傳》的大力傳播，清初以降的士子普遍認同西學中源論的正當性。因此，當恭親王等人以康熙採用西曆，同時鑽研曆法而得出西學中源的結論為例時，便得到極具說服力的根據。此外，他們也藉由六藝中有數術之學的理由來強化學習西方算學並非「用夷變夏」，而是回歸古代傳統。儘管恭親王等人遺留下一些小破綻，諸如「天文算學如此，其餘亦無不如此」等可能以偏概全的細部問題，但是基本上，他們已預先為「用夷變夏」的歷史爭議築起防禦工事。

　　一如恭親王等人所預料，這個新設天文算學館的請求遭致以倭仁[91]（1804-1871）為主的守舊派士子極力反彈，形成激辯。在反對者提出眾多的理由中，倭仁注意到一個可以攻擊的破綻。倭仁在三月八日（1867年4月12日）的奏摺上如是說：

> 總之夷人教習算法一事，……朝廷用人行政有關聖賢體要者，既已切實講求自強之道，何以逾此？更不必多此一舉，轉致於人才政體兩無裨益也。[92]

　　他認為夷人教習算法一事無疑是多此一舉，理由是按照恭親

---

[90] 見〔清〕寶鋆等修，沈雲龍主編，前揭書，卷46，頁4499~4500。

[91] 倭仁，字艮峰，烏齊格裡氏，蒙古正紅旗人。道光九年（1829年）進士，曾與曾國藩標榜「理學」，為晚清理學名家。繼任文淵閣大學士，反對洋務派設立同文館和學習西方科學知識，成為守舊派核心人物。有《倭文端公遺書》傳世。

[92] 見〔清〕寶鋆等修，沈雲龍主編，前揭書，卷48，頁4600~4601。

王等人的「西法是中法的深化」前提與邏輯，朝廷既然已「切實講求自強之道」，中國士子自然可透過鑽研傳統中法取得其方法的精微處與深化，為什麼非要多繞個彎學習西法，才能獲得中法的深化呢？

這個質疑切中了恭親王等人論點的要害。問題的關鍵是，倘若自強運動是為求得通曉天文算法的人才，為何非要透過學習西法，而不能透過鑽研自有的中法而取得？如果恭親王等人的邏輯是真確的話，持續鑽研既有中法有關天文算學的理論，與學習先進的西法相較，理當具有近似的效果。那麼，恭親王等人應該可以不再堅持聘請夷人教習算法，轉而提倡中國士人致力鑽研既有的天文算學理論。顯然的，倭仁根本不認同「西法是中法的深化」的前提，雖然礙於康熙帝和數術傳統未敢直接攻擊此一前提，但是他採用一種巧妙的迂迴方式，承認此一前提為真，再指出這個邏輯的矛盾。雖然當時並未就這個議題討論下去，但是倭仁的質疑在日後卻逐漸發酵，標示著已然不敷使用的西學中源論在自強運動開始即需重構和深化自己的理論基礎。

二、張自牧—鑽研中學的保守派論點

從張自牧[93]的角度觀之，雖然同樣抱持西學等同中學的立場，卻得出與恭親王等人大相逕庭的結論。他在《瀛海論》

---

[93] 張自牧，字笠臣，湖南湘陰人，其生平經歷尚待考訂。根據潘光哲的研究顯示，他與郭嵩燾頗多唱和，並且以提倡西學中源論聞名於世。著有《瀛海論》與《蠡測卮言》傳世。參潘光哲，〈張自牧論著考釋劄記—附論深化晚清思想史研究的一點思考〉，《新史學》，第十一卷，第四期，2000，頁107~109。

（ca.1877）[94]如此說：

> 今天下競談西學矣，蒙以為非西學也。天文歷〔曆〕算本
> 蓋天宣夜之術，被〔彼〕國談幾何者亦譯借根方為東來
> 法，疇人子弟類能知之。[95]

張自牧認為時人爭相談論的西學，其實正是傳統的中學，證
據就是素為疇人子弟所熟知的，時下的天文曆算源於傳統蓋天宣
夜說，西方數學中的借根方則同於元代的天元一術而被西方數學
家譯為東來法。雖然在立論的證據上，張自牧與恭親王都訴諸於
天文曆算與數術傳統，但是值得注意的是，張自牧似乎不認同恭
親王的「西法是中法的深化」前提，反而直接承認時下的西學就
是中學，這個結論使張自牧與恭親王等人的論述有些許差異。

為此，張自牧的主張也與恭親王等人大異其趣。他認為當務
之急應是「正名」而後鑽研中學，而非提倡並學習西學。他接著
說：

> 仁廟欽定律歷〔曆〕三書，推闡律數，至精至詳，王氏錫
> 闡、梅氏文鼎……舉所謂西法者悉融會而發明之，且有更
> 精於西人者。今欲制機器測量萬物，運用水火，誠不能不
> 取之於三角八線及化器電火諸藝術，然名之為西學，則儒
> 者動以非類為羞，知其本出於中國之學，則儒者當以不知

---

[94] 張自牧的《瀛海論》被葛士濬收入其主編的《皇朝經世文續編》（1888）的
〈洋務通論〉中，故在當時具有一定程度的影響力。

[95] 見〔清〕張自牧撰，《瀛海論》，收錄於王錫祺，《小方壺齋輿地叢抄》，
臺北：中央研究院歷史語言研究所傅斯年圖書館藏，據南清河王氏鑄
版，上海著易堂印行本，1877，頁488a。

為恥，是在乎正其名而已。[96]

　　張自牧舉康熙帝、王錫闡和梅文鼎等清初曆算家為例，說明經過他們的努力，明末傳入中國的西法早已被中國士子掌握住箇中原理，加以融會貫通並且發展出更精湛的技術。因此雖然自強運動為了應付外患，有製造機器、測量萬物的需求，但是原理早已為中國士子所掌握，故不必特別稱之為西學，無端導致中國士子的反對，只需將時下的西學「正名」為中學就可使中國士子自動自發地學習。

　　從上述論述中，張自牧的論點顯得更為清晰。因為他根本上認為中學在原理面不遜於西學，反而有更勝者，故主張只需鑽研「三角八線及化器電火」等中法就可滿足製造機器、測量萬物等方面的需求。因此這個論點也導致他與恭親王的主張有所差異。但是必須說明的是，張自牧並未清楚地認識到，歐洲經過 17 世紀的科學革命時期之後，在自強運動時期傳入的西學知識在質與量的層面皆遠非明末清初傳入的知識可以比擬。反觀恭親王等人因為吸取英法聯軍戰敗的經驗，相較之下能意識到時下西學的優越性。

　　瞭解了張自牧的論點後，筆者還注意到另一個有趣的現象，即是諸子學在其論述中的重要性。譬如張自牧說：

> 墨言理氣，與管、關、莊、列、諸子互相出入，《韓非子》、《呂氏春秋》諸書備言墨翟之技，削鵲能飛、巧輓拙鳶，斑斑可考。泰西智士從而推衍其緒，其精理名言，奇技淫巧，本不能出中國載籍之外，儒生於百家之書，歷代之事

---

[96]　見〔清〕張自牧撰，前揭書，頁 488b-489a。

未能博考深思，乍見異物詫為新奇，幾欲舍所學而從之，亦可哂矣。[97]

稍微留意即可發現，墨子等諸子學成為張自牧支持西學中源論的強力佐證，是以他認為泰西智士從而推衍墨子（原名墨翟，ca.479B.C.- ca.381B.C.）遺緒，西技亦不能脫出中國載籍之外。雖然結論與明末的西學中源論者相同，仍然是談批評中國士子好奇西學、捨棄中學的舊調，但是張自牧強調「儒生於百家之書、歷代之事未能博考深思」，歸因為中國士子未能博考深思諸子百家之學，卻與明末西學中源論者的觀點有所不同。[98]劉仲華在《清代諸子學研究》中認為，由於受到諸子學在鴉片戰爭前後復甦的時代風氣影響，張自牧只是為了比附西方近代技術而運用諸子學。[99]這一個現象標示著此時的西學中源論已經跳脫出清初的侷限，尋找到另一個思想資源（knowledge resource）。筆者將在下一節深入地討論此一現象，在此不贅。

最後，張自牧也提出一個中學西傳的可能途徑，他以「天主」一詞舉例說道：

《史記》太公作八神將，一曰天主詞，天齊元狩二年收休

---

[97] 見〔清〕張自牧撰，前揭書，頁488b。

[98] 明末的西學中源論者如徐光啟、熊明遇和方以智，立論基礎多以經史為根據，是以在這種推崇經史、貶抑子學的情況下，驪衍、莊周和列禦寇等疇人的評價多半是負面的。然而在張自牧此段的論述中卻以諸子學為主，給予諸子百家之學較為正面的評價。關於明末西學中源論者的論述可參考本文第二章第一節，頁13~16。

[99] 參劉仲華，《清代諸子學研究》（北京：中國人民大學出版社，2004），頁316~318。

> 屠祭天，金人如□，曰祭天為主。是天主之名起於中國，
> 流入匈奴，又輾轉而至西域。殆耶穌所託始也。[100]

這裡的想法似乎是，元狩二年（121B.C.）春天，漢武帝（156B.C.-87B.C.）遣驃騎將軍霍去病（140B.C.-117B.C.）從隴西大破匈奴，並且擄獲匈奴休屠王的祭天金像，或謂此金像為祭天主，故「天主」這個名字便在中國興起。[101]這個典故逐漸傳入匈奴人中，再由匈奴人將之傳播至中亞，成為猶太教的重要概念，是以日後耶穌才能借助這個概念創立基督教。上述論述的特別之處在於，張自牧跳脫明末清初僅針對天文算學的比較立論，轉而以中、西名詞格義來支持西學中源論，若非對中、西歷史有較深入的瞭解，[102]張自牧要做出如此見解恐怕是不容易的。

三、薛福成—學習西方的修正派論點

儘管有恭親王和張自牧的例子在前，說明西學中源論者在自強運動中抱持著正反兩極的意見，但是筆者經過分析薛福成[103]

---

[100] 見〔清〕張自牧撰，前揭書，頁492b。

[101] 關於「收休屠祭天」和「天主」一事，《史記》記載如下「其明年春，漢使驃騎將軍去病將萬騎出隴西，過焉支山千餘里，擊匈奴，得胡首虜（騎）萬八千餘級，破得休屠王祭天金人」見〔漢〕司馬遷撰，楊家駱主編，《新校本史記三家注并殯附編二種》（臺北：鼎文書局，1984），卷一百十，〈匈奴列傳第五十〉，頁2908。另外，「索隱 韋昭云：『作金人以為祭天主』」……金人即今佛像，是其遺法，立以為祭天主也」見頁2909。

[102] 張自牧在《瀛海論・上篇》已展現其熟悉歐洲歷史和文化。

[103] 薛福成，字叔耘，江蘇無錫人。曾投身入曾國藩與李鴻章的幕府中，參與許多洋務的推動工作。中法戰爭期間曾在寧波、鎮海等地成功抵抗法軍的攻擊。隨即奉命出使英法比意四國。期間對西歐諸國的政經與文化狀況作出仔

關於西學中源的論述，認為此時的西學中源論事實上更為複雜曲折，不僅士子沒有共同的立場，觀點也不能被簡單地二分為支持西學與反對西學，而是有如光譜般擁有觀點上的強弱變化。薛福成就是不斷修正自己關於西學中源觀點的例子。

1879 年，薛福成上奏著名的〈籌洋芻議〉給光緒帝（愛新覺羅‧載湉，1871-1908），從其中的〈變法〉一篇可得知薛福成此時已然抱持著西學中源的想法。[104]但是對於中學與西學的分界，他卻又不似張自牧那麼極端，主張將多數西學正名為中學，或是如恭親王等人一般，極力推崇學習西學的必要性。轉而他在 11 年後（1890）暗自透露說「使古今中西之學會而為一，是則余之所默企也夫」。[105]這顯示他承認中學與西學是存有差異的知識體系，會通兩者則成為他一直以來的目標。

當認知到薛福成的目標後，筆者才比較能夠把握住他日後一連串看似自相矛盾的論述，而不至於被混淆。觀察《出使英、法、義、比四國日記》與《出使日記續刻》兩日記的記載，儘管薛福成不斷地將西方新知記錄在其中，他仍然是個相信中學確實在遠古西傳，並且影響歐洲的人。他與張自牧相同，皆受到諸子學在鴉片戰爭前後復甦的時代風氣影響，是以大量地以諸子學印證西

細的觀察，並藉此反省中國現狀。於歸國途中不幸身染惡疾逝世。著有《出使英、法、義、比四國日記》、《出使日記續刻》等書傳世。

[104] 他說：「夫江河始於濫觴，穹山於覆簣，佛法來自天竺而盛於東方，算學肇自中華而精於西土，以中國人之才智視西人，安在其不可以相勝也？在操其鼓舞之具耳。」見〔清〕薛福成撰，《庸盦全集》（一）（臺北：華文書局，1971），〈籌洋芻議〉，〈變法〉，頁 48b-49a（總頁 440-441）。

[105] 〔清〕薛福成撰，沈雲龍主編，《出使英、法、義、比四國日記》，臺北：文海出版社，1967，卷一，頁 3b（總頁 16）。

學中源論。[106]然而特別的是，薛福成出使外國的經歷使他記錄到某些外國人士支持西學中源論的觀點。譬如他在日記上寫道：

> 西國博雅之士論及創制，每推中國，如新報之仿邸鈔，化

---

[106] 筆者發現薛福成運用諸子學印證西學中源論的論述，大多集中在 1890 年。他運用《墨子》、《呂氏春秋》、《淮南子》說明近代自然科學的發源，如「余嘗謂泰西耶穌之教，其源蓋出於《墨子》，雖體用不無異而大旨實最相近。……《墨子》一書導西學之先者甚多，因令檢出數條，如第九卷……光學重學之所自出也。第十三卷……機器船械之學所自出。第十五卷……語言之法之所自出也……又檢《呂氏春秋》〈似順論〉云……此化學之所自出也。《淮南子》……〈氾論訓〉曰……此及西人所言原質化合之理，亦化學也。〈說林訓〉曰……此西人避電氣之說也。」見〔清〕薛福成撰，沈雲龍主編，《出使英、法、義、比四國日記》，卷五，頁 2a-2b（總頁 193-194）。同時，他也以《莊子》立論，如「《莊子》一書寓言也，亦危言也，與近來泰西之學有相出入者，〈外物篇〉云……此電學化學之權輿也……〈秋水篇〉云……此天算之學、輿地之學之濫觴也。……〈則陽篇〉云……與列子所謂……大旨相符。今之窺顯微鏡者彷彿見此景象……〈天運篇〉云……此則啟西洋談天之士之先聲矣。夫莊子當時著書不過汪洋自恣以適己意而已，豈知實驗其事者在後世，在異域也？然讀莊子者安得概謂荒唐之辭而忽之？」見〔清〕薛福成撰，沈雲龍主編，《出使英、法、義、比四國日記》，卷五，頁 3a-3b（總頁 195-196）。另外，薛福成也利用鄒子的部分學說印證當時的地理概念，如「余少時亦頗疑六合雖大，何至若斯遼闊。鄒子乃推之至於無垠，以聳人聽聞耳。今則還〔環〕游地球一周者不乏其人，其形勢方里皆可覈實測算，始知鄒子之說，非盡無稽。或者古人本有此學，鄒子從而推闡之邪？未可知也。」見〔清〕薛福成撰，沈雲龍主編，《出使英、法、義、比四國日記》，卷一，頁 5b（總頁 20）。「余釋其梗概如此，然後知考地形者不居今日，則鄒子無解於荒誕之譏。稽古說者不求實事則譏鄒子者，亦終未擴拘虛之見也。」見〔清〕薛福成撰，《庸盦全集》（一），卷一，〈大九州解〉，頁 43b（總頁 208）。

學之本煉丹，信局則採柏孛羅之記印，書則為馮道之遺，媒燈之本於四川火井，並考試之本於歲科取士。至於南鍼、火藥、算學、天文之開於中國更無論矣。惟西國日求其精，中國日失其傳耳。[107]

西國博雅之士提供出不少新的證據支持西學中源論。上述共計有 10 項西學源自於中學的証明，但是僅南鍼、火藥、算學、天文與煉丹素為中國士人用來論證西學中源論，其餘 5 項事證可謂是相當新鮮，中國士子幾乎不曾拿來立論。另外，還有一段相對明確的記載如是說：

丁韙良嘗言周公作指南車，蓋用磁石定方向也，磁石吸力同於電氣，其法似由中國流入西洋，人謂丁君是言不忘本云。[108]

薛福成引用，丁韙良[109]（W. A. P. Martin, 1827-1916）認為西人的電氣學發展是源自於對磁力的研究，而歷史上對於研究磁力以及用以定位方向，必須回溯至周公作指南車，因此做出西學可能源於中學的判斷，時人也因此認為丁韙良沒有忘本。薛福成摘錄丁韙良的此一說法，作為另一個支持西學中源論的證據。上

---

[107] 見〔清〕薛福成撰，沈雲龍主編，《出使英、法、義、比四國日記》，卷一，頁 11b（總頁 80）。

[108] 見〔清〕薛福成撰，王有立主編，《出使日記續刻》，卷二，頁 70a（總頁 269）。

[109] 丁韙良，字冠西，美國基督教新教傳教士，曾長期擔任中國著名教育機構北京同文館和京師大學堂（北京大學前身）的負責人。著有《花甲憶記》、《中國的覺醒》；譯有《格物入門》、《萬國公法》等書傳世。

述兩個例子皆顯示薛福成積極地充實著西學中源論的基礎，不僅從當下興起的諸子學立論，更從西人的觀點加以補充佐證。雖然他並未指出丁韙良錯把指南車的始創者黃帝當成是周公，也似乎不瞭解西洋科學史上磁學是奠基在吉柏特（William Gilbert, 1544-1603）做出的研究工作，[110]而非單純地被中國羅盤所啟發，但是其言論依然促使當時的西學中源論基礎擴大到新的領域。

可是薛福成的西學中源論觀點不僅僅於此，從他反思以往的西學中源論根據來看，筆者認為其觀點實際上更加複雜。譬如他在 1890 年寫道：

> 今泰西之代數學即所謂借根方也。阿喇伯語謂之阿爾熱巴喇，蓋其學亦閱千百年，愈研愈精，始臻此詣，非一時一人之智力所能為也。……中國立天元一之法，秦氏肇其端，實闡幽微，而李氏暢其旨，尤為精妙，西人借根方適與相合。梅氏於所著《赤水遺珍》中詳解之，並謂阿耳熱巴喇者譯言東來法也。中國之矢古者遂謂中法流入西域，一變而為謨罕默德之回回術，再變而為歐羅巴之新法；而西人之明算學者則力辯之，謂譯阿耳熱巴喇為東來法者，實係譯者之譌，且云千餘年前希臘印度等國已傳其法，但不能如今日之精耳。余謂研精究徹之學，乃宇宙公共之理，不必辨其孰為傳習，然中國之有此法既千年矣，夫誰

---

[110] 吉柏特是英國物理學家，研究磁學的先驅。其主要著作為《論磁石、磁體和地球大磁石》（De Magnete, Magneticisque Corporibus, et de Magno Magnete Tellure, 1600），描述著他做出有關磁體和電吸引的全部研究工作。

謂中國之才人學士不逮西人之智力哉？[111]

　　儘管薛福成對「借根方」法的歷史發展不甚熟悉，他卻兼顧中、西算學家的觀點而作出較客觀的判斷。中國算學家認為中國「借根方」法最早可回溯至宋朝秦九韶（ca.1202-ca.1261）的《數書九章》（1247），但是歐洲算學家卻強調歐洲「借根方」（代數學，Algebra）[112]不是源於中國，而是源於早在千餘年前即已使用基本「借根方」法的希臘人和印度人。[113]面臨到中、西算學家各持一理，並且西方算學家提出的根據相當有說服性，是以薛福成作出不必細究「孰為傳習」的結論，間接同意西方算學家主張歐洲代數學並非源於中國的見解。只是他也據此反推中、西方「借方根」法既是各自發展，故中國才學之士的智力當然不遜於西方人。1891 年他又繼續說道：

　　　今泰西諸國文字往往以羅馬、臘丁文字為宗，一切格致之
　　　學未嘗不潮〔溯〕源羅馬。蓋羅馬為歐洲大一統之國。昔
　　　時英、法、德、奧皆其屬地，制度文物濫觴有素，勢所必
　　　然。然羅馬文明之啟肇於希臘，以其初英辟名臣大半自希

---

[111] 見〔清〕薛福成撰，沈雲龍主編，《出使英、法、義、比四國日記》，卷五，頁 9a-9b（總頁 208）。

[112] 西文中「代數學」〔Algebra〕一詞是由阿拉伯文的拉丁轉寫 al-jabr 演變而來，因而有「阿爾熱巴喇」的音譯。

[113] 西方數學史上，近代「代數」的奠基之作是由伊斯蘭數學家、天文學家花拉子米（ca.783-ca.850）所著的《代數學》。阿拉伯原文書名直譯為《利用還原與對消運算的簡明書書》，後漸稱該書為《代數學》。這是歷史上使用這一名稱的最早的代數方面的著作，並且《代數學》的問世，受到希臘數學乃至印度數學的深刻影響。

臘來也。當希臘開國之始，政教之源取法埃及，則埃及文字又為其鼻祖焉。[114]

這次薛福成注意到羅馬似乎是西方格致學的源頭，因為歐洲文字往往以拉丁文為宗，並且羅馬帝國的制度文物也因為地理關係而為英法德奧等歐洲國家承襲。這段論述則與中國士子將西方格致學導源於中國上古疇人或墨子等戰國學者，有明顯的差異。然而在深入探究西方格致學源頭的過程中，薛福成似乎不滿意只將其追溯到羅馬，他更認識到希臘是羅馬文明的源頭，埃及文字與政教制度又深刻地影響著希臘文明。他接著論述道：

> 因前人基址，愈積愈高，亦自然之理勢。然由英、法、德、美諸國而溯羅馬、希臘，溯埃及，其根源有不可沒者……埃及在阿非利加洲之北境，希臘在歐羅巴洲東境，當時疆域兼設亞細亞洲之西境，羅馬兼跨亞、歐、阿三洲之境，則西國學術之由東而西益顯然可證焉。[115]

因為羅馬文明是英法德美等近代國家文化的源頭，且羅馬文明本身又是源於埃及與希臘。是以從此處觀察，薛福成似乎認為時下流行的西學中源論是有問題的。但是他進一步論證埃及帝國位在非洲北部，希臘城邦分佈在巴爾幹半島和阿拉伯半島的西岸，因此羅馬帝國吸收了來自其東邊兩地的文化，則構成另一種「西方學術源於東方」的情況。此外，他又說道：

---

[114] 見〔清〕薛福成撰，沈雲龍主編，《出使英、法、義、比四國日記》，卷六，頁 18b（總頁 266）。

[115] 見〔清〕薛福成撰，沈雲龍主編，《出使英、法、義、比四國日記》，卷六，頁 18b（總頁 266）。

> 嘗考埃及創國於上古而制作在唐虞之世，希臘創國於唐虞
> 而制作在夏商之世，羅馬創國於成周而制作在兩漢之世。
> 彼數千年舊國，其間賢智挺生，創垂久遠，良非偶然。夫
> 以埃及之學與希臘校之，則埃及為樸略矣，以希臘之學與
> 羅馬校之，則希臘亦樸略矣，以羅馬之學與今英法德美諸
> 國校〔之〕，則諸國於近百年內迭起神奇創造化之靈機，
> 擴宇宙之妙用，其勝於羅馬之學者又奚翅十倍。[116]

這裡薛福成運用比較歷史的方法，更直接地突顯出時下流行
的西學中源論問題所在。問題是：西學中源論者強調西學無一不
源自中國上古之學，[117]那麼，為什麼歐洲學者將自身文化導源
於羅馬、希臘甚至埃及？為什麼歐洲數千年的學術發展史中出現
許多智者貢獻其研究成果，促使歐洲學術日益精進，他們卻又跟
中學沒有關係？

　　乍看之下，薛福成似乎試圖否定明末以降的西學中源論，抑
或他先前主張的西學中源論只是基於策略運用，以保護他自身的
安全避免重蹈郭嵩燾的覆轍，而非真正地相信西學中源論。[118]

---

[116] 見〔清〕薛福成撰，沈雲龍主編，《出使英、法、義、比四國日記》，卷六，
頁 18b（總頁 266）。

[117] 譬如恭親王等人就曾推論「查西術之借根，實本於中術之天元，彼西土目為
東來法，特其人性情縝密善於運思，遂能推陳出新，擅名海外耳。其實法固
中國之法也。天文算學如此，其餘亦無不如此。」見〔清〕寶鋆等修，沈雲
龍主編，《籌辦夷務始末・同治朝》，卷46，頁 4499。

[118] 朱維錚認為郭嵩燾的前例給予薛福成很大的教訓，因此薛福成採用盛讚西學
西法的同時，也主張西學中源論的策略性手法，以避免日後的紛擾。參郭嵩
燾等撰，王立誠編校，《郭嵩燾等使西記六種》（北京：三聯書店，1998），
〈導言〉，頁 19。

但是經過筆者反覆推敲，薛福成其實仍然是抱持著西學中源論的，原因是他認為時下的西學中源論者「或驚駭他人之強盛而推之過當，或以堂堂中國何至效法西人？亦在擯絕而貶之過嚴，殆皆所見之不廣也」。[119]是以他才會仔細地反思西學中源論在根據上的部份不合理處，並且在 1892 年繼續補充西學中源論其他領域的根據。譬如他說：

> 西人崇奉耶穌者，好觝排佛氏之說，尤以其尊事偶像為非。然耶穌專以天堂地獄之說，勸懲泰西之人，……此時〔實〕佛氏之說之緒餘。佛氏創其說在耶穌之前，耶穌乃襲而用之，鼓動之，尤出佛氏上。[120]

薛福成認為基督教的天堂與地獄之說是源自於佛教而來，這一點在釋迦摩尼創其說早於耶穌的傳播得到印證。雖然事實上，耶穌的關於天堂與地獄的教義主要來自於猶太教的末日審判概念，而非佛教的輪迴觀，但是不難看出薛福成汲汲於從新的角度補充西學中源論基礎的用心。另外，他同時也指出中國在格致學方面之所以遠遜西學的理由，他說：

> 至今西學有東來之法，是能新中國，並能新及遐方殊俗者，莫中國之聖人若也。降及近古，中國之病，固在不能更新，尤在不能守舊。即以制器一端而論，惟黃帝周公之指南車，民間尚知造鍼之法，外此如《考工記》所論，暨

---

[119] 見〔清〕薛福成撰，沈雲龍主編，《出使英、法、義、比四國日記》，卷二，頁 8b（總頁 74）。

[120] 見〔清〕薛福成撰，《庸盦全集》（一），卷一，〈天堂地獄說〉，頁 38a（總頁 205）。

公輸般之攻具，墨子之守具，張衡之渾天儀，諸葛亮之木牛流馬，杜預之河橋，早已盡失其傳。藉令因其舊法，相與潭〔彈〕思竭能，庸詎不能出西人上乎？夫惟其輕於忘舊，所以阻其日新也。竊嘗盱衡時局，參覈至計，為以兩言決之曰：宜考舊，勿厭舊。宜知新，勿驚新。[121]

　　西學繼承上古中學，並且經過代代相襲的智者不斷鑽研，故能更新古老知識而形成精湛學術。反觀中學的弊病在於不能守舊，導致無法以古老知識為借力而繼續發展新的學問，是以薛福成認為時下中學需要重新發現傳統知識，同時獲取西學新知，不能拋棄傳統知識而一昧追求西方新知。薛福成在此重申西學是源於中學的。

　　綜合觀之，薛福成從早期到晚期似乎有所轉變，並且對自己本來相信的西學中源論有所修正。他察覺到西學並非僅靠自身獨立發展的，而是有西學東源的過程。在此一過程中，中國文明也對西學造成影響，諸如南鍼、火藥、算學、天文、書籍、邸鈔、煉丹，信局之於記印、煤燈之於火井和考試之於取士。這種情況下，薛福成開始將清季流行的西學中源論修正成「西學東源論」，不再將歐洲學術的發展完全歸因為上古中學的影響，而是綜合埃及、希臘、印度和中國等四個來自歐洲東邊的文化所形成。以後見之明觀之，薛福成是對西學作出分割細分的工作。在這個過程中，他棄置西學中源論內部分有問題的根據，但是同時的，他也更加確認了西學中源的真實性。薛福成的例子說明自強運動時

---

[121] 見〔清〕薛福成撰，《庸盦全集》（一），卷三，〈考舊知新說〉，頁 25b（總頁 355）。

期，西學中源論者在觀點上具有相當的歧異性與複雜性，僅利用二分法簡單地將西學中源論者區分為學習西法與鑽研中法是不適當的。

第三節　晚清西學中源論者的自然知識表述

探究二次西學東漸是否使西學中源論者遭遇到新的窘境是本節關注的問題。由於西學在自強運動時期大量傳入中國，各類新穎的自然知識也逐步透過書刊與雜誌影響著傳統士子。清末的西學中源論者是否因此遭遇某種窘境，即是跳脫原有自然知識的西方新知日益增多，舊有的根據卻無法因應解釋？若是，此時的西學中源論者又將如何應對這種窘境呢？筆者注意到清末西學中源論者除了將西學中源論本身加以變化之外，他們似乎也透過表述自然知識來支持西學中源論的正當性，是以筆者認為分析劉嶽雲《格物中法》（ca.1870-1900）[122]和王仁俊《格致古微》（1896）兩本著作，可以為上述問題提供線索。這兩位西學中源論者是否試圖重新補充西學中源論的理論基礎，以強化西學中源論的有效性？他們透過何種方式補充西學中源論的理論基礎？並且為清末的西學中源論帶來何種變化？西方新知使他們的自然知識做何改變？基於本文旨趣，無法對他們的自然知識進行全面性的討論，本節僅從處理方式、宇宙論、物質變化和生物認知四個面向進行剖析，試圖描繪劉嶽雲與王仁俊對上述面向的見解，和他們

---

[122]「作者《例言》云：『書作於庚午（1870）之歲，歷〔曆〕年增改，……庚子（1900）遭亂，僥倖存篋。時局變更，靡知所屆，因付梓人』。可見此書的刊刻已在1900年之後。」參王揚宗，〈格物中法提要〉，頁887。

見解與前人的差異。

一、處理方式

　　根據王揚宗為兩書撰寫的提要顯示，《格物中法》和《格致古微》皆是採用西學中源論的觀點撰寫而成的著作，[123]然而兩書在處理知識的方式卻大相逕庭。從兩書的目錄來看（參看表一），《格致古微》基本上是按照四部分類法[124]依次將古今各類書籍中可以佐證西學中源論的內容摘出，這種做法偏向傳統的目錄學，是以處理各類書籍的相關記載為主。筆者認為王仁俊採用這種處理方式，恰如其份地展現出其撰書目的，是以羅列突顯西學中源論自古至今的根據為主。《格物中法》則與之大不相同，它是專門處理「自然構成與變化秩序」的著作，由於他對於此一主題的針對性，劉嶽雲創造出相當新穎的論述架構。乍看之下，他沿襲著傳統格致學者的基礎展開論述，將「氣部」列於卷首，放在五行之前展開論述。[125]但是別出心裁的是，他隨即添增〈蠕

---

[123] 參王揚宗，〈「西學中源」說在明清之際的由來及其演變〉，頁 887~888；王揚宗，〈格致古微提要〉，頁 789。另參全漢昇，〈清末的「西學源出中國」說〉，頁 89~93。

[124] 四部分類法又稱四分類法，最早定型於唐初所修撰的《五代史志・經籍志》（即今《隋書・經籍志》），分為經、史、子、集四部。自四部分類法確立之後，無論史志目錄、官修書目，抑或私藏書目率皆多所採用，是唐朝以降常被使用的目錄分類法。參高振鐸主編，《古籍知識手冊》（臺北：萬卷樓，1997），頁 155~156。

[125] 這個處理方式其實與方以智在《物理小識》（1631）中的處理方式相當類似，都是將「氣」置於「五行」之前加以說明。見〔明〕方以智撰，《物理小識》，〈物理小識目錄〉，頁 324。

動部〉、〈機巧部〉和〈神化部〉用以說明五行以外的「自然構成與變化秩序」，其細膩的分類方法更跳脫出傳統士子對自然的分類與理解。[126]

表一、《格致古微》與《格物中法》目錄比較：

書名 卷名 卷次	《格致古微》	《格物中法》
卷一	經	氣部
卷二	史	水部
卷三	子	火部
卷四	子、集	土部 上 中 下
卷五	補遺、續補遺、通論	金部 上 下
卷六	表	木部 上 中之上 中之下
卷七		蠕動部 上 中 下
卷八		機巧部 上 中 下
卷九		神化部

---

[126] 由於《格物中法》後 6 卷未刊且亡佚，不得而見，但是從劉嶽雲寫於〈例言〉的一番話可以大致猜測〈蠕動部〉、〈機巧部〉、〈神化部〉等三卷的內容。「天以陰陽五行化生萬物，太極靜則生陰，動則生陽。陰陽氣也，故此卷以氣五行為次而繼之以蠕動，萬物雜而機械生，故以機巧繼之然。盈天地間皆氣，氣凝而為形，形散而為氣，形器迭為變化而生生無窮焉，故又繼之以神化。」見〔清〕劉嶽雲撰，《格物中法》（收錄於任繼愈主編，《中國科學技術典籍通彙‧綜合卷七》，鄭州：河南教育，1995，據家刻本影印），〈例言〉，頁 1a-1b（總頁 893）。經筆者考究，除「神化」較為人以「氣化」之名加以討論，各家著作對「蠕動」之物的討論相當少，對於「機巧」之物的討論又較以「器藝」之名加以區隔，不列入自然知識的探討。筆者認為劉嶽雲撰寫《格物中法》的目的在於探索「自然構成與變化秩序」，他討論「機械」似乎是為了區分自然物與非自然物的構成不同；討論「神化」則是闡述物質與氣質的轉變原理。因此劉嶽雲能將上述三者統整融合，別列專章加以討論，亦是其創新之處。

卷十		圖說
卷十一		圖說
卷十二		雜識

　　其次，觀察王仁俊與劉嶽雲處理資料和展開論述的態度，筆者發現一項共同的特徵，即兩人皆以摘錄原典並附加案語的方式撰寫著作。這種撰寫方式與其說近似類書，反倒更接近於政書。[127]譬如王仁俊在〈格致古微略例〉如是說：

> 所徵諸家首則兼列姓名，次亦詳標書目片語。合道雖近賢而必採，一言違聖即閣議而必辨。既懸攘善猶嚴武斷，……是編都凡六卷五百餘條，上自周秦下迄勝代。理涉格致，悉皆甄采，時賢撰述，附入案語，再有芫闢，以別俊案，馭遠之法，間及一二。[128]

　　王仁俊的作法是先確定其引言的來源，後判斷引言的正確性。以傳統聖賢之言為標準，凡古今文獻、理涉格致，且符合標準者採用之，理涉格致但不符標準者，引用而論辨之。[129]劉嶽

---

[127] 若單獨針對類書與政書對資料的處理方式，不涉及兩者處理議題的不同，類書與政書的處理方式皆是分類處理，說明事實，但是類書僅僅強調摘錄原文，以史料本身說明該事物。政書則不強調摘錄原文，反而致力說明事物的源流與變化，如有需要，更附加案語以討論之。因此，雖然《格致古微》與《格物中法》都著重於摘錄原文，但是它們同時也撰寫大量的案語加以討論。以這一特質言之，實與政書的寫法更為相似。

[128] 〔清〕王仁俊撰，《格致古微》，〈格致古微略例〉，頁 2c（總頁 56）。

[129] 基於王仁俊是以此一態度處理《格致古微》中的資料，在接下來的分析中，筆者暫以「王仁俊引述該資料且無疑議，即表接受其概念」的角度，處理王仁俊的自然知識。

雲的作法與此有些差異，譬如他在《格物中法・自序》說：

> 是書之旨，次古今言。格物者知其理所以然，則詳之，否
> 則關之。采書若墨子言光學重學，抱朴子言化學之屬。文
> 或不能盡識，則鈎稽而為之注，亦竊附鄙意。[130]

古今文獻凡涉及格物，若是點到其原理者，為之詳細說明；
沒有點到原理者則略過不處理。文獻中若有艱澀難明之處者，則
旁引群書註解它，並補充上自己的見解。相較於王仁俊，劉嶽雲
不太處理與其認識到的原理相駁的文獻，[131]並且其認識到的原
理似乎也不盡然是「傳統聖賢之言」，反而以闡釋「自然構成與
變化秩序」為導向。雖然如此，王仁俊和劉嶽雲都選擇了政書的
撰寫方式，顯示出他們傾向以史學分門別類，考鏡源流的態度為
基礎，處理格致（抑或格物）之學。

二、宇宙論

在處理宇宙論的議題上，劉嶽雲跟王仁俊有著顯著的不同，
呈現出一種同在清末，兩者觀念卻嚴重分歧的狀況。對於劉嶽雲
來說，他仍然處在一個氣的世界觀中，但是概念卻不同於以往。
譬如在討論空氣無處不在的概念時他說：

> 嶽雲謹案，此所謂氣下至地心，上極無垠，無處無之。宣

---

[130] 〔清〕劉嶽雲撰，《格物中法》，〈自序〉，頁2a（總頁893）。

[131] 劉嶽雲選取史料的拿捏上，似乎無法做到黑白分明，是以他兼採了一些與其
認識到的原理相駁的文獻。「中國之書其是非常收並蓄，如海水之無不容。
今但擇其足以伸吾說者載之，其與吾說觝者聽之，不為博辯，以起爭端也。」
見〔清〕劉嶽雲撰，前揭書，〈例言〉，頁1b（總頁893）。

夜學云：浮生虛空之中，即虛空之氣之中也。西人設抽氣
筒，以為抽去空氣得真空，不知所抽去者地面和合之雜氣
耳。若真空之氣瀰漫宇宙，抽氣筒亦在氣中，安能為筒中
無氣耶？[132]

乍看之下，他認為氣下至地心，上至宇宙邊際，是承襲著傳
統以降的論點，[133]但若仔細分辨，筆者認為他在此處處理到兩
個特別的問題和想法。其一，氣下至地心，有可能是氣與土為截
然相異的元素，氣是存在土的縫隙中直達地心；或是氣與土是相
同的元素，只是不同的形態，氣是以土的形態直達地心。在討論
這個問題上，傳統已然出現兩種不同的見解，一派是早期的五材
說，認為金木水火土各不相同，五材是各自獨立而生剋變化的基
本物質。另一派則是較晚的氣本論，認為氣是本質，金木水火土
是氣的五種型態。[134]筆者認為，劉嶽雲看似與氣本論者相同，
實際上卻有很大的差異，原因在於它受到西學影響極深，清楚地
說明出氣與土之間的變化過程，傳統氣本論者則未能清楚說明。
譬如他在說明物質的漲縮之理時說：

---

[132]　〔清〕劉嶽雲撰，前揭書，卷 1，〈氣部〉，〈空氣〉，頁 1a-1b（總頁 897）。
　　　在前揭書，頁 4a（總頁 899）之處，劉嶽雲自己為上述論證總結「以上空氣
　　　無處不在」。宣夜學主張宇宙空間的無限性，日月星辰在其中隨「氣」浮動。
　　　此一主張成熟於東漢郤萌，並且為〔唐〕柳宗元和〔宋〕張載繼承和發揮。
　　　參中國天文學史整理研究小組編著，《中國天文學史》（北京：科學出版社，
　　　1987），頁 165~168。
[133]　參劉長林，〈說「氣」〉（收錄於楊儒賓主編，《中國古代思想中的氣論及
　　　身體觀》，臺北：巨流圖書，1993），頁 127~130。
[134]　參劉長林，前揭文，頁 119。

　　嶽雲謹案，質漲至極，則定質為流質，流質為氣質。質縮
　　至極，則氣質為流質，流質為定質。其間一物有一物之鎔
　　度，一物有一物之凝度。西人列其差等，均各有表。若夫
　　太虛之凝為地，地之散為太虛，不知亘歷〔歷〕若千萬
　　年，雖冷熱之理，烏得而測諸？[135]

　　劉嶽雲運用西學中物質三態的原理，解釋同一物質何以固態
變為液態，甚至氣態。因此透過物質三態的原理，他解釋了太虛
[136]遇冷而凝固為地，地受熱而蒸發為太虛的機制。[137]此外，劉

---

[135]〔清〕劉嶽雲撰，前揭書，卷3，〈火部〉，〈熱炎氣〉，23a-23b（總頁963）。

[136] 傳統對太虛有兩種見解：比較早期的見解以老莊、王弼為首，認為太虛是虛
　　空，或稱為「無」，是一種非物質的空間概念。較晚期的見解則是傳統的主
　　流思想，認為太虛是一種渾沌狀態，充斥著物質的存在，譬如元氣或是「氣」。
　　此處劉嶽雲似乎認為太虛是一種充斥著「氣」的存在。參劉長林，前揭文，
　　頁109~117。又參劉又銘，〈宋明清氣本論研究的若干問題〉（收錄於楊儒
　　賓、祝平次編，《儒家的氣論與功夫論》，臺北：國立臺灣大學出版中心，
　　2005），頁215。

[137] 其實不只是土，劉嶽雲認為金屬和水等物質也都可依照物質三態原理變化成
　　氣。關於金與氣之間的轉換，「嶽雲謹案……西人亦有此說，謂銀銅鐵錫鉛
　　皆可使之化氣，惟黃金不能。其實鎔金之火未至極耳。若火度能再加大亦化
　　氣也。凡金皆能融而為液，升而為氣，冷則復還定質。」見〔清〕劉嶽雲撰，
　　前揭書，卷5之上，〈金部〉，〈金總論〉，3b-4a（總頁1043）。關於水
　　與氣之間的轉換，「氣凝而為水《淮南子》。嶽雲謹案，古人知氣之凝為水，
　　即知水之散為氣矣。」見〔清〕劉嶽雲撰，前揭書，卷1，〈氣部〉，〈水
　　氣〉，49b（總頁921）。「積陰之寒氣為水」見〔漢〕劉安撰，〔漢〕高誘
　　注，楊家駱主編，《淮南子》（臺北：世界書局，1965），〈天文訓〉，卷
　　三，頁35。

嶽雲也接受西學對於空氣重量可以度量的見解。[138]在這兩點上他賦予傳統氣化論新的意義，這個新意來自於西學給予他的啟示。

其二，劉嶽雲將氣區分成真空之氣與和合雜氣，這兩種氣充斥在宇宙間，無處不在且沒有間隙。他舉歐洲人利用抽氣筒的例子說明，將筒內空氣抽乾，也無法使真空存在，理由是他認為真空之氣充斥於宇宙中，而抽氣筒本身也是真空之氣的一體，是以抽氣筒無法排除真空之氣。將氣區分成真空之氣與和合雜氣是劉嶽雲相當特別的想法，雖然劉嶽雲之後補充說西書沒有討論到真空之氣，無法像和合雜氣一般得到西書的確認，[139]但是上述想法仍然使他堅持氣充斥在宇宙之間。

其實進一步分析，真空之氣不是劉嶽雲的創見，反倒是將和合雜氣區分出來才是他作出的貢獻。真空之氣的概念來自於儒家的元氣，[140]但是按照儒家的觀點，元氣變化為氣，氣變化為萬

---

[138] 傳統自朱熹以降的觀點雖然認為氣清者上升成為天，氣濁者下降成為地，但是並未說明空氣輕重的測量標準，因此劉嶽雲引進西學中以水銀柱測量空氣重量的概念，是相當特別的。「嶽雲謹案，自地而上愈近地則氣愈重，愈遠地則氣愈輕。輕者氣清故也，重者氣濁故也。西人言空氣一立方寸之重可以秤試，又言自地面至氣盡處，空氣之重等於方一寸高三十寸長水銀柱之重，此指地面和合之氣言之。」見〔清〕劉嶽雲撰，前揭書，卷 1，〈氣部〉，〈空氣〉，8b-9a（總頁 901）。

[139] 「西書言空氣之質為淡養二氣和合而成，二氣之外有炭養氣、有水氣則亦知地面之空氣為和合氣，……惟真空之氣與和合之氣之分，則西書未嘗及爾。」見〔清〕劉嶽雲撰，前揭書，卷 1，〈氣部〉，〈空氣〉，8b-9a（總頁 901）。

[140] 「嶽雲謹案……真空之氣無所和合，儒家謂之元氣」見〔清〕劉嶽雲撰，前揭書，卷 3，〈火部〉，〈火〉，1a-1b（總頁 952）。

物，是以元氣是所有物質的基礎。[141]劉嶽雲卻認為真空之氣僅是充斥於宇宙中的純物質，和合雜氣才是各種物質構成與變化的基礎。乍看之下，劉嶽雲的想法似乎與傳統概念類似，但是這個想法卻重新定位氣質與各種物質的關係，仔細地處理氣質是各種物質生成基礎的問題。譬如他解釋空氣性質時說：

> 西書言空氣之質為淡養二氣和合而成，二氣之外有炭養氣、有水氣，則亦知地面之空氣為和合氣。[142]
>
> 嶽雲謹案，此西人所謂炭二輕四氣也。中國謂之煤氣。火井所發之氣多為炭二輕四亦有炭四輕四。[143]
>
> 雞蛋久而臭腐，銀器遇之則黑。《飲膳必覽》嶽雲謹案，西人為雞蛋臭腐即發輕硫氣，據此則輕硫氣為中國所已知矣。[144]

很明顯地，劉嶽雲受到西學相當影響故從氣中區分出和合雜氣。他似乎接受西方氣是混合物的概念，認識到氧氣、氮氣、二氧化碳、氫硫氣、水氣等氣是並存於大氣中的氣體，因此空氣是一種和合雜氣。不僅如此，他更注意到各種和合雜氣有其特殊的合成比例，是以他以一種別出心裁的方式「炭二輕四」表示乙烯

---

[141] 在中國傳統自然知識中，元氣是指孕育出氣質的母體，本身是比氣質更精細的原質，充斥於宇宙之間。參陳美東著，盧嘉錫總主編，《中國科學技術史·天文學卷》（北京：科學，2003），頁171~173, 199~200。

[142] 見〔清〕劉嶽雲撰，前揭書，卷1，〈氣部〉，〈空氣〉，9a（總頁901）。

[143] 見〔清〕劉嶽雲撰，前揭書，卷1，〈氣部〉，〈雜和合氣〉，51a（總頁922）。

[144] 見〔清〕劉嶽雲撰，前揭書，卷1，〈氣部〉，〈雜和合氣〉，53a-53b（總頁923）。

（C₂H₄），「炭四輕四」表示乙烯基乙炔（C₄H₄），[145]暗示著他可能具有化合物的基本概念。[146]這兩種概念使得劉嶽雲的氣質是一種相當複雜的存在，故成為構成各種物質的基礎。[147]此外，他似乎也知道空氣具有質點[148]的說法，但是主要用於解釋聲波的運動過程。譬如他說：

> 考鐘伐鼓，窗櫺之紙皆動，則氣之為質故可見也《物理小識》……嶽雲謹案，此即聲浪之理但未詳耳。……此聲浪即西人所謂凹凸力，又西人謂聲之大小在發聲處。氣質之鬆緊、聲之大小與空氣質點、往復動路有比例，皆此意所

---

[145] 乙烯與乙烯基乙炔都是可燃的碳氫化合物氣體，他們常在煤氣井中產生，屬於煤氣的一種。

[146] 劉嶽雲理解化合的基本概念也可從他對「水氣」的理解得知一二。例如他認為水有陰陽，遇電則分離為氫氣與氧氣，氫氣與氧氣相結合又復歸成為水氣。「嶽雲謹案，諸書皆以為水為陰陽。《淮南子》亦云積陰之氣為水。獨《說文》云中有微陽之氣。此確論也。水有陽氣，故水中能生動植各物。水兼陰陽，故趨電極兩端，一為養氣，一為輕氣也。」見〔清〕劉嶽雲撰，前揭書，卷 2，〈水部〉，〈水〉，1b（總頁 924）。「嶽雲謹案，此言陰陽交而生水，乃乾坤化生之理。所以電氣過水化為輕養二氣，而二氣相合復為水也。」見〔清〕劉嶽雲撰，前揭書，卷 2，〈水部〉，〈水〉，1b（總頁 924）。「積陰之寒氣為水」見〔漢〕劉安撰，〔漢〕高誘注，楊家駱主編，前揭書，〈天文訓〉，卷三，頁 35。

[147] 在處理氣質是各種物質生成基礎的問題上，宋明以降的學者除了以五行解釋之外，又有部分學者以「氣種論」作為解釋。參羅桂環、汪子春分卷主編，《中國科學技術史：生物學卷》（北京：科學出版社，2005），頁 344。另參劉長林，前揭文，頁 116~117。

[148] 此處「質點」其實就是指「原子」。與氣本論者假設物質是由氣質所構成，原子論者認為物質是由各種微小原子所形成。

推曁也。[149]

此處劉嶽雲企圖證明的是，方以智在《物理小識》已然記載
空氣是一種物質，並且透過西學的聲波理論延伸，說明西學亦存
在空氣具有質點的說法。但是筆者認為劉嶽雲並沒有質點是物質
構成基礎的概念，因為他認為聲波推動空氣質點的想法只是歐洲
人從《物理小識》延伸出來的一種說法。筆者反覆參看《格物中
法》中描述物質的內容，亦僅發現劉嶽雲少有透過質點解釋物質
構成的例子。[150]是以雖然劉嶽雲受到西學的啟發，為傳統的氣
的概念添增了許多新的見解，筆者仍然認為劉嶽雲是以氣的形
式，而非以質點的形式去理解各種物質的構成。[151]

最後，值得一提的是在劉嶽雲的概念中，火不是物質性的東
西。這個見解與傳統想法大相逕庭。譬如他說：

> 嶽雲謹案，陽化氣一語可以破西人火精為原質之說。蓋離
> 氣無以見火而火不得為之氣，更不得謂之形，以其有化合

---

[149] 見〔清〕劉嶽雲撰，前揭書，卷1，〈氣部〉，〈空氣〉，27a-27b（總頁910）。

[150] 除了上述引文的例子，劉嶽雲在《格物中法》僅僅只有另一例是提及質點的
概念。這個概念是他提到石頭的性質時討論到的。「石可破也而不可奪堅，
丹可磨也而不可奪赤《呂覽》。嶽雲謹案，此言與西人質點之說甚相近。蓋
石與丹破之磨之，雖至極微，石不滅其堅性，丹不滅其赤色。故物質不論大
小，其性不改，此真化學之諦論為古人所知者也。」見〔清〕劉嶽雲撰，前
揭書，卷4之首，〈土部〉，〈土類總論〉，0a（總頁989）。

[151] 關於劉嶽雲的這個想法，他在討論金屬時補充說：「嶽雲謹案，……天地肇
興無有一質而萬質生焉，流而為川，凝而為土石植物，先生動物相繼則由石
成金，輾轉化生，固有莫知所以然而然者。」這種想法仍舊近似於傳統的氣
化論概念。見〔清〕劉嶽雲撰，前揭書，卷5之上，〈金部〉，〈金總論〉，
3a-3b（總頁1043）。

之理在中也。水熱可以為氣而水不得為之氣，更不得為之空氣。……以其為化合之氣所成也。故水經電化分則為氣，趨兩端而水不見其氣能焚能助焚，與火同類，此火為妃〔妃〕之理也。[152]

劉嶽雲認為火是一種使物質配合和變化的道理，是以火不是一種氣，沒有型態，更不屬於空氣。從「陽化氣」一語可知火是轉化氣質的變化機制，故可以推翻歐洲人認為火是一種原質的想法。從上述引文來看，劉嶽雲明顯地賦予火一種新的意義，在這個意義上，火已非五行論中的原質，也不是氣本論中的火相，反而更近似近代意義上的「氧化」作用，[153]使火脫離傳統以來被賦予的物質性基礎。

那麼，火如何生成的呢？在這個問題上，劉嶽雲顯然受到西學很大的影響，他認為火生於熱，熱源於太陽。他是如此解釋的：

嶽雲謹案，天地判分，世界成立莫不由於熱也。大而流金礫石，小而鑽木戛金，顯而星隕火流，微而草萌果熟，皆熱之所致。特人所不覺之熱則不及察耳。熱生光名之火，故云熱生火。[154]

嶽雲謹案，西士亦言日為火之根原〔源〕，日以其熱加于地，歷〔歷〕千萬年熱無增損，或曰歷千萬年熱漸減

---

[152] 見〔清〕劉嶽雲撰，前揭書，卷3，〈火部〉，〈火〉，1a-1b（總頁952）。妃〔妃〕，音同「配」，為婚配、配合之意。

[153] 氧化是一種燃燒物質與氧化合的結果。參〔英〕J. R. 柏廷頓著，胡作玄譯，《化學簡史》（桂林：廣西師範大學出版社，2003），頁109~111，152。

[154] 見〔清〕劉嶽雲撰，前揭書，卷3，〈火部〉，〈火〉，2a（總頁952）。

少。《抱朴子‧尚博篇》云今日不如古日之熱，是中法與
或說同也。[155]

第一段引文中，他試圖說明熱是世界成立，物質分化的根
源，火其實源於熱，因熱產生光而成火，並且為人類所察覺。第
二段引文中，他繼續解釋道太陽是熱的源頭，並且傳達熱於地
面。是以由上述可知，在劉嶽雲的概念中，火是熱的一種表現形
式，而且熱不屬於一種物質。雖然筆者無法確知劉嶽雲是否有「能
量」的概念，不過可以肯定的是，劉嶽雲顯然將火帶到一個更廣
的解釋意義上。在這個意義上，火與熱似乎還跟「動」產生連結。
譬如他說：

> 動則熱生，靜則熱聚《明儒學案》。嶽雲謹案，此與道家言
> 合，乃熱學要理。天地所以恆久不息者，以其動也。靜則
> 熱聚乃其動生熱也。西人所云力生熱是也，靜則熱聚乃積
> 熱之理。西書以日光之照與力生熱、化生熱為三種，然日以動而散熱
> 于地，化分化合亦由兩質互動而化，是動則熱生。[156]

從這段話來看，劉嶽雲似乎接觸過西方熱力學。[157]他將天

---

[155] 見〔清〕劉嶽雲撰，前揭書，卷3，〈火部〉，〈火〉，2b-3a（總頁 952-953）。
[156] 見〔清〕劉嶽雲撰，前揭書，卷3，〈火部〉，〈熱炎氣〉，16b（總頁 959）。
[157] 從時間順序上，劉嶽雲可能參看過載有「熱力學」相關知識的書籍。譬如〔英〕
合信（Benjamin Hobson, 1816-1873）的《博物新編》（1855），〔英〕傅蘭
雅（John. Fryer）的《熱學須知》和《熱學圖說》、〔美〕丁韙良（W. A. P.
Martin, 1827-1916）的《格致入門》（1866）等書都載有熱力學相關知識，
也早於劉嶽雲完成《格物中法》（ca.1870-1900）的時間。參盧嘉錫總主編，戴
念祖分卷主編，《中國科學技術史：物理學卷》（北京：科學出版社，2001），
頁 556~557。

地之間物質的不斷變化與熱的產生歸因於物質的運動，即是歐洲人所說的「動能」。因此，他認為不論是太陽、動力或是物質間的化合過程，都是「動能」的表現形式。雖然劉嶽雲同時出於一種相對性的思考去接受傳統以來「靜為熱聚」的道理，來理解熱與動靜之間的關係是有問題的，但是畢竟無法隱藏他企圖以西方熱力學補充和詮釋傳統對於火的認知。

　　綜合上述來看，劉嶽雲似乎企圖以宋明以降的自然知識架構為主體，並且以自強運動以來傳入中國的近代科學知識加以補充之，深化中學對自然現象與其中原理的認識，使其可與西學競爭。[158]但是藉由分析王仁俊的《格致古微》，筆者發現劉嶽雲對自然的新穎觀念似乎是個極為突出的特例。相對於劉嶽雲，王仁俊的世界觀是混雜的，一次與二次西學東漸的西學概念都同時存在於王仁俊的自然觀中。譬如他說：

> 夫變化之用，天垂象，地成形，七曜緯虛，五行麗地。按此即七曜皆在太虛中說也。《談天集》曰：七曜緯虛皆在太虛中，非同麗一天，亦非各有一天。西人所矜者，岐伯早言之。[159]

　　這段出自《黃帝內經》的敘述說明星體是列排於太虛之中，五行的秩序則附著在地上的物質之間。[160]王仁俊的案語顯示他

---

[158]　參王揚宗，〈格物中法提要〉，頁 887~888。

[159]　見〔清〕王仁俊撰，《格致古微》，卷 3，〈子〉，〈素問〉，頁 12a（總頁 94）

[160]　「夫變化之用，天垂象，地成形，七曜緯虛，五行麗地；地者，所以載生成之形類也。虛者，所以列應天之精氣也。」見〔唐〕王冰注，《黃帝內經》（北京：中醫古籍出版社，2003，據清光緒京口文成堂摹刻宋本影印），〈五

同意星體是存在於太虛之中，他並透過《談天》[161]作引申，反駁星體或共處一天、或分處各天的舊想法。[162]此外，他似乎也接觸過西方力學的某些概念。譬如他發現《墨子》的其中一段話頗為有趣，說：

> 經說挈，有力；引，無力也。案此力學也。《東塾讀書記》曰：疑即起重之法。俊謂西法有重力、結力、愛力。其大恉從動重學分出，而論各體之動理，各力之根源，曰力學本此。[163]

王仁俊直覺地將《墨子》的這番話視為西方近代力學的根

運行大論篇第六十七〉，卷19，頁9b（總136）。

[161] 「《談天》原名《天文學綱要》（Outlines of Astronomy），是〔英〕約翰・赫歇爾（J. F. Herschel, 1792-1871）撰寫的一部深入淺出的優秀著作。《談天》係依據原書第12版（1851）譯出。《談天》出版後，備受社會的重視與歡迎，多次再版。」見陳美東著，盧嘉錫總主編，前揭書，頁751。《談天》的主要內容是闡釋刻普勒橢圓軌道與牛頓的萬有引力說，及一系列的西方天文學新知。參陳美東著，盧嘉錫總主編，前揭書，頁750~755。

[162] 共處一天是傳統渾天說、蓋天說的想法，分處各天是亞里斯多德-托勒密宇宙觀。此處王仁俊的「太虛」似乎是認同於《談天》中的概念，是指虛空的存在，因此不是同隸於一天，也非分處各天。參〔英〕赫歇爾撰，〔英〕偉烈亞力（Alexander Wylie,1855-1887）口譯，〔清〕李善蘭（1811-1882）刪述，（清）徐建寅續述，《談天》18卷（臺北：新文豐，1989），〈序〉，頁313-315。另參金祖孟，《中國古宇宙論》（上海：華東師範大學出版社，1996），頁9-13。另參戴維・林德伯格（David C. Lindberg）著，王珺譯，前揭書，頁99~101，101~109。

[163] 見〔清〕王仁俊撰，前揭書，卷3，〈子〉，〈墨子〉，頁32a（總頁104）。「挈有力，引無力也。」見〔宋〕墨翟撰，《墨子》（臺北：臺灣中華書局，1966，據畢氏靈巖山館校刊本影印），〈經說下第四十三〉，卷十，頁12a。

源，雖然失之武斷，但卻也顯示他企圖透過近代力學知識闡明某些記載於古籍的說法。[164]乍看之下，王仁俊似乎與劉嶽雲頗為一致，都在借助西學新知，補強中國自然知識系統中的不明之處。然而，令人訝異的是，王仁俊在說明地球的氣層構造時卻仍舊沿用明末清初的三際說。他說：

> 《子華子》：大道火氣之喜明也。案此即火際之說也。《春秋求故・二》曰：西人言天有三既，近地一層為溫際。溫際之上為冷際，冷際之上為火際。[165]

明末清初的三際說，其原型即是歐洲的亞里斯多德-托勒密宇宙觀，隨著明末的西學東漸進入中國。在這個宇宙體系中，地球氣層的三際僅僅只是宇宙整體的一部份，其外是充滿於天域的各層水晶球殼，其內則是包覆著地心而外的土層與水層。筆者因此感到疑惑，為何王仁俊借用較為新穎的「虛空」概念解釋星體所在的宇宙，或是接受近代力學對現象的解釋，卻沿用過時的三際說解釋地球氣層？基於本節旨趣，筆者不擬深入討論此一問題，然而可以肯定的是，王仁俊與劉嶽雲都企圖描繪出一套不遜於西方的中國式自然知識圖像，相對於劉嶽雲對自然知識系統性的處理，王仁俊的宇宙觀則呈現新舊概念交雜的情況。

---

[164] 在時間順序上，王仁俊可能參閱過合信的《博物新編》（1855）、李善蘭（1811-1882）的《重學淺說》（1858）和《重學》（1866）等書，繼而完成《格致古微》的撰寫工作。

[165] 見〔清〕王仁俊撰，前揭書，卷4，〈子集〉，〈劉因集〉，頁1a（總頁108）

三、物質變化

透過探究《格物中法》與《格致古微》，筆者發現宋明以降的氣五行論似乎仍是此時解釋物質變化的主要理論。在這一點上，雖然劉嶽雲與王仁俊受到西學的刺激，卻未跳脫五行生剋的思維。從劉嶽雲對物質變化問題的討論來看，他並不是單純地沿襲著傳統的氣五行論，反而是經過取捨而做此選擇。譬如他說：

> ……鐵稟太陽之氣始生，時為鹵石，積久成慈〔磁〕石，石成鐵，鐵成銅。今取慈〔磁〕石碎之有鐵片可驗也《寶藏論》。……嶽雲謹案，此數條所言與西人原質之說異。然銀內提金是銀生金，鉛銅白鉛皆含銀，是鉛銅生銀。《說文》錫銀鉛之間也。錫礦有銀是錫生銀，互生之說未必無據。天地肇興無有一質而萬質生焉，流而為川，凝而為土石植物，先生動物相繼則由石成金，輾轉化生，固有莫知所以然而然者。吾烏乎測之？[166]

劉嶽雲注意到《寶藏論》的記載與歐洲的原子論相當不同。《寶藏論》說明鐵與礦石皆源於太陽之氣而產生，礦石變化進而為鐵為銅。有趣的是，《寶藏論》以作者敲碎磁石內含鐵礦為證，提出一項經驗上的證據，劉嶽雲似乎認同這項見解，並且再以銀生金、鉛銅生銀、錫生銀三例支持「互生之說」。筆者認為，劉嶽雲是知曉歐洲以部份金屬原子為基礎物質的說法，但是他透過五金互生的諸多記載，指出金屬生成時並非單獨存在而是彼此並存，否定了金屬原子不會生變的說法，捨棄歐洲原子論而採取傳

---

[166] 〔清〕劉嶽雲撰，《格物中法》，卷5之上，〈金部〉，〈金總論〉，3a-3b（總頁 1043）。

統化生論。這個選擇有其道理，因為劉嶽雲是依據前人挖掘金屬礦脈時又同時獲取數種或大量或少量金屬的記載作為其經驗基礎，直觀上據此解釋大量金屬部分化生為少量金屬反而較「原質之說」更合乎經驗基礎。[167]他更繼續說明此一判斷的想法基礎，天地間先存在一種物質而後各種物質接連生成，流動為川凝固成土，先化成生物而後化為礦石。劉嶽雲回歸到相當典型的化生論觀點，與傳統的化生論者不同的是，他經過一番對西學的思考與選擇。

不僅以金類互生支持傳統氣化論，劉嶽雲更以穀物經年生長而互有盈絀做為補充。譬如他說：

> 嶽雲謹案，木饒金饑五行迭更，實有其理實有其事。《內經》與《淮南子》同。即如麥豆菽稻，梁菜子胡麻之屬，逐年比較，恆見此盈彼絀，是輪種一法合于地力又合于天運，未便不可行也。[168]

一旦地表的草木繁盛，地層的礦物層則因草木汲取而缺乏。這個道理《皇帝內經》與《淮南子》都已有記載，劉嶽雲也認為其說屬實，並且再舉農田行輪耕法的例子加以補充。當農地未行

---

[167] 對於礦脈中蘊含不同金屬礦物的問題，目前的理解是：不同金屬原子因為原子半徑相當而產生相互吸引的現象，這促使原子半徑大小類似的金屬原子容易在岩漿中相互堆積，噴發出地表而成為新地殼中蘊藏數種金屬礦物的礦脈。但是劉嶽雲在連原子論（質點）都尚未接受的情況下，是無法對符合經驗基礎的既有理論展開質疑的。關於中國傳統對礦物生成的解釋，另參〔英〕李約瑟原著，〔英〕羅南改編，上海交通大學科學史系譯，《中華科學文明史》（第二卷）（上海：上海人民出版社，2002），頁 334~336。

[168] 〔清〕劉嶽雲撰，前揭書，卷 6 上之上，〈木部〉，〈論理〉，6a（總頁 1085）。

輪耕法時，即使是農田再好也無法種植單一作物而持續有好收穫，因為地層中有機物與礦物質等養份含量有其限度，作物無法汲取足夠的養分則無法有良好的成長。此時若種以養份需求不同的作物則會有良好的效果。劉嶽雲所指的「麥豆菽稱粱菜子胡麻，逐年比較恆見此盈彼絀」的情況應該是連續觀察農地處於雜作時的景況。直觀上，不同作物間交互豐收的現象會使人有不同作物相互化生之感，故輪耕法在劉嶽雲眼中變成為一種既能回復地層養分又配合作物相互化生的妙法。

雖然劉嶽雲以物質間相互化生解釋物質品類繁多的現象，但是他仍舊認為氣化是物質變化的主要方式。譬如他說：

> 嶽雲謹案，陰陽之化，猶言氣化也。……《正蒙》云：陰陽之氣，循環迭至，聚散相盪，升降相求，絪縕相揉，相兼相制，欲一之不能，蓋謂是也以上《全書》。蓋深通其理矣。[169]

劉嶽雲認為傳統所謂的陰陽之化其實就是氣化，他並贊同張載（1020-1078）[170]《正蒙》對氣化的見解，陰陽兩氣在不斷循環的過程中會依其比例與相互關係產生不同物質，僅有陽氣或陰氣都不能導致氣化產生。然而劉嶽雲的氣化卻不完全與張載的概念相同，受到西學的啟發，他認為氣化是物質由固體、液體變成

---

[169] 〔清〕劉嶽雲撰，前揭書，卷1，〈氣部〉，〈空氣〉，12a-13a（總頁903）。

[170] 張載，字子厚，陝西鳳翔人，人稱橫渠先生。張載主要將其精力放在對「太虛」和「太虛」與「氣」的問題上，並且提出「太虛即氣」、「虛氣響即」的幾個觀點，是中國宋明理學中氣學思想的奠基者，對宋明理學的發展具有重大影響。其有《正蒙》（《西銘》、《東銘》、《橫渠易說》、《經學理窟》、《張子語錄》、《後錄》、《文集佚存》、《拾遺》等著作傳世。

氣體的過程，物質因溫度而改變型態是主要的方式。譬如他說：

> 嶽雲謹案，質漲至極則定質為流質，流質為氣質。質縮至
> 極則氣質為流質，流質為定質。其間一物有一物之鎔度，
> 一物有一物之凝度。西人列其差等，均各有表。若夫太虛
> 之凝為地，地之散為太虛，不知亘歴〔歷〕若千萬年，雖
> 冷熱之理烏得而測諸。[171]

　　在這裡劉嶽雲接受西學關於物質三態的理論。他以鎔度、凝
度、液化和蒸發等溫度改變物質型態的理論重新詮釋物質氣化的
過程，並以金屬與水加以舉例。[172]同時，他注意到電解也有類
似的效果。[173]由上述可知，劉嶽雲認為因溫度變化[174]而導致的
氣化是物質變化的主要基礎，物質之間亦會相互化生。

　　王仁俊對物質變化的觀點與劉嶽雲部份相同，部份相佐，並
且其概念仍舊顯得新舊交雜，較無系統。譬如王仁俊一方面接觸

---

[171] 〔清〕劉嶽雲撰，前揭書，卷3，〈火部〉，〈熱炎氣〉，23a-23b（總頁963）。

[172] 「嶽雲謹案，……西人亦有此說，謂銀銅鐵錫鉛皆可使之化氣，惟黃金不能。
其實鎔金之火未至極耳。若火度能再加大亦化氣也。凡金皆能融而為液，升
而為氣，冷則復還定質。」見〔清〕劉嶽雲撰，前揭書，卷5之上，〈金部〉，
〈金總論〉，3b-4a（總頁1043）。「氣凝而為水《淮南子》。嶽雲謹案，古
人知氣之凝為水，即知水之散為氣矣。」見〔清〕劉嶽雲撰，前揭書，卷1，
〈氣部〉，〈水氣〉，49b（總頁921）。另參本節頁4。「積陰之寒氣為水」
見〔漢〕劉安撰，〔漢〕高誘注，楊家駱主編，前揭書，〈天文訓〉，卷三，
頁35。

[173] 劉嶽雲以水經電解而產生氫氣與氧氣舉例。「嶽雲謹案，此言陰陽交而生水，
乃乾坤化生之理。所以電氣過水化為輕養二氣，而二氣相合復為水也。」見
〔清〕劉嶽雲撰，前揭書，卷2，〈水部〉，〈水〉，1b（總頁924）。

[174] 依照劉嶽雲的概念，溫度變化導源於太陽和物質的運動。參本節頁49-50。

過物質三態的西學概念，說：

> 〈陰陽應象大論〉：水為陰，火為陽，陽化氣，陰成形，
> 又云亢則害，承乃制，制則化。案西人化學所本也。水為
> 陰云云，即氣質、流質、定質加熱減熱，三質遞變之法。
> 亢則害云云，即兩物交感全化之理。[175]

　　他認為上述載於《黃帝內經》的說法正是西方化學的根源，
[176]只是古人記載簡略，深奧難解，其實即同於西學中的物質三
態理論。王仁俊在此的論述方式與劉嶽雲類似，都是以物質三態
的理論補充傳統氣化論的不明之處。但是一方面他的解釋又相當
簡略，不求甚解。譬如他說：

> 〈氾論〉：老槐生火，久血為燐。案即彼言鬼火，為
> 骨角所含之氣散出者。《四國日記・五》曰：此西人原質
> 化合之理。[177]

> 《列子》：天瑞羊肝化為地皋，馬血之為轉鄰也，人

---

[175] 〔清〕王仁俊撰，《格致古微》，卷 3，〈子〉，〈素問〉，頁 11a（總頁
　　　94）

[176] 「故積陽為天，積陰為地。陰靜陽燥，陽生陰長，陽殺陰藏，陽化氣，陰成
　　　形。」見〔唐〕王冰注，前揭書，〈陰陽應象大論篇第五〉，卷 2，頁 1b（總
　　　18）。「岐伯曰：亢則害，承乃制。制則生化。」見〔唐〕王冰注，前揭書，
　　　〈六微旨大論篇第六十八〉，卷 19，頁 20a（總 142）。

[177] 〔清〕王仁俊撰，前揭書，卷 4，〈子集〉，〈淮南子〉，頁 4b（總頁 110）。
　　　「老槐生火，久血為燐」見〔漢〕劉安撰，〔漢〕高誘注，楊家駱主編，前
　　　揭書，〈氾論訓〉，卷十三，頁 458。

血之為野火也。案此化學也。[178]

從這兩段敘述來看，王仁俊雖然試圖以西方化學重新解釋古書記載的一些例子，以說明古人通曉其理，但是他似乎僅粗知化學中的部分概念而未深入瞭解其原理。第一段敘述中，王仁俊解釋了燐即鬼火產生的原因，為動物骨格內含的成份，然而他並未解釋老槐和久血何以轉化為其他物質？這與原質化合的關係又為何？第二段論述中，他更僅看到一物轉化為另一物就歸之於化學，沒有加以解釋。這種作法雖然點出古籍記載與西方化學相關，但是從另一方面思索，他也未經選擇地承襲傳統自然知識的部份盲點，導致其概念顯得新舊交雜而無系統。

有趣的是，相較於劉嶽雲強調氣化，王仁俊卻是相當傳統的五行生剋論者。譬如他首先點出化學的源起始於《尚書‧洪範》對氣味的敘述：

> 《洪範》潤下作鹹，炎上作苦，曲直作酸，從革作辛，稼穡作甘。案此即化學之功用，傳鹹，水鹵所生；苦，焦氣之味；酸，木實之性；辛，金之氣味；甘，生於百穀。今化學大恉多配合五行，惟氣味為之始。由洪範而精闡之。[179]

水產生鹹味、氣產生苦味、木產生酸味、金產生辛辣的味道、穀類產生甘甜。透過味道去進一步認識五行，是〈洪範〉作者的貢獻。是以王仁俊認為化學源頭由此開始，而五行正是化學的基

---

[178] 〔清〕王仁俊撰，前揭書，卷4，〈子集〉，〈列子〉，頁20b（總頁118）
[179] 〔清〕王仁俊撰，前揭書，卷1，〈經〉，〈書〉，頁7a-7b（總頁60）

礎。稍後，他又提到五行相剋與相生的道理：

> 以水和土，以土和火，以火化金，以金治木，木復反土。
> 五行相治，所以成器用。案此言化學之理。[180]

雖然王仁俊並未多做解釋，只言明這是化學的道理。不過這段引文是《淮南子・墜形訓》中講述五行相剋論的部份，王仁俊願意引述此一說法，似乎顯示他認同五行相剋說。然而，他同時也展露出某些五行相生論的觀念。他說：

> 《劉因集》……嶺南多毒而有金蛇白藥以治毒，湖南多氣而有薑菊茱萸以治氣，魚鱉螺蜆治濕氣而生於水，麝香羚羊治石毒而生於山。蓋不能有以勝彼之氣則不能生於其氣之中，而物之與是氣俱生者，夫固必使有用於是氣也。案此言化學之理。所謂勝即以相克為化，所謂生即以相生為化。言必使有用於是氣，即能化之使分使合義也。[181]

從相剋的角度觀之，一物之生必有一物而剋之。在作用上，金蛇白藥的意義在於剋制嶺南多毒的環境。但是從相生的觀之，一物的存在並然會導致另一物的興起。在因果關係上，正是因為嶺南多毒的環境導致金蛇白藥的生成。王仁俊認為上述例證說明了化學道理，並且隨之補充對於相剋相生的看法，對照於先前他

---

[180] 〔清〕王仁俊撰，前揭書，卷4，〈子集〉，〈淮南子〉，頁3b（總頁109）。「是故以水和土，以土和火，以火化金，以金治木，木復反土。五行相治，所以成器用」見〔漢〕劉安撰，〔漢〕高誘注，楊家駱主編，前揭書，〈墜形訓〉，卷四，頁62。

[181] 〔清〕王仁俊撰，前揭書，卷4，〈子集〉，〈劉因集〉，頁31a-31b（總頁123）

對五行的看法，筆者認為王仁俊是五行生剋論者，應是無疑議的。

四、生物認知

最後，分析劉嶽雲與王仁俊對生物的觀點，筆者發現西學對兩人的影響是深刻的，儘管採納的程度不相同。劉嶽雲的確受到西學的啟發，譬如他討論木有雌雄牝牡時說：

> 嶽雲謹案，凡木之雌雄，大半分于花鬚之有無。有花鬚無花心者為雄，無花鬚有花心者為雌。有雌雄同株者，雌花結子雄花不結子如松梓，……有雌雄異株者如楊柳檜柏之類……西書謂之花莖花心，循莖而上亦含凹苞。西書謂之子房口即收花精之處，此花心莖每花亦自一至二十餘不等。中國事事得其大綱，不如西書之猥瑣然，然竹不常花亦分雌雄，其詳又過於西書。至嫁樹一法則察物精微，足以彌綸造化矣。[182]

他藉由古籍中各種例子[183]歸納出花草樹木的性別與特徵的關係，並且佐以西書中對於此的論述而補充之。雖然這種中、西學相互參照的工作明顯地展現出西學對劉嶽雲的影響，但是他進一步說「中國事事得其大綱，不如西書之猥瑣然，……至嫁樹一法則察物精微，足以彌綸造化矣。」，足見他仍然認為西學失之瑣碎，中學則得其神髓，抱持著「中學為主、西學為輔」的原則

---

[182] 〔清〕劉嶽雲撰，《格物中法》，卷6上之中，〈木部〉，〈盡性〉，7a（總頁1096）。

[183] 由於劉嶽雲這方面的引文較為繁雜，筆者不擬引出。參〔清〕劉嶽雲撰，前揭書，卷6上之中，〈木部〉，〈盡性〉，4b-7a（總頁1095-1096）。

處理自然知識的。

這個原則在其他方面上更加明顯。譬如劉嶽雲思考生物源始與構成的問題，就透過氣化論加以解釋。他說：

> 大地初凝本空無一物，但有氣包舉其間。氣與氣相積，積之既久，感受天日之光、乾健之氣而動植、飛潛、不卵不胎、不種不植各賦一形，各秉一性而萬物出，及品類既分，含生孕育各稟其本。有之質性或有知或無知，以能養之物充乎本量而止。蓋以各類感各類之氣而成為物。及其氣盡將化，又以稟受之厚薄，為年歲之長短，仍為氣，如水之歸海，不復辨為何類。及其復生則又各感其氣，不能相雜，即至堅如金石，亦是氣之所聚，並無一物，不過其化較遲《造化究源》………嶽雲謹案，此即經氣始而生化，氣散而有形，氣布而繁育，氣中而象變之理。[184]

劉嶽雲顯然完全同意《造化究源》的說法。一種氣質存在並包覆宇宙，受到太陽光熱和氣質運行產生各種型態的動植物。這些動植物的本性和壽命皆依據其含有的氣質種類與含量多寡而定。當其消失則復歸為氣，直到感受到相似物質而再次應運生成。乍看之下，劉嶽雲似乎是按照傳統氣化論解釋各類動植物的形成與變化，但是實際上，此處氣化論的基礎應該是劉嶽雲自己提出的「和合雜氣-氣化論」，而非傳統想法中的陰陽二氣。

因此，劉嶽雲在討論生物繁衍的問題上依然採取這個原則，說：

---

[184] 〔清〕劉嶽雲撰，前揭書，卷1，〈氣部〉，〈空氣〉，13a-13b（總頁903-904）。

> 夫草木可插而活者，胎生類也。以實而產者，卵生類也。荷茨濕生也。芝菌化生也。植物亦有此四種之異也《草木子》。嶽雲謹案，荷茨或以根種或以實種，非自然而生，不得為濕生。[185]

他以《草木子》的說法為證，努力地給予胎生、卵生、濕生和化生明確的定位，並且他連帶地修正前人對荷茨認識不精而可能有的錯誤認知。[186]這顯示他依舊秉持生物以胎生、卵生、濕生和化生的方式繁衍的說法，為生物特有的相感模式。此外，他更是以此駁斥前人認為沒有化生的觀測。譬如他說：

> 如腐草化螢亦螢宿其子于腐草，既成形則自腐草而出……《黃氏日鈔》。嶽雲謹案，《本草綱目》言螢有三種，一種……乃毛根所化，……一種……乃竹根所化，……一種……亦腐草所化。黃氏之說不信物有化生，蓋目論也……又案草木淫熱化為蟲豸，為隱熱之一種。[187]

《黃氏日鈔》中提及螢蟲產其子於腐草堆，即其成長後從腐草堆飛出，故螢蟲不是腐草化生而出的。劉嶽雲因此撰寫相當篇

---

[185] 〔清〕劉嶽雲撰，前揭書，卷4，〈木部〉，〈盡性〉，2a（總頁1094）。

[186] 荷，又稱蓮（Lotus），屬於蓮科（Nelumbonaceae）的多年生草本植物，學名為Nelumbo nucifera Gaertn，因為根部、地下莖部（蓮藕）或果實皆具有無性或有性的繁殖能力，在有泥土的水中或具有水份的地面上皆可以存活。劉嶽雲認為以人工的方式，在非自然的環境下培植荷，不能算是濕生，一方面是規範荷茨非濕生而生長的特例，但另一方面卻忽略檢討傳統濕生概念模糊性的機會。

[187] 〔清〕劉嶽雲撰，前揭書，卷3，〈火部〉，〈熱〉，27b-28a（總頁965）。

幅加以駁斥，指出《黃氏日鈔》的說法牴觸《本草綱目》對化生的見解，[188]黃氏僅憑眼睛觀測即謂生物沒有化生，是不足為信的。那麼，草木何以化生成蟲豸呢？劉嶽雲認為是隱熱的表現，將之解釋為類似物質變化具有固態、液態和氣態一般。由此可知，劉嶽雲相當堅持化生概念，沒有因為某項矛盾的記載而產生懷疑。但是，他並非單純地承襲，還賦予化生一種「熱學」上新的解釋。[189]

相對於劉嶽雲，王仁俊對西學中的生物知識接受度顯然高出許多。雖然王仁俊對生物的論述十分有限，但是筆者發現他幾乎對西學照單全收。譬如

> 《廣雅》：……〈釋親〉：一月膏，二月脂，三月胎，四月胞，五月筋，六月骨，七月成，八月動，九月躁，十月成。案合信《全體新論》言胎理極精，蓋本此。[190]

---

[188]「[時珍曰]螢有三種：一種小而宵飛，腹下光明，乃茅根所化也，呂氏月令所謂「腐草化為螢」者是也；一種長如蛆蠋，尾後有光，無翼不飛，乃竹根所化也，一名蠲，俗名螢蛆，明堂月令所謂「腐草化為蠲」者是也，其名宵行，茅竹之根，夜視有光，腹感濕熱之氣，遂變化成形爾；一種水螢，居水中，唐・李子卿水螢賦所謂『彼何為而化草，此何為而居泉』是也。」〔明〕李時珍撰，《本草綱目》（北京：人民衛生出版社，1991，據明萬曆夏良心刻江西校刊本），〈蟲部三〉，〈螢火〉，卷41，頁2318。

[189]隱熱（潛熱）相對於顯熱（有感熱），指僅改變物質的形態，並不產生溫度的升降反應的熱量。劉嶽雲認為物質的氣化是溫度改變的結果。每種物質都具有固、液和氣三種型態，要使物體轉變型態，必須具備足夠的溫度。但是這裡，劉嶽雲似乎認為當熱無法使物質溫度上升時，物質不會改變其型態，反而可能導致物質化生為其他物質。

[190]〔清〕王仁俊撰，《格致古微》，卷1，〈經〉，〈廣雅〉，頁29b（總頁

　　雖然王仁俊從《廣雅》中找到一個關於人類胚胎發展的記載，[191]作為論述西學中源論的根據，但是從其案語觀之，他完全同意《全體新論》（1851）[192]對人類胚胎發展的描述。王仁俊何以毫無疑問地信服於《全體新論》對胎理的敘述？筆者認為《全體新論・胎論》以數十日至一月為期，極為詳盡地記錄胎兒成長過程之外，王仁俊似乎找到部份內容與《廣雅》吻合，[193]故再無所疑，全盤接受。從王仁俊描述豆子，更能突顯出他的這個傾向。他說：

> 《文選》……豆令人重。案即豆為養淡氣所合說也。葉瀚曰：據化學理，豆為養淡二氣合成之，亦散油。凡養淡二氣相合最易生熱，故食之與空氣化合生熱，令人多肌肉。豆令人重亦此理。俊攷《植物學》，稱植物含淡氣者能養人。豆數每百分內含哥路登二十四分至二十八分，胃強者

71）

[191] 「人一月膏，二月脂，三月胎，四月胞，五月筋，六月骨，七月成，八月動，九月躁，十月成」見〔清〕王念孫撰，鍾宇訊點校，《廣雅疏証》（北京：中華書局，1983），卷第6下，〈釋親〉，頁7a（總203）。

[192] 《全體新論》為〔英〕合信在華編寫的解剖學綱要式著作。書中論及骨骼、韌帶、大腦、血液循環和泌尿等器官與系統。一八五一年廣東金利埠惠愛醫局石印，後在寧波等處刻印，並出現盜版，是當時影響力極大的醫學翻譯書籍。參羅桂環、汪子春分卷主編，《中國科學技術史：生物學卷》，頁368。

[193] 「由是月大一月至四月，周身內外皆備，重五兩五錢，長四寸。五月長五寸，孕婦始覺胎動。六月長六寸，重十三兩，髮甲生。七月長八寸，骨節粗成壯者生出可活。八月長尺一寸，重五十五兩，卵子由腹落至腎囊。九月眼始開，長一尺二寸。十月胎足重五六觔，人具百體，心最先生。」見〔英〕合信撰，《全體新論》（北京：中華，1991），〈胎論〉卷10，頁259。

食之令人重本此。[194]

　　明顯地，王仁俊自述其對豆子的知識來源有二：一個是葉瀚，[195]一個是墨海書館翻譯的《植物學》（1858）。與劉嶽雲不同的是，王仁俊似乎不再依循傳統氣化論去解釋豆子的生滅與繁衍，轉而透過西學中去瞭解豆類的構成與功用。他接受豆子是氮氣與氧氣結合而成，原因在於葉瀚有此一說，認為食用豆子之所以令人強壯或肥胖，是因為氮氧二氣與空氣作用而產生熱量，進而為人體所吸收。王仁俊同意葉瀚的說法，並以《植物學》的內容為其作證，補充說豆子百公克含熱量若干，因此使人變重。從上述可知，王仁俊幾乎完全接受西學對於豆類的認知，雖然他認為豆子是氮氧兩「氣」合成的物質，而可能不瞭解氮氧「化合物」的概念，但是從他未曾提出任何質疑的角度來看，似乎顯示其在生物見解上相當信服西學。

　　綜合言之，儘管同樣是西學中源論者，但是劉嶽雲與王仁俊對自然知識的認知呈現很大的紛歧。從處理方式、宇宙論、物質變化和生物認知等四個面向來看，劉嶽雲自創一新穎架構處理自然知識，不但自成一家之言，更企圖將傳統以降的自然知識深化。在處理自然知識的過程中，他始終抱持「中學為主、西學為輔」的原則，將中學與西學相互參照，再以西學較明確、細緻的知識補充和解釋中學原有的理論與相關記載。經過一連串對其自

---

[194] 〔清〕王仁俊撰，前揭書，卷 4，〈子集〉，〈文選〉，頁 26a（總頁 121）
[195] 葉瀚，字浩吾,浙江仁和人，生卒年不詳，為清末維新派人物。葉瀚曾就學於格致書院，發起成立「蒙學會」，並主編《蒙學報》。其後組織過「中國教育會」，曾與劉師培、蔡元培創辦《俄事警聞》。著有《文心雕龍私記》、《文學初津》等書。

然知識的探究，筆者認為，與其說劉嶽雲是以中、西的自然知識為途徑佐證西學中源論，不如說他專注於處理自然知識，試圖建構出一套完滿的自然秩序解釋，而以「中學為主、西學為輔」建構出的自然知識圖像恰巧正是當時最合理的解釋。在這個意義上，劉嶽雲是真正的西學中源論者，因為他認為以中學為基礎的自然知識能夠解釋自然秩序，西學新知只是深入補充中學的粗疏之處，故僅止於參考印證而已。這種以比對中、西自然知識的作法是西學中源論較為特別的類型。

王仁俊呈現的自然知識則相對零散。他採用四部分類法，以目錄學的方式處理自然知識，已然限制住其知識來源與討論自然知識的面向。[196]在處理自然知識的過程中，可以明顯看出，王仁俊是為求西學中源論成立而尋找古籍中的各類根據。他的世界觀是新舊概念交雜的，兩次西學東漸的西學概念都同時存在於王仁俊的自然知識中。他選擇以五行生剋論解釋物質變化的問題，但是同時又以西學新知說明某些生物見解。似乎可以這麼說，王仁俊撰寫《格致古微》的企圖在於解決清末西學中源論根據不足的問題，該如何解釋當時的自然秩序則非其著書重點。依此而論之，王仁俊博覽群書，一旦發覺古籍記載與西學所云雷同便逕自謂之西學中源，則符合西學中源論者的傳統典型。

---

[196] 王仁俊採用四部分類法，因其以書籍記載的知識為範圍，故限制了以自身經驗為根據來討論自然知識的機會。同時，在討論自然知識的面向上，受限於必須以經史子集的排列來論述各種書籍的自然知識，是以無法針對某一種自然現象進行深入探討。這也使《格致古微》在討論自然知識受到相當的限制。

第四節　結語

明清西學中源論的發展脈絡大致是如此的：面臨到第一次西學東漸，徐光啟是以提出西學中源論的雛型，繼而為熊明遇和方以智從「回溯歷史」和「探究學理」兩方面加以確立，形成其理論的基本架構。這個成果在清初曆學的辯論中得到進一步的精緻化，譬如揭宣提出「元氣漩渦理論」和王錫闡大力地攻擊西曆解釋系統混亂的缺點，都提供了中曆優於西曆的觀點，在天文算學的領域增強了西學中源論在學術意義上的合理性。相形之下，梅文鼎對西學中源論的主要貢獻，在補強和釐清西學中源論的歷史根據和曆法相關性。最終，原本侷限於少數曆算學者的學術討論，引起了康熙皇帝的注意，且將之運用於鞏固清廷統治的合法性。康熙接納西學中源論的過程，使其開始帶有官方意識型態的色彩，並且經過阮元等中央文臣著書向民間散播，以其頗為完備的論述說服大部分的清季士子，進一步促使西學中源論成為影響深遠的主流學說。直到自強運動以前，這個狀態都沒有太大的變化。

第二次西學東漸以降，西學中源論更是風行一時，但是主張者的論述卻呈現出差異。譬如在 1866 年的同文館招生爭議中，恭親王奕訢等人極力鼓吹西學中源論，用意是說服反對者接受「學習西法等同學習中法」和「西法是中法的深化」的前提，以順利推廣西學。張自牧的主張則與恭親王等人截然相反，他認為當務之急應是「正名」而後鑽研中學，而非提倡並學習西學。在恭親王汲汲於西學和張自牧對西學保守之間，薛福成則是早期到晚期有所轉變，同時對西學中源論展開修正，使之成為「西學東源論」。這三種西學中源論者的不同類型說明一個現象，因為說

服力的日益不足，所以西學中源論在自強運動時期遂著手重構和深化自身的理論基礎；而此時的西學中源論者在觀點上相當歧異與複雜，僅利用二分法簡單地將西學中源論者區分為學習西法與鑽研中法似也不適當。

另一方面，西學中源論亦影響著晚清士子處理自然知識的態度，劉嶽雲與王仁俊可為代表者。儘管同樣是西學中源論者，但是劉嶽雲與王仁俊對自然知識的認知呈現很大的紛歧。在處理自然知識的態度上，劉嶽雲是真正的西學中源論者，因為他認為以中學為基礎的自然知識能夠解釋自然秩序，西學新知只是深入補充中學的粗疏之處，故僅止於參考印證而已。然而因為考據和將中國傳統自然知識系統化的工作過於艱難，這種以比對中、西自然知識的作法成為西學中源論較為特別的類型。王仁俊呈現的自然知識則相對零散。他的做法是為求西學中源論成立而尋找古籍中的各類根據，這導致他的世界觀新舊概念交雜，兩次西學東漸的西學概念都同時存在於王仁俊的自然知識中。因此王仁俊撰寫《格致古微》的企圖極為明顯，目的在解決清末西學中源論根據不足的問題，至於該如何解釋當時的自然秩序則非其著書重點。這與西學中源論者的傳統典型相同。

第三章　明清學者對於西學中源論的質疑與批判

　　明末以降的西學東漸，除了導致西學中源論的產生，同時也催生出一些對於西學中源論的質疑與批判。本章試圖說明，明清以降的各種對於西學中源論的質疑，以及其轉變為反對西學中源論的過程，亦約略分為三個階段。首先，筆者察覺少數明清之際的中國士子似乎已然做出若干異於西學中源論的見解。其次，新教傳教士在自強運動以降大量地介紹西學，並且論及西學自身的源流，筆者希望藉由上述的著作瞭解新教傳教士反對西學中源論的原因與方法。最後，晚清士子在接觸到大量的西學新知後，似乎有從主張西學中源論轉變到反對西學中源論的現象。透過討論上述不同的論述，筆者試圖呈現明清對於西學中源論的質疑與反對西學中源論的論述存在著某種連續性。

第一節　明清之際士子對於西學中源論的質疑

　　西學中源論成為明清之際處理西學的主流思想，然而反對西學中源論的觀點似乎也同時存在。學者已然察覺到，不同背景的中、西士子都有著反對西學中源論的論述。譬如朱維錚在其主編的《利瑪竇中文著譯集・導言》注意到利瑪竇來華，恰逢王學解禁，是以他所傳播的歐洲學術被王學門人當成西海古聖發現的道理，並且得出「東海西海，心同理同」的想法，是不奇怪的。[1]雖然說西學東漸之初，王學門人持此一想法更像是異於西學中源論的觀點，而非反對西學中源論，但是進入乾嘉年間，部分曆算學者和考據學者似乎也作反對西學中源論的論調。江曉原在〈試論清代「西學中源」說〉一文指出江永、趙翼（1727-1814）兩人有著反對西學中源論的論點，[2]但是基於其文旨趣則未及處理。因此，本節試圖詢問反對西學中源論者的觀點為何？是否僅有「東海西海，心同理同」此一觀點，還是有其他論點？哪種人較可能提出這類思考？他們又是依據什麼而得出這種結論？為了釐清上述問題，筆者擬分析李之藻（1565-1630）、江永和趙翼，個別說明他們反對西學中源論的觀點，以及他們作如是想的思想來源。

---

[1]　參〔義〕利瑪竇著，朱維錚主編，《利瑪竇中文著譯集》，〈前言〉，頁16~18，特別是頁17。

[2]　江曉原，〈試論清代「西學中源」說〉前揭文，頁108。

一、王學影響所及——李之藻

李之藻[3]早年事蹟記載甚少，但是似乎認同於陸王學說。趙建海指出，明末正值王陽明心學大盛，是以從《渾蓋通憲圖說》和《圓容較義》等書都可察覺到李之藻受到陽明心學的影響。[4]那麼，王學對李之藻的影響為何？朱維錚在《利瑪竇中文著譯集・導言》如是說：

> 晚明王學宗派林立，競相標新立異，無疑與陳白沙到王陽明都宣揚學術貴「自得」是一脈相成的。……在經歷了嘉靖朝長達四十五年的君主獨裁製造的思想高壓的歲月之後，提倡學貴自得等於籲求學術獨立，要突破腐敗統治的思想牢籠。[5]

從上述論述來看，可以想見李之藻自 34 歲中進士後，應該是處於此一提倡「學貴自得」的思想環境中鑽研西學的。王學籲求學術獨立的訴求，有其明顯的表現形式。朱維錚指出：

> 按照邏輯，過度估計個人學說的獨創性，必定導致對於《孟子》所稱「人皆可以為堯舜」命題的再詮釋，如王陽明承

---

[3] 李之藻，字振之，號涼庵，仁和〔今浙江杭州〕人，34 歲中進士（1598），官至工部員外郎。萬曆四十一年（1613）李之藻轉任南京太僕少卿，推薦西方傳教士龐迪莪、龍華民、熊三拔、陽瑪諾等翻譯曆算書籍，以供修曆參考。譯有《渾蓋通憲圖說》、《圓容較義》、《同文算指》、《名理探》等書，並輯有《天學初函》（1628）。

[4] 參趙建海，〈李之藻和《渾蓋通憲圖說》-比較天文學的地平〉，《中國文化》，第二期，1995，頁 197~198。

[5] 見〔義〕利瑪竇著，朱維錚主編，前揭書，頁 17，。

認「塗之人皆可為禹」，同樣導致承認陸九淵關於古今中外都可出聖人的推論，即凡聖人都「同此心同此理」。[6]

心學學者過度強調「學貴自得」，所以導出一種古今中外的聖人心同理同的結論。他們的邏輯應該是，凡人透過自學沉思而掌握天理則亦可為堯舜，是以掌握天理者不限古今中外，聖人亦可存於遠古西方。這成為當時相當風行的學說，[7]恰巧李之藻的著作中就流露出此一觀點。譬如他在〈坤輿萬國全圖·李之藻序〉（1602）已然透露道：

> （坤輿萬國全圖）別有南北半球之圖，橫割赤道，蓋以極星所當為中，而以東西上下為邊，附刻左方，其式亦所創見。然考黃帝《素問》已有其義，……以天中為北，而以對之者為南，南北取諸天中，正取極星中天之義，昔儒以為最善言天。今觀此圖，意與暗契，東海西海，心同理同，於茲不信然乎！[8]

李之藻發現歐洲地圖的繪製方式，在基本概念上與中國傳統的想法是一致的。譬如將大地區分為南北兩邊，並以北極星為中心，這兩個基礎概念中、西皆然。李之藻早年稔熟中國地理和傳

---

[6] 見〔義〕利瑪竇著，朱維錚主編，前揭書，頁17。

[7] 朱維錚認為「利瑪竇入華，正逢王學解禁，正值『東海西海，心同理同』理論風行一時，因而他傳播的歐洲學說，被王學思潮最旺的南昌學者士人，當作來自西海古聖前修發現的新道理，是不奇怪的。」見〔義〕利瑪竇著，朱維錚主編，前揭書，頁17。

[8] 見〔義〕利瑪竇撰，朱維錚主編，前揭書，〈坤輿萬國全圖〉，〈李之藻序〉，頁180。

統製圖法，[9]見到利瑪竇便向他請教歐洲製圖學，並且協助他繪製〈坤輿萬國全圖〉（1602）。[10]這個經驗使李之藻從地理製圖的知識開始有了「東海西海，心同理同，於茲不信然乎！」的猜想。

　　過一年，李之藻對這個猜想似乎更加具信心。他透過〈天主實義重刻序〉（1603）展開更深入的論述，說：

> 嘗讀其書，往往不類近儒，而與上古《素問》、《周髀》、《考工》、《漆園》諸編，默相勘印，顧粹然不詭於正。至其檢身事心，嚴翼匪懈，則是所謂皋比而儒者，未知或先。而是東海西海，心同理同。所不同者，特言語文字之際。[11]

　　李之藻閱讀《天主實義》的感覺是特別的。這本書不同於當時普遍的著作，雖然寫作風格跟《素問》、《周髀》、《考工》和《莊子》等古籍相似，但是內容卻相當符合於儒學正道。觀察利瑪竇（即作者）的心性言行，嚴謹而不鬆懈，也許比中國士人更接近儒道。基於利瑪竇之為人與《天主實義》的因素，李之藻似乎更認同「東海西海，心同理同」的王學觀點，並認為中國與

---

[9]　根據引文，李之藻對中國地理和傳統製圖法應是來自《素問》一書。《素問》約成書於戰國，在時序上遠較〈坤輿萬國全圖〉（1602）早。《素問》關於分天的概念或可見此。「天之氣，經於心尾己分；蒼天之氣，經於危室柳鬼；素天之氣，經於亢氏昂畢；玄天之氣，經於張翼婁胃；所謂戊己分者，奎璧角軫，則天地之門戶也。」見〔唐〕王冰注，前揭書，〈五運行大論篇第六十七〉，卷19，頁501。

[10]　參趙建海，〈李之藻和《渾蓋通憲圖說》-比較天文學的地平〉，頁197、199。

[11]　見〔義〕利瑪竇撰，朱維錚主編，前揭書，〈天主實義重刻序〉，頁100。

歐洲若有不同，應該是在語言文字上的分別。但是儘管李之藻推崇利瑪竇與其書至斯，針對西書與中國典籍是否有淵源關係，他還是經過研究才敢肯定「東海西海，心同理同」觀點的真確性。他說：

> 彼其梯航琛贄，自古不與中國相通，初不聞有所謂羲、文、周、孔之教，故其為說，亦初不襲吾濂、洛、關、閩之解，而特於知天事天大旨，乃與經傳所紀，如券斯合。[12]

利瑪竇遠渡重洋至中國，其國家則向來沒有與中國交流過。是以他從未聽聞中國古聖先賢的道理，著書立論也不承襲宋學對於上古典籍的解釋。那麼，為何兩者闡述的道理會如此契合呢？李之藻歸因於，兩者在探索自然和依照自然秩序行事的方面上是相同的。因為中國與西方人同處於一個自然界，故即使相互不接觸，也能透過探究相同的自然現象，取得相同的自然知識，和該自然規律下的行事準則。這應該是李之藻於〈天主實義重刻序〉開頭處，即點出「蓋即知即事，事天事親同一事，而天，其事之大原也。」[13]的主因了。

整理出較為嚴謹也相對完整的論述後，李之藻試圖尋找更確實的例證來支持此一想法。終於，他在〈同文算指序〉（1613）找到數學知識作為例子。他說：

> 盈縮句股，開方測圜，舊法最難，新譯彌捷。夫西方遠人，安所窺龍馬龜疇之秘，隸首商高之業，而十九符其用。書

---

[12] 見〔義〕利瑪竇撰，朱維錚主編，前揭書，〈天主實義重刻序〉，頁100。

[13] 見〔義〕利瑪竇撰，朱維錚主編，前揭書，〈天主實義重刻序〉，頁99。

> 數共其宗，精之入委微，高之出意表，良亦心同理同，天
> 地自然之數同歟？[14]

　　測量三角形和圓形、設立方程式等數學原理，中國舊法處理
甚難，然而歐洲新法卻反而容易。這該如何解釋？難道西方人得
到上古聖賢亡佚的祕法嗎？遠在歐洲的西方人，如何能窺視和模
仿中國遠古聖賢的功業呢！然而他們的成果卻又幾乎與中國的
成果相符，又該如何解釋呢？李之藻認為，歐洲與中國的記錄和
計算方法有相同的來源，但是歐洲卻又比中國的更為精細且高
明，這可能是因為大自然的現象如此，歐洲與中國人觀察同樣的
現象，故得出類似的結果。

　　綜合上述，筆者認為，李之藻似乎不認同西學源自於中國，
反而改採時下流行的王學觀點，以「東海西海，心同理同」解釋
中國與歐洲互不交流，但是聖人之道相通的現象。「天地自然之
數同」則是導致兩方在「知天事天大旨」相若的關鍵原因。由於
李之藻陳述此一觀點與徐光啟建構西學中源論的原始雛型大抵
同時，[15]故可以得知西學東漸之初，中國傳統士子同時產生西學
中源論和「東海西海，心同理同」兩種面對西學的思考。西學中
源論並不是傳統士子最早產生，並且唯一的面對西學的思考方
式。

二、考據學者──江永和趙翼

　　江永和趙翼似乎是李之藻之後，再度抱持類似「東海西海，

---

[14]　見〔義〕利瑪竇撰，朱維錚主編，前揭書，〈同文算指序〉，頁 649~650。

[15]　參本文第二章第一節，頁 17、18。

心同理同」觀點的人。李之藻以降，儘管仍舊有若干士人注意到中、西學在本質上的不同，[16]但是西學中源論已然成為主流思想，[17]「東海西海，心同理同」觀點則反之沉寂下來。然而有趣的是，事隔百餘年，江永和趙翼主張類似於「東海西海，心同理同」觀點，並非繼承陸王學說的餘緒和李之藻的論述，而是源於考據學的功夫。

　　作為清初樸學大師，江永[18]精通經學、音韻學、小學等學問，並以考據見長，但卻是鑽研天文曆算使他主張類似於「東海西海，心同理同」的觀點。從《數學・翼梅序》（1740）中透露出江永早年學習天文曆算的過程：

---

[16]　顧炎武、薛鳳祚、王錫闡和梅文鼎（1642-1716，梅文鼎三弟）等四人都有中學和西學本不相同的論點，然而他們似乎並未就此一基礎作出「東海西海，心同理同」的論述。參〔清〕顧炎武撰，楊家駱主編，《日知錄集釋》（臺北：世界書局，1962），〈西域天文〉，卷二十九，頁 693；〔清〕薛鳳祚撰，《曆學會通》，〈古今曆法中西曆法參訂條議〉，〈紫炁〉，首卷，頁 13a（總頁 627）；王錫闡，《曉菴遺書》，〈雜著〉，〈附潘力田辛丑秝辨〉，頁 48b（總頁 615）；〔清〕梅文鼎撰，《中西經星同異考》（收錄於《中國科學技術典籍通彙・天文卷》，第六卷，鄭州：河南教育，1995，據《指海》本第三集影印），〈自序〉，頁 1b-2a。

[17]　參本文第二章第一節，頁 24、41~46。另參王揚宗，〈「西學中源」說在明清之際的由來及其演變〉，頁 45。

[18]　江永，字慎修，又字慎齋，婺源縣江灣村人。清朝著名的經學家、音韻學家和曆算學者，終生未踏仕途，蟄居鄉里執教與著述。江永治學以考據見長，開皖派經學研究的風氣，成為乾嘉考據學的開端。著作甚多，有《先秦諸子年譜》、《周禮疑義舉要》、《音學辨微》、《數學》等 39 種著作傳世。弟子亦眾，著名者有戴震、程瑤田、金榜，鄭牧、汪肇龍、方矩、汪梧鳳等。

少好天官家言，始讀《尚書》〈閏月〉、〈璿璣〉兩註，
即學布算。弱冠後，見〈黃石齋答袁坤儀書〉，始知地圓。
又得游子六《天經或問》，以詫為奇書。三十在金陵有俥
氏者，家有《崇禎曆書》，乞假一觀。永之歷〔曆〕學，
是年驟進。[19]

　　江永的學習過程是始於史書的「天官家言」，繼而擴及經學
和天文算學。他自述在 20 歲前，他喜讀天官之學，是以開始涉
獵經學，研讀艱澀的《尚書》中的〈閏月〉和〈璿璣〉兩篇，隨
後學習天文算學。20 歲以後，他接觸到若干中國士子論述西學的
著作，並訝異於許多西學知識，傳統天文算學未曾論及。30 歲那
一年，江永終於閱讀到歐洲傳教士修撰的《崇禎曆書》[20]，直接
接觸西學，因此他對天文算學的理解「是年驟進」。

　　由於《崇禎曆書》記錄了至少 25 位西方歷代天文學家的工
作，遠古如亞里斯多德（Aristotle, 384-322B.C.），近代如牛頓，
[21]故不難理解江永開始留意西學中源論的真確性問題。在《數
學・又序》之中江永透過一段論述透露出此一思慮：

　　顧嘗閱歷代史志，深知此事（修曆）之艱，四千年積智，

---

[19] 見〔清〕江永撰，《數學》（收錄於嚴一萍輯選，《百部叢書集成》，臺北：
　　藝文印書館印行，據守山閣叢書本影印），〈翼梅序〉，頁 1a。
[20] 《崇禎曆書》由徐光啟和李天經（1579-1659）先後主持修撰，期間招請鄧玉
　　函（Joannes Terrenz, 1576-1630），羅雅谷（Jacobus Rho, 1592-1638）），湯
　　若望（Adam Shall von Bell, 1591-1661）和龍華民（Niccolò Longobardo,
　　1559-1654）四位耶穌會士參與修曆工作。參江曉原、鈕衛星，《中國天學史》
　　（上海：上海人民出版社，2005），頁 294。
[21] 參江曉原、鈕衛星，前揭書，頁 295~302。特別是頁 300。

> 無踰郭若思，至今日而此學昌明，如日中天，崇關誰為開，
> 鳥道誰為開，則遠西諸家，其創始之勞，由不可忘者，或
> 亦平心之論也。[22]

他翻閱歷代史書，深知歷代天官修訂曆法遭遇的困難，最終在郭守敬（1231-1316）[23]的《授時曆》中集大成。然而問題是，為何時至清初曆學研究方才大盛，成為當時顯學，而非郭守敬之後即成為顯學？如果清初曆學大盛不是郭守敬的功勞，那又該歸因於誰人呢？江永在閱讀《崇禎曆書》後經過近 30 年的學習和思索，認為遠西歷代天文學家的創始功勞，不可抹滅。理由在於：

> 夫理有真亦有似，始其似是而未真，則與真者相提而論，
> 雖欲比而同之不可得矣。先生於郭法各添註求黃道，矢與
> 弦則註云，本法如此、原法如此。求內外半弧背及赤道則
> 註云原法如此。今省夫存其法而不論其法之是與非，豈不
> 欲苛求古人與原法所有，而今省豈微覺其法之未善與，愚
> 豈敢苛論古人哉？亦謂理數精微不能兩是，則寧割愛於古
> 人耳。[24]

中、西曆學的道理有相同的，也有相似的，也許乍看相同者，比對之後其實只是相似罷了。當數學家梅玨成（1681-1763）[25]

---

[22] 見〔清〕江永撰，前揭書，〈又序〉，頁 3~4。

[23] 郭守敬，字若思，今河北邢臺人，為元代的天文學家、水利學家和數學家。大半生從事水利工作和天文研究，製作多種觀天體用的儀器，包括簡儀、仰儀和圭表等。又協助改曆工作，修訂出當時極為精準的《授時曆》。

[24] 見〔清〕江永撰，前揭書，〈授時弧矢割圓論〉，頁 384~385。

[25] 梅玨成，字玉汝，號循齋，又號柳下居士。為名數學家梅文鼎之孫，本身亦

註解郭守敬《授時曆》中黃道的角度和圓弧時，註明郭守敬的原始算法和清初現行的算法，江永即覺不妥。原因在於，只註明郭守敬的原始算法和清初的現行算法而不評論其法的正確與缺陷，就會使人誤以為現行算法脫胎於郭守敬的原始算法。然而事實是，清初的現行算法有許多概念源於明末傳入的西方天文學，是以江永認為與其隱匿真相而將美名歸於古人，不如說明真實而繼續在時人打下的基礎上，鑽研探索理與數的奧秘。

筆者認為，正是江永閱讀《崇禎曆書》的經歷使他開始不再惑於中國士子討論西學的著作，直接從西人的敘述獲取西方天文學的沿革與流變。經過近 30 年的鑽研與蘊釀，江永始肯定地抱持「遠西諸家，其創始之勞，由不可忘」和「理數精微不能兩是，則寧割愛於古人」的想法。這類想法很接近李之藻的「東海西海，心同理同」觀點，只是李之藻挾帶著某種程度的猜測，江永則在數學與考據上掌握更多證據。

與江永不同，趙翼[26]以史學考據見長，故其主張類似於「東海西海，心同理同」的觀點是從自身經歷和考據史書立論。譬如他在《簷曝雜記·鐘表》（早於 1766A.D.）有一段關於西洋鐘錶的記載，說：

> 自鳴鐘、時辰表，皆來自西洋。鐘能按時自鳴，表則有針隨晷刻指十二時，皆絕技也。今欽天監中占星及定憲書，

善算學。著有《增刪算法統宗》傳世（1760）。

[26] 趙翼，字雲崧，號甌北，江蘇陽湖人，清朝文學家和史學家。1761 進士，曾任廣西鎮安知府、貴州貴西兵備道，後無意仕進，辭官歸里，主講安定書院，潛心讀書。趙翼長於史學，考據精賅，又善詩文。著有《陔餘叢考》、《甌北詩鈔》、《甌北詩話》、《簷曝雜記》、《廿二史劄記》等書傳世。

多用西洋人，蓋其推算比中國舊法較密云。洪荒以來，在璿璣，齊七政，幾經神聖，使洩天地之秘。西洋遠在十萬里外，乃其法更勝，可知天地之大，到處有開創之聖人，固不僅羲、軒、巢、燧已也。[27]

西洋人的時鐘手錶、占星制曆，皆具獨到之秘，推定時間較中國舊法精確縝密。中國上古幾經聖人開創，始知天地星辰的奧秘，找到天象的規律性而制訂曆法，但是西方在與中國距離極遠的狀況，仍然能修訂出遠勝中國的曆法，這個現象該作何解釋呢？趙翼認為事實應該是「天地之大，到處有開創之聖人」。雖然他沒有明說，但是此一結論卻直接挑戰了西學中源論的基本假設——「西方沒有開創聖人」。因此，趙翼似乎依據此點展開論證，質疑西學中源論的真確性。譬如他論及耶穌（ca.1A.D.-ca.33A.D.）說：

天主堂在宣武門內，欽天監正西洋人劉松齡、高慎思等所居也。堂之為屋圓而穹，如城門洞，而明爽異常。所供天主如美少年，名邪穌，彼中聖人也。[28]

趙翼記載到高慎思 （José de Espinha, 1722-1788）[29]和劉松

---

[27] 〔清〕趙翼撰，理解民點校，《簷曝雜記》（北京：中華書局，1997），卷二，〈鐘表〉，頁36。

[28] 見〔清〕趙翼撰，理解民點校，前揭書，卷二，〈西洋千里鏡及樂器〉，頁36。

[29] 高慎思，葡籍耶穌會士數學家和文學家，曾參與《皇輿全圖》的測量和繪製工作，官至欽天監監正。著有《1759-1760年遊記》傳世。

齡（Ferdinand Avgustin Haller Von Hallerstein, 1721-1774）[30]所居住的天主教堂中供奉著耶穌聖像。耶穌被傳教士視為天地間的主宰，是西方的聖人。這個乍看不經意的記載透露出趙翼發現西方聖人確實存在，雖然在概念上，身為天主的耶穌和中國聖人是不大一致的，耶穌本身也不涉及曆法創制，但是以創建基督教、宣揚教義，繼而構成整個基督教世界而言，趙翼以耶穌作為根據支持「中、西皆有聖人開創」的觀點是有其道理的。

　　然而趙翼發現的根據不止是耶穌，還有佛陀[31]。他在《陔餘叢考·佛》（1790）[32]說：

> 《列子·仲尼篇》曰，西方之人有聖者焉，則列禦寇在戰國時已知有佛也。《論衡》記周昭王二十四年甲寅歲四月八日，井泉溢宮殿，震夜恆星不見，太史蘇繇占西方聖人生，金履祥因之修入《通鑑》前編，則又西周時已十百方有聖人矣，故《隋書·經籍志》云，其書久以流布，遭秦

---

[30]　劉松齡，斯洛維尼亞的耶穌會傳教士和天文學家，曾任清朝欽天監監正三十年，官拜三品。他自 1739 年乾隆朝來華，至 1774 年逝於中國，在華期間，研究中國的天文地理，促進中、歐的認識與交流，頗有建樹。

[31]　佛陀即指釋迦牟尼，原名喬達摩·悉達多（Gotama Buddha），古印度釋迦族人，是佛教的創始人。釋迦牟尼為尊稱，意為釋迦族的聖人，其生卒年有 565B.C.-486B.C.、624B.C.-544B.C.、623B.C.-543B.C.，或是更早等說法，目前難以推斷。但是大抵在春秋中期以前，佛陀即已誕生。

[32]　《陔餘叢考》初刻於 1790 年，然而趙翼在 1773-1778 年即已完成《陔餘叢考》的初稿。參杜維運，《趙翼傳》（臺北：時報文化，1985），頁 122-1231，143-144。

湮沒。其說必有所據。[33]

經過考據，趙翼認為《列子‧仲尼篇》已有關於佛陀的記載，[34]換句話說，中國士子在戰國即知中土之外別有聖人。此外，王充（27A.D.-ca.97A.D.）[35]《論衡》亦記載周昭王朝太史蘇繇透過占卜知曉西方聖人降生。[36]綜合《列子》和《論衡》的記載，可知西周時中土之外不止一處有著聖人的紀錄，是以《隋書‧經籍志》論西方聖人之書早已在中土流佈，後遭秦火焚書而消失殆盡。[37]因此他認為此說必有根據，而非刻意捏造的論述。

由上述可知，趙翼考據耶穌、佛陀和其他西方聖人是有共通的目的性，即是佐證他的「天地之大，到處有開創之聖人」觀點。同時從時序來看他的考據工作也是合理的，起先在《簷曝雜記‧鐘表》認為「天地之大，到處有開創之聖人，固不僅羲、軒、巢、燧已也」，隨後在〈西洋千里鏡及樂器〉和《陔餘叢考‧佛》中以耶穌與佛陀兩例來支持先前的論點，遂使他的論證具有確實的

---

[33] 〔清〕趙翼撰，楊家駱主編，《陔餘叢考》（臺北：世界書局，1990），〈佛〉，頁 389。

[34] 「商太宰大駭曰：『然則孰者為聖？孔子動容有間，曰：『西方之人有聖者焉。』」見〔晉〕張湛撰，《列子注》（收錄於世界書局編輯部主編，《新編諸子集成（四）》，臺北：世界書局，1978）卷 4，〈仲尼篇四〉，頁 41。

[35] 王充，字仲任，會稽上虞人，是東漢著名的思想家。他是首位主張生物皆有種類的學者，並認為同種相似是通過著殖所產生的種子所致。著有《譏俗節義》、《政務》、《論衡》、《養性》等書。

[36] 《論衡》似無上述記載。

[37] 「推尋典籍，自漢已上，中國未傳。或云久以流布，遭秦之世，所以堙滅。」見〔唐〕魏徵撰，楊家駱主編，《隋書》（臺北：中華書局，1965），〈經籍四〉，卷三十五，〈佛經〉，頁 1096。

根據。雖然在途徑上，趙翼並不是依循著江永的路徑，從比較數學理論切入，而是由自身經驗與史籍考據為主，但是兩人皆透過考據功夫而得到類似論點，則是極其明顯的。相較於李之藻，江永和趙翼在論證上具有較多的證據，減少了臆測，但是相對可惜的是，他們並未繼續深究李之藻關於為何「天地自然之數同」的問題，是以並未對中、西部份學術何以殊途同歸做出更進一步的解釋。

綜合而論，筆者認為西學中源論並不是傳統士子最早產生，並且唯一的面對西學的思考方式。自李之藻在西學東漸之初採取「東海西海，心同理同」的觀點，解釋中國與歐洲文化互不交流，但是聖人之道相通的現象之時，明末傳統士子同時產生出西學中源論和「東海西海，心同理同」兩種面對西學的思考。李之藻會抱持這種觀點，源於當時王陽明心學大盛，學者普遍認同古今中外皆有聖人的想法，是以影響李之藻將開創西學的人亦視為聖人。然而不僅是王學門人得出此一結論，考據學家也得出類似論點。時至乾嘉考據學日盛，江永和趙翼分別從不同的考據途徑切入，得出類似於「東海西海，心同理同」的論點。他們以嚴謹的考據方法反覆比對曆法與史料而作出這個論述，顯示考據學者基於自身的學術訓練，可能嚴謹地檢視西學中源論的根據。

第二節　傳教士對於「西學源始」的介紹

五口通商之後，上海成為散播西學的重鎮，新教傳教士則成為這個時期反對西學中源論的另一股重要力量。據屈寶坤〈晚清社會對科學技術的幾點認識的演變〉一文指出，新教傳教士反對

西學中源論的主要方式是透過書籍和報章雜誌介紹西學源流。[38]
這種反對方式，筆者姑且稱之為介紹「西學源始」的過程，往往
伴隨著新教傳教士介紹科學知識的文章一併出現。一般而言，在
為清季士子介紹較為陌生的知識時，稍微介紹其源流自是無可厚
非，然而有趣的是，筆者注意到新教傳教士介紹「西學源始」本
身既是一項複雜的動作，同時更衍生出針對中國當時學術狀況的
批評。因此，本節欲處理的問題是，新教傳教士如何介紹「西學
源始」？如何透過這個動作挑戰西學中源論？此外，此時的新教
傳教士在反對方法上，與明末清初的西學中源論反對者有無關
聯？若無，他們的創新之處何在？為了釐清上述問題，筆者擬將
介紹「西學源始」這個動作細分為建構「自然哲學發展史」、「新
事物的認知史」，和「中學西源論」三類，藉以說明其中的複雜
性和衍生出來的批評。

一、自然哲學發展史

雖然據屈寶坤的研究得知，新教傳教士反對西學中源論的方
式是以介紹西學源流為主，但是為何採取此一方式？用意為何？
則更需深入的討論。筆者注意到，新教傳教士撰文介紹西學時除
了闡明主題本身以外，論述此一西學的源流也成為撰文的另一個
著重點，其用意已不再是為了補充說明主題，反而是有意識地建
立西學發展史，藉以突顯西學中源論在根據上的矛盾。從慕維廉

---

[38] 「新教傳教士在傳播西方科學文化的同時，堅決反對『西學中源論』。他們
反對『西學中源』的主要手段是介紹西學的源流。」見屈寶坤，前揭文，頁
216。

（William Muirhead, 1822-1900）[39]的〈格致新法總論〉（1877）一文，[40]即可明顯地觀察出這種建立西學發展史的用心，只是他僅在自然哲學的範疇中立論。譬如他論述道：

> 亞力斯度得〔亞里斯多德〕才高學博，權力超羣，行逕邇如縛人心曾經兩千年間……亞力生於周安王時，在希臘國。直至倍根時其權仍普行於人心，比皇帝統治人身則更有甚者。其才精微貫通，考究萬物，超軼尋常，著作富有，中論禽獸草木等事。[41]

在介紹《格致新法》（1877.4-1877.10）內容前，慕維廉先撰寫〈格致新法總論〉一文（1877.3）專門論述培根以前的西方自然哲學流變。亞里斯多德[42]生於東周安王時（401B.C-376B.C.）的希臘聯邦，他的才智精深淵博，鑽研各種事物，甚至窮究禽獸草木等自然事物，故使其學說成為西方近兩千年的自然哲學典範，[43]到培根的年代依舊如此。若對照亞里斯多德的年代，正值

---

[39] 慕維廉，英國倫敦會傳教士，1847 年受派來華，8 月抵達上海，以後主要在上海活動，與上海知識份子王韜、蔣敦復等人有廣泛接觸。1868 年《教會新報》創辦後，慕維廉為主要撰稿人之一。所撰中、英文著作甚多。中文著作以《地理全志》、《大英國志》最有名。1900 年在上海逝世。參熊月之，《西學東漸與晚清社會》，頁 185。

[40] 《格致新法》即為〔英〕法蘭西斯・培根（Francis Bacon, 1561-1626）撰寫的《新工具》（Novum Organum）（1620）。

[41] 慕維廉撰，〈格致新法總論〉（收錄於〔英〕傅蘭雅主編，《格致匯編》，第一冊，南京：南京古舊書店印製發行，1992，據格致書室再版本），頁 369。

[42] 亞力斯度得即亞里斯多德，慕維廉《格致新法總論》文中亦常簡稱其為亞力。

[43] 亞里斯多德對前蘇格拉底思想家和柏拉圖提出的以下主要問題作出博大精深的討論而形成他的自然哲學：基本質料的本性、認知本性的恰當方式、變

中國戰國中期，晚於孔子（原名孔丘，551B.C.-479B.C.），並約略與孟子（原名孟軻，372B.C.-289B.C.）同時。慕維廉將西方自然哲學的發展上溯至亞里斯多德，並且明確地提及他的生卒年和所在地，已然構成西學中源論在根據上的困難，即是：持與阮元類似見解，擱置和忽視古代西方學者的西學中源論者，[44] 必須正視亞里斯多德的存在。之後，他接著說明亞里斯多德學說的發展過程：

> 亞力格學始興於希臘，最為禮義之邦，後興於羅馬。有君吏眷顧繙譯他國方言……各國遠近士民咸服其訓而順其道，但人所徇意者亦有多方辯詰如人互相攻擊然，固天主教化王於宋時禁亞力格物性理，雖律例甚嚴亦不足以滅其權……此時迄至明，亞力權柄仍在。[45]

儘管慕維廉說得較為簡略，但是仍可看出其欲陳述亞里斯多

化和因果性問題、宇宙的基本結構、神的本性以及神與物質性實體的關係。參戴維・林德伯格（David C. Lindberg）著，王珺譯，《西方科學的起源》，頁 70~71。

[44] 阮元在撰寫《疇人傳》時，曾因為部分古代西方天文學家的事蹟過少且自相矛盾，懷疑這些人是否真實存在，進而擱置和忽視他們的存在。「歐羅巴人自明末入中國，嗣後源源而來，相繼不絕。利瑪竇、湯若望、南懷仁等，推步一事，頗能深究，亦當為之作傳。惟新法書所載未入中國之西洋人，有在秦漢以前者，而驗其時代，又往往前後矛盾，不可檢校。其人之有無，蓋未可知，及果有其人，所謂默冬、亞里大各之類，亦斷不可與商高、榮芳竝列。是編依放諸史傳外國之例，凡古今西人別為卷第，附於國朝人物之後。」詳〔清〕阮元撰，楊家駱主編，《疇人傳彙編》，〈疇人傳凡例〉，頁 4。另參本文，第二章第一節，頁 47~49。

[45] 慕維廉撰，前揭文，頁 369。

德學說伴隨著希臘學術東傳至阿拉伯，再傳回西歐的過程。亞里斯多德學說在希臘興起，羅馬征服希臘後，又為羅馬帝國所繼承。中世紀，希臘學術進入阿拉伯，在阿拔斯王朝的曼蘇爾統治下（al-Mansur, 754-775 在位）將希臘典籍翻譯成阿拉伯文，連帶使亞里斯多德的著作轉譯成阿拉伯文。[46]10-13 世紀西歐基於十字軍東征，獲取大量的阿拉伯典籍，繼而展開另一波翻譯運動，將阿拉伯文和希臘文獻轉譯為拉丁文，於是亞里斯多德的整個著作又重回歐洲，進入新興的大學體制中。[47]此時的亞里斯多德學說引起歐洲自然哲學家與神學家間的見解衝突，是以導致 1270 和 1277 年由巴黎主教丹皮爾（Etienne Tempier）主導的大譴責（*The Condemnations of 1270 and 1277*），但是儘管如此，仍無法阻止其學說在 100 年之後成為各種嚴肅學術研究的基礎。[48]因此，亞里斯多德學說遂成為歐洲的學術主流，直到明代。慕維廉此處的其中一個著重點是說明，亞里斯多德學說在經歷近兩千年的歷史，遭逢數次大規模的學術散播與翻譯運動，仍舊持續傳承沒有間斷。這個陳述使西方自然哲學自身的發展脈絡得以清楚地顯現出來。稍後，慕維廉接著敘述到亞里斯多德學說崩解的過程，他說：

> 如亞力與其生云，地球在宇宙之間。幸有丹國士哥伯尼格斯〔哥白尼〕，彼復興古時遺傳之道，乃謂地球於太陽周圍，運動於外，與行星之真法……天下士人唏噓浩嘆救離古昔黑暗不圍乎！其中聖教名士路提又從亞力之學，後則

---

[46]　參戴維・林德伯格，王珺譯，前揭書，頁 175~177。

[47]　參戴維・林德伯格，王珺譯，前揭書，頁 210~215，221~224。

[48]　參戴維・林德伯格，王珺譯，前揭書，頁 224~248。

視為虛浮而厭棄之……滅亞力之權夫留於倍根斷絕亞力
游惑之勢，終攻其學，試救人心脫離兩千年之役。[49]

　　在天文學史上，第一個反對亞里斯多德-托勒密體系地心說的
人即是生於明代中葉的哥白尼（Nicolaus　Copernicus,
1473-1543）。他受文藝復興時期的大學課程啟發，[50]進而撰寫
《天體運行論》（De Revolutionibus Orbium Coelestium, 1543）提
出著名的日心說，至此，亞里斯多德-托勒密體系的地心說才受到
嚴重的挑戰。[51]隨後，馬丁路德（Martin Luther，1483-1546）亦
於求學時期學習它，但卻因宗教改革運動中捨棄它。然而，必須
等到培根撰寫《新工具》才得以動搖亞里斯多德自然哲學的方法
論基礎。最後，慕維廉開始介紹培根其人，作為〈格致新法總論〉
的終結，他說：

倍根生於明嘉靖四十一年，少時入學不喜諸學淺雜之式與
諸工藝若不相連，……建立一學惟徇乎理性與人常有之思
慮而阻凡有猜度假冒之事焉，於此倍根著《格學新
法》。……西國生才林立如眾星然，其士皆仰望倍根若北

---

[49]　慕維廉撰，前揭文，頁 369。

[50]　此時大學的自然哲學課程主要是以托馬斯·阿奎納（Saint Thomas Aquinas,
　　　1225-1274）詮釋的亞里斯多德自然哲為中世紀經院哲學的中心學說。

[51]　哥伯尼格斯即哥白尼，為著名的天文學家和基督教士。1513 年哥白尼開始其
　　　天文觀測，數年後完成《天體運行論》草稿，提出日心說的主張，反對傳統
　　　的地心說，然而預見到可能面臨的壓力，他在瀕死前才出版《天體運行論》。
　　　里查德·奧爾森（Olson, R.）主編，劉文成等譯，《科學家傳記百科全書》
　　　（北京：華夏出版社，2002），〈哥白尼〉，頁 367~369。

辰然。[52]

　　培根[53]在求學時學習亞里斯多德學說，但卻厭惡其無法產生結果，蛻變為脫離現實經驗的哲學思辯。因此他試圖建立一種新的實驗哲學，取代亞里斯多德自然哲學的方法論，並於 1620 年將其寫入《新工具》中。透過這本著作的傳播，培根的實驗哲學成為當時改革自然哲學的指導方針，強烈地影響後世學者，進而動搖亞里斯多德學說的基礎，使培根成為當時自然哲學的新典範。

　　慕維廉的論述清楚地闡述西方自然哲學，從亞里斯多德到法蘭西斯・培根的源流，建構出西方自然哲學的獨立發展史，凸顯出西學中源論存在著矛盾。[54]上述論述顯示自亞里斯多德以降，西方的自然哲學沒有跟中學產生任何交流，故沒有任何堅實的根據證明西學中源論在此時發生。但是儘管如此，慕維廉的論述仍然有不足之處，即是他並未交代西方自然哲學在亞里斯多德以前的發展歷史，以致於無法否定西學中源論在更早期發生的可能性。由於亞里斯多德約略與孟子同時，故西學中源論者雖然被迫

---

[52]　慕維廉撰，前揭文，頁 370。

[53]　倍根即法蘭西斯・培根是英國哲學家和科學家，為近代實驗哲學的創建者。1573 年他就讀於劍橋三一學院，學習到亞里斯多德哲學，但是發覺其哲學和邏輯方法枯燥乏味且流於憑空想像，故他試圖建立一套著重事實經驗的實驗哲學，以修正亞里斯多德哲學的缺失。參里查德・奧爾森（Olson, R.）主編，劉文成等譯，《科學家傳記百科全書》，〈培根・弗蘭西斯〉，頁 856~857。

[54]　值得一提的是，1878 年 8 月 25 日，慕維廉另外撰寫〈培根《格致新法》〉一文投書《萬國公報》，亦論述到類似歷史源流。參慕維廉撰，〈培根《格致新法》〉（收錄於錢鍾書主編，《萬國公報文選》，香港：三聯書店，1998），頁 462~463，466~467。

正視亞里斯多德的存在，但是在時序上，卻無法否定義和後裔、后稷和幽厲之時曆學西傳（878B.C.-771B.C）等事件沒有影響較亞里斯多德更早的西方學者。[55]因此可以這麼說，慕維廉撰寫〈格致新法總論〉是有建構西方自然哲學發展史，突顯西學中源論在根據上具有矛盾的用意，只可惜留有部分空缺，未能根本動搖西學中源論。

然而這個空缺，稍晚即為李提摩太（Timothy Richard, 1845 -1919）[56]和李佳白（Gilbert Reid, 1857-1927）[57]等人注意和補充。李提摩太在 1895 年 3 月以〈《泰西新史攬要》譯本序〉[58]一文投書於萬國公報，便補充了慕維廉遺留的空缺，形成對西學中源論更強烈的質疑。他說：

> 當中華戰國之際，希臘國人勤學好問，美譽四馳。有所謂

---

[55] 參本文第二章第一節，頁 20、36~37。

[56] 李提摩太，英國浸信會傳教士，於 1870 年 2 月日抵達上海，隨後去山東煙臺、青州和山西賑災與傳教。1890 年他成為《時報》主筆，進而成為上海廣學會（前同文書會）的總幹事，長達 25 年。1902 年他開辦山西大學堂，1919 年逝世於英國。編譯有《泰西新史攬要》、《百年一覺》、《新政策》等書傳世。

[57] 李佳白，美國長老會來華傳教士，1882 年首次來華在山東傳教。1894 年二度來華，創辦尚賢堂。尚賢堂遷上海後，又組織過中外商務聯合會、中外教務聯合會。義和團運動時任英軍翻譯。1921 年三度來華後在京主編《國際公報》，於 1927 年卒於上海。

[58] 李提摩太撰寫的〈《泰西新史攬要》譯本序〉有兩個不同的版本。筆者採用的版本，收錄於收錄於錢鍾書主編，《萬國公報文選》（香港：三聯書店，1998）一書，另一個版本則收錄於〔英〕麥肯齊撰，《泰西新史攬要》（上海：上海書店出版社，2002）。

　　埃及之學者，蓋受諸斐洲埃及國者也。有所謂巴比倫之學者，蓋受自亞洲巴比倫者也。埃及與巴比倫人之學問，最盛於中國夏商周之世，而希臘竟遠紹其薪傳，且從而闡發之，增益之。是以歐洲諸國皆奉之為師表，而其流風餘韻更遠被於亞、斐二洲。綿延數百年，相承不墜。[59]

　　他試圖說明，亞里斯多德置身的希臘國並不是西方學術的開端，其開端應回溯至埃及與巴比倫學者。埃及和巴比倫是兩個上古的文明帝國，於中國夏商之時（ca.2100-1100B.C.）各自達到國力與文化的巔峰，[60]故透過商業交流將其文明帶到周遭的地區，希臘長期與這兩個古帝國交流，受其文化影響，故繼埃及與巴比倫帝國衰敗後崛起。然而希臘並非單純繼承兩國的文化，其學者更站在既有的基礎上持續地探索和擴充各種知識，使之精練和系統化，是以歐洲各國皆將自己的文化根源回溯至希臘，希臘文化的影響力也不止於歐洲一地，更擴及亞、非兩地。顯而易見的，李提摩太補充了慕維廉〈格致新法總論〉空缺的片段，闡述出希臘城邦時代以前的學術發展史，將西學發展更提早到埃及與巴比倫等古文明帝國。此一補充意味著九黎以降的戰亂固然使中原的

[59] 見李提摩太撰，〈《泰西新史覽要》譯本序〉（收錄於錢鍾書主編，《萬國公報文選》，香港：三聯書店，1998），頁 562。

[60] 古埃及人在 6000B.C.即在尼羅河流域活動，並且在 3100B.C.已形成統一的王國。進入新帝國時期（New Empire, 1570-332B.C）埃及人達到國力與文化的巔峰（尤其是 1567-1085B.C.），然而在 332B.C.遭亞歷山大大帝所征服而滅亡。巴比倫帝國則是閃族人種阿摩瑞提人（the Amorites）建立的帝國，建立於約 3000B.C.時，在名王漢摩拉比（Hammurabi, 1792-1750B.C.在位）統治下達到國力與文化的巔峰，但在約 1550B.C.時被來自東北的游牧民族滅亡。參王曾才，《世界通史》（臺北：三民書局，1996），頁 29~32，36，52~53。

天官疇人離散，並且部分西徙，但是透過李提摩太對西學發展史的論述顯示，西徙的天官後裔是否影響到西方學術發展過程則不無疑問。

　　無獨有偶，李佳白也提到類似說法，他在 1897 年 6 月的〈中國宜廣新學以輔舊學說〉一文如是說：

> 考歐洲格致技藝，導源於希臘，遞盛於羅馬，而實託始於古埃及。蓋古世之歐羅巴州，獉狉未變，亞細亞洲人抵希臘，教以人事，昏蒙猶未盡洗。商之世，灑哥洛從埃及來，建國於雅典，教民禮義文字，是為歐洲人文學之祖。[61]

　　考察歐洲自然哲學的源頭雖然說是希臘，實際上卻必須上溯至古埃及。希臘地區在新石器時代即有人類在此活動，後來印歐語系的希臘人自巴爾幹半島北部進入希臘，便成為當地的主要部落。[62]灑哥洛這裡應該是指凱克洛普斯（Cecrops），雅典的首任國王。[63]同樣地，李佳白將希臘的學術源頭指向古埃及，由凱克洛普斯自埃及傳進希臘一地。此一論述也有力地凸顯出西學中源論在根據上的問題。

---

[61] 見李佳白撰，〈中國宜廣新學以輔舊學說〉（收錄於錢鐘書主編，《萬國公報文選》，香港：三聯書店，1998），頁 583。

[62] 參王曾才，前揭書，頁 86。

[63] 灑哥洛即凱克洛普斯，傳說中古希臘阿提卡（Attica）的第一個國王，雅典的建立者。據說他制訂有關婚姻和財產的法律，和新的禮拜儀式。不殺生的祭獻、掩埋死者、發明書寫均是由他引進的。

二、新事物的認知史

　　建構新事物的認知史是新教傳教士另一個特別的介紹西學源始的方法，筆者認為這種作法點出西學中源論的一個盲點：「若是西方人發現的新事物是中學從未提及的，西學中源論如何成立？」一個極好的例子是 1892 年春季在《格致匯編》刊出，由歐禮斐（C. H. Oliver, 1857-?）[64]撰寫的〈人與微生物爭戰論〉。這篇將近 16 頁的長文清楚地介紹西方學者如何發現各種微生物和其相關現象，同樣地，追溯微生物學史的源流仍然是撰文的重心之一。在文章的開始，歐禮斐如是說：

> 腐敗之流質如牛肉湯等置露天中，曬一二日後以顯微鏡看之，見內有無數生物氣腐而臭，略兩百年前已有顯微鏡。路溫和克查得其事，所用顯微鏡為自造者，欲將所查之微生物分期種類。[65]

　　西方人發現微生物的歷史，必須回溯至雷文霍克（Antoni van Leeuwenhock, 1635-1723）[66]使用顯微鏡和試圖分類他所發現的微

---

[64] 歐禮斐，愛爾蘭人，1879 年進中國海關，任同文館英文教習，1895 年繼丁韙良為同文館總教習，改授物理。1902 年他回到海關，歷任寧波、南京、蘇州、牛莊、奉天等地的副稅務司和稅務司，一度為北京總稅務司署管理漢文案稅務司。

[65] 見〔英〕歐禮斐撰，〈人與微生物爭戰論〉（收錄於〔英〕傅蘭雅主編，《格致匯編》，第六冊，南京：南京古舊書店印製發行，1992，據格致書室再版本），頁 61。

[66] 路溫和克即雷文霍克，荷蘭科學家。他在中年以顯微鏡展開科學研究，其研究描述紅血球、真核微生物和其他細菌的構造，並且研究血液循環與肌肉結構，為動物生理學提供基礎。1680 年當選為倫敦皇家學會成員，並持續研究

生物作為開始。這個時間約在 1670 年代（清康熙九年左右）即
已展開。接著他說：

> 惟前人尚未思及此各微生物由何而來？英人名尼德哈末
> 者疑各微生物必為自生者，並查得其自生之據法，將牛肉
> 湯沸之盛玻璃瓶內密塞之，不久則腐而臭，內即有微生
> 物。此微生物何由來耶？蓋牛肉湯加熱令沸，生物必死，
> 瓶既塞密則空氣內之微生物不能透入延生，故知其必為自
> 生者也。[67]

　　在思考微生物來源的問題上，尼達姆（John Turberville
Needham, 1713-1781）[68]透過一個簡單的實驗為這個問題提供初
步的基礎。他將煮沸過肉汁裝在玻璃瓶中後以蓋子塞住瓶口，肉
汁經過一段時間仍然開始腐敗。基於這個實驗結果，他主張自然
發生說，因為煮沸的肉汁不可能含有微生物，裝進玻璃瓶後蓋住
瓶口也阻絕外面空氣中的微生物接觸煮沸過的肉汁，是以煮沸過
的肉汁是被在肉汁中自然發生的微生物所腐化的。

　　乍看之下，尼達姆的見解是完美的，但是這個實驗過程卻有
缺失：肉汁注入玻璃瓶後，蓋上瓶蓋前，瓶外的空氣與瓶內空氣

　　生涯至 90 歲去世。參里查德・奧爾森（Olson, R.）主編，劉文成等譯，前揭
　　書，〈列文虎克〉，頁 704~705。

[67] 見〔英〕歐禮斐撰，前揭文，頁 62。

[68] 尼德哈末即尼達姆，為英國博物學家，首位成為倫敦皇家學會會員（1768）
　　的天主教教士，曾任布魯塞爾帝國學院院長。他是自然發生學說與活力論的
　　堅定擁護者，最初從閱讀關於「微動物」的文章後引發他對自然科學的興趣，
　　並且開始他漫長的研究旅程，力圖為該學說提供科學論證，1750 年發表過闡
　　述自然發生學的論文。

在短時間是相通的。因此歐禮斐繼續陳述說：

> 後有人名司怕蘭尼者另設一法將肉湯盛於瓶內，吹火封密
> 而后加熱令沸至一點鐘為限，則無論存若干時總不見有微
> 生物。後查得肉湯存瓶熱而沸之，瓶口緊塞棉花，空氣雖
> 通而微生物能為棉花隔濾不得進瓶，則肉湯亦久存不壞，
> 不獨數月，即歷數年亦不妨。[69]

後來斯帕蘭札尼（Lazzaro Spallanzari, 1729-1799）[70]另外做
了類似的實驗，只是先將肉汁灌入玻璃瓶內後以蓋子密封，隨即
加熱使肉汁在瓶內沸騰。這樣一來避免了尼達姆實驗的缺失，肉
汁也成功地在密閉地玻璃瓶內長久保存。接著歐禮斐做出一個小
結，他說：

> 從上各說可見，四十餘年前格致家所攷之流質腐臭或發酵
> 是全賴空氣內所浮微生物體，此後格致家用法查得各種瘟
> 疫病症為何種微生物所成，欲將微生物分出，用顯微鏡查
> 辨之而多年未成其事。至法人巴斯特攷得發酵根源則格致
> 家之昏暗又增一光，而其混沌內一稍得其條理。由此時至
> 今愈加攷究，愈有可知之新事，亦愈知其事之界限大至無

---

[69] 見〔英〕歐禮斐撰，前揭文，頁 62。

[70] 司怕蘭尼即斯帕蘭札尼，義大利生理學家，在微生物及感覺、消化、呼吸、
　　繁殖等研究方面有重要貢獻。他反對布豐（Georges Buffon）及尼達姆提出
　　的「活力原子」理論而支持列文虎克「微生物」的觀點，並做出實驗證明在
　　密封瓶內煮沸的肉汁不能孳生微生物。其後他更將心力轉移到生理和力學研
　　究。

極矣。[71]

西方學者所提出關於流質敗壞的各種假設，都認為是空氣中的微生物所致，然而他們將微生物從物質分離出來並以顯微鏡觀察微的工作卻是失敗的。直到法國人巴斯德（Louis Pasteur, 1822-1895）[72]成功地發現物質發酵的原因（1857），這個問題才獲得解決，並且促使日後西方學者在微生物學上獲取越來越多的新知。

從上述歐禮斐的論述來看，他試圖建構出在巴斯德以前，西方學者探索微生物的源流。光是這個小結已然形成對於西學中源論的質疑，即是：中學沒有等同於西學中微生物的概念，是以若中學本身既無這類相關知識，如何傳到西方並促使其學者將之發揚光大？然而歐禮斐基於其文旨趣，並未在這個問題上打轉。他持續地介紹巴斯德其人，和西方微生物學日後的發展。

首先，他介紹巴斯德其人。他說：

> 攷巴斯特者，法國東鄙土侖人也，生於西（元）一千八百二十二年十二月二十二日。幼嗜化學攷究顆粒，學時知凡同料顆粒結成之式合法者多，間有不合法者，必有其故，人應察其所以然。雖此學無大趣益，然攷究時以為必與發

---

[71] 見〔英〕歐禮斐撰，前揭文，頁62。

[72] 巴斯特即巴斯德，法國微生物和醫學家。早年研究晶體學，取得分子不對稱性的原創成果。日後他轉而研究發酵與腐爛現象，成功地在啤酒變質和蠶蛹硬化中發現微生物的作用，奠定近代微生物學的基礎。稍後，巴斯德開始以霍亂、炭疽菌和狂犬病為對象研究傳染病，確立了免疫的有效性。1895年死於腎病。

酵之事有相關處，因盡心詳攷發酵之理。[73]

巴斯德自幼喜好研究顆粒，是以在求學期間鑽研晶體學（crystallography），並且發現了分子的不對稱性。在這個研究基礎上，巴斯德認為發酵現象必然與之相關，故轉而開始進行有關發酵的研究。雖然這裡歐禮斐並未仔細地介紹巴斯德的生平，但是綜合筆者前一段的引文，歐禮斐已然提供了巴斯德的確切生年和其主要貢獻，為清季士子提供一個關於西方微生物學的確切人物與事蹟。

除此之外，歐禮斐亦開始敘述西方微生物學日後的發展。他說：

> 前有格致家兩人，一名思文，一名拉土耳，用顯微鏡查得麥酒之發酵因有無數微生物滋蔓其中，其形圓如球，以發芽法傳種，是查知發酵傳種者自此二人始然。[74]

拉圖爾（Cagniard Latour, 1777-1859）[75]與施萬（Theodor Schwann, 1810-1882）[76]是首兩位發現酵母菌可自行繁衍的西方

---

[73] 見〔英〕歐禮斐撰，前揭文，頁62。

[74] 見〔英〕歐禮斐撰，前揭文，頁63。

[75] 拉土耳即拉圖爾，法國生物學家。他透過顯微鏡研究酵母的粒子結構，觀察到酵母的球型外表和發芽過程，是以認為酵母是有機的。此外，他也得到不同的酵母可生產不同種類的酒精成份的研究成果，為巴斯德的細菌理論提供部份基礎。

[76] 思文即施萬，德國生理學家，明確提出細胞為動物結構的基本單位，從而創立了現代組織學。他早年分離出胃蛋白酶，也透過觀察酵母孢子的形成，得到糖和澱粉的發酵都是生命過程結果的結論。他將施萊登（Matthias Schleiden）的植物細胞理論擴展到動物體中，又研究肌肉收縮和神經結構等

學者。他們分別在 1836 和 1837 年間指出酵母菌是啤酒發酵的因子，[77]酵母菌外表類似圓球，以發芽法[78]繁殖。乍看之下，拉圖爾和施萬的研究成果是早於巴斯德的，但是他們的研究重心卻是細菌的繁衍方式，與巴斯德著重在細菌的作用現象有所不同，而這項研究也為日後的胚胎學、遺傳學和進化論提供了基礎知識。[79]

另一個伴隨西方微生物學而來的成果是醫學上的發展。歐禮斐在此處介紹到科赫（Robert Koch, 1843-1910）[80]發現結核桿菌（tuberculosis）的事蹟。他說：

> 前有醫者孜之患肺癆者，由肺吐出之質種於禽獸體內亦生此病。迨一千八百八十三年告格查得此病根源亦為微生物，……名曰土巴苦里尼，雖尚未全得其法，然查此料之法甚有趣益，將來由此更能生出有益於醫學之理法也。[81]

19 世紀西方學者已然認識到是某種有機體導致肺結核病

現象。這些研究使他觀察到從卵為一個細胞，最後發育成為完整的肌體，進而提出胚胎學的基本原理。

[77] 參〔法〕讓・泰奧多里德著，卞曉平等譯，《生物學史》（北京：商務印書館，2000），頁 117。

[78] 發芽法即出芽生殖（budding），參〔美〕Neil A. Campbell 原著，李家維等編譯，《生物學》（臺北：偉明，1999），頁 600~601。

[79] 參〔法〕讓・泰奧多里德著，卞曉平等譯，前揭書，頁 92。

[80] 告格即科赫，亦譯為柯霍，德國細菌學和醫學家。他從研究患有炭疽熱動物血液中的細菌得到細菌致病的結果。之後他透過微生物染色法與培養細菌法確定肺結核的起因是結核桿菌，1905 年獲得諾貝爾醫學獎，1910 年死於心臟病。

[81] 見〔英〕歐禮斐撰，前揭文，頁 71。

症，但是卻苦無分離特定有機物之道，科赫的研究（1883）正好是提供此一分離之道，並且確定結核桿菌與肺結核的關係。[82]這個發現使得微生物學與醫學結合，為醫學提供更多思考的方向和治療之道。

歐禮斐的介紹少為清季士人知曉，甚至連在西人中也尚未普及。[83]從劉嶽雲與王仁俊並未處理微生物的情況來看，清季士子對歐禮斐介紹的微生物幾無所知應是無疑的，[84]因此這直接構成了前述的問題：「若是西方人發現的新事物是中學從未提及的，西學中源論如何成立？」此外，微生物的認知史更挑戰中國傳統自然知識中一貫的自然發生說。[85]由於此問題更為複雜，筆者擬於第四章一併處理，在此不贅。

三、艾約瑟──「中學西源論者」

除了上述兩種類型的方式外，新教傳教士還有一種更針對西學中源論而來的方式，筆者無以名之，暫稱以「中學西源論」，代表人物是艾約瑟（Joseph Edkins，1823-1905）[86]。

[82] 參里查德・奧爾森（Olson, R.）主編，劉文成等譯，前揭書，〈科赫〉，頁578~579。

[83] 「是晚往聽知西人為之滿座，禮敦根醫士對眾講誦，無不鼓掌讚嘆。另備顯微鏡數具以便眾人親觀其各微生物之形。本館以此新學尚無譯有成書，故急譯刊之以供同好。」見〔英〕歐禮斐撰，前揭文，頁76。

[84] 關於這一點，可參考本文第二章第三節。

[85] 中國的自然知識中，各種物質是直接由氣質化生而成，這意味中國傳統的自然知識中沒有無機物與有機物的分別。參本文第四章第三節，頁219~221。

[86] 艾約瑟，英國傳教士，對中國的西學東漸有重要的貢獻。1843年在上海和麥都思、美魏茶、慕維廉等英國倫敦會傳教士創建墨海書館，展開其漫長的譯

艾約瑟並不是開始就是個中學西源論者，只是他在早期即已展現出強烈的反對西學中源論的態度。譬如 1857 年他曾撰寫〈希臘為西國文學之祖〉一文，企圖說明西方的文學傳統始於荷馬（Homer, ca 830B.C.- ??）[87]。此處的關鍵是，如果證明希臘是西方各國文學之祖，荷馬又是希臘詩人（韻文）之祖，西學中源論在文學上就可能無法成立。因此他說：

> 今之泰西各國，天人理數，文學彬彬，其始皆祖於希臘。……初希臘人作詩歌以敘史事，和馬、海修達兩人創為之……和馬所作史詩，傳者二種，一以利亞，凡二十四卷，記希臘列邦攻破特羅呀事；一阿陀塞亞，亦二十四卷，記阿陀蘇自海洋歸國事，此二書皆每句十字、無均〔韻〕，以字音短長相間為步，五步成句，猶中國之論平仄也。和馬遂為希臘詩人之祖。[88]

書生涯。1860 年代艾約瑟在天津和北京兩地傳教，1872 年他在北京主編《中國見聞錄》，1905 年逝世於上海。譯有、《光學圖說》、《格致新學提綱》、《西國天學源流》、《談天》、《代數學》、《奈瑞數理》、《重學》、《植物學》等書。本身另著有《中國的宗教》、《訪問蘇州太平軍》等書和《詩人李太白》等論文。

[87] 和馬即荷馬，生於小亞細亞西部沿海，相傳為古希臘的遊吟詩人。荷馬為私生子，早年流浪在外，後獲旁人收為義子，並以女妻之，故專心寫作《依里亞德》，後徙巧斯島，再完成《奧德塞》。晚年失明，以賣唱維生，死於愛琴海的約斯島。著有史詩《伊利亞特》和《奧德賽》傳世。值得一提的是，現代史家仍舊無法確切地考訂出荷馬的生卒年和出生地。參羅漁，《西洋上古史》（臺北：中國文化大學出版部，1998），頁 317~318。

[88] 見艾約瑟撰，〈希臘為西國文學之祖〉，收錄於《六合叢談》復刻版，1 卷 1 號，1857 年 1 月 26 日，據咸豐江蘇松江上海墨海書館本影印，頁 4b-5a。（轉引於沈國威，《「六合叢談」(1857-58) の學際的研究──付・語彙索引

古希臘是西方各國文化上的源頭，文學傳統亦然，始於荷馬和赫西俄德（Hesiod, ca 750B.C-??）[89]。荷馬著有兩部偉大的史詩傳世，一個是《伊里亞德》（Iliad），記載古城特洛伊（Troy）的戰史，另一個是《奧德賽》（Odyssey），記載奧德賽的海上冒險和歸鄉的故事。這兩部史詩以詩體敘事，與中國韻文有些類似，荷馬亦因此成為希臘詩人之祖。艾約瑟說明希臘詩人的傳統自荷馬始，但是倘若荷馬的年代相當晚，仍不能否定西學中源論存在的可能性，是以他繼續處理荷馬的年代問題。他說：

> 希臘詩人和馬者，耶穌降生前九百餘年，中國周孝王時人也。作詩以揚屬戰功，為希臘詩人之祖。時僅口授轉相傳唱而已，雅典王比西達多時，當周景王五年，校定成書，編錄行世。……海修達與之同時，所歌詠者，農田及鬼神之事。[90]

荷馬約生於西元前 9 世紀，當值周孝王朝（892B.C.-886B.C.），為希臘詩人始祖。他的史詩作品在早期僅經由吟游詩人傳唱，西元前 540 年，當值周景王五年，被當時人編定成書以傳世。艾約瑟清楚地交代了荷馬的生卒年，[91]這個時間點雖然晚

/影印本文》，東京：白帝社，1999，〈影印本文〉，頁 524~525。）

[89] 海修達即赫西俄德，為荷馬之後希臘著名的詩人，他出生於希臘中部的農民家庭，著有長詩《工作與時日》和《神譜》聞名於後世。

[90] 見艾約瑟撰，〈希臘詩人署說〉，收錄於《六合叢談》復刻版，1 卷 3 號，1857 年 3 月 26 日，據咸豐江蘇松江上海墨海書館本影印，頁 3a。（轉引於沈國威，《「六合叢談」（1857-58）の學際的研究──付・語彙索引/影印本文》，東京：白帝社，1999，〈影印本文〉，頁 556。）

[91] 稍晚，艾約瑟似乎修正自己先前對荷馬的敘述，描述學界對荷馬生平的爭

於夏商喪亂時羲和後裔，和夏衰時后稷的西徙，但是卻約略與幽屬之時曆學西傳（878B.C.-771B.C）的開端同時，足以在西學中源論關於文學傳統同源的問題上提出部分否證。同時，艾約瑟也將西方自然哲學的傳統追溯至柏拉圖（Plato, 427 B.C.-347B.C.）[92]，說到往後鑽研自然哲學的學者，多以柏拉圖為宗。[93]由於西方自然哲學溯源的部分前已述及，此處不贅。

然而時至 1891 年，艾約瑟似乎意識到自己溫和地介紹西學源流作用不大，是以一改他以往論述西學時僅註以中國年代的方式，轉而論述中國典籍，另以西方風俗史事補充說明。譬如他在

論，使之更為客觀。儘管如此，艾約瑟並未因此肯定任何一種見解，也未否定他先前的說法。「和馬者，不知何許人也，或曰耶穌前壹千一百八十四年，當中國殷王帝乙時人，或曰六百八十四年周莊王時人，生於小亞細亞，為希臘境內以阿尼種類。此種類人自希臘來，過群島海而居焉，其地有七城爭傳為和馬生地。」見艾約瑟撰，〈希臘詩人畧說〉，收錄於《六合叢談》復刻版，1 卷 12 號，1857 年 12 月 16 日，據咸豐江蘇松江上海墨海書館本影印，頁 3a-3b。（轉引於沈國威，《「六合叢談」（1857-58）の學際的研究──付・語彙索引/影印本文》，東京：白帝社，1999，〈影印本文〉，頁 698~699。）

[92] 百拉多即柏拉圖，為著名的古希臘哲學家。他撰寫許多哲學的對話錄，並且在雅典創辦知名的「學院」。柏拉圖是蘇格拉底的學生，也是亞裡斯多德的老師，他們三人被廣泛認為是西方哲學的奠基者。

[93] 「百拉多者，希臘國雅典人也。耶穌前四百三十一年生，少時頗喜吟詠，稍長乃究性理之學。年二十，師事娑格拉底斯，後自成性理一大家……教書著書終老，年八十一卒。至今百拉多遺書具在……今繕作臘頂、法蘭西、日耳曼、以大利、大英等國方言。後之談性理者，多已是為宗，流風遺韻，至今猶未墜於地云。」見艾約瑟撰，〈希臘詩人畧說〉，收錄於《六合叢談》復刻版，1 卷 11 號，1857 年 11 月 16 日，據咸豐江蘇松江上海墨海書館本影印，頁 3b-4b。（轉引於沈國威，《「六合叢談」（1857-58）の學際的研究──付・語彙索引/影印本文》，東京：白帝社，1999〈影印本文〉，頁 682~683。）

〈論《列子‧湯問》篇意多出於波斯印度〉說道：

> 蓋波斯、印度之風俗多喜作此恍惚悠謬不可究詰之談。而
> 巫術醫卜之徒從而傳之於四方，西域為最近，則先傳於西
> 域，繼而漸及於中國……見《列子》暨《莊子》書中，則
> 又以其地去鄒、魯較遠，洙泗之教澤，猶未漸澤於人心，
> 故新奇可喜之說至易流播。大約彼中所傳孔孟之義少，而
> 習聞波斯、印度之辭多。[94]

艾約瑟好奇於《列子‧湯問》的內容涉及許多天地間渺不可知的
事，遂進行一番探究。他認為這類虛空飄渺的對話和故事在波斯
和印度的文化大量出現，其後更透過巫者和醫生之流向四方傳播
開來，先至西域，再至中國。《莊子》和《列子》的作者因為距
離內地的文化中心較遠，當地人尚未全面接受孔孟之教化，是以
許多源於波斯和印度的新奇傳說遂容易在該地流佈。

　　這個論點在清末極其新鮮，艾約瑟亦利用地理位置立論，使
之乍看更有道理。但是若缺乏證據，就算這個論點再有道理也只
能算是猜想。艾約瑟顯然意識到這點，故他接著提出《列子‧湯
問》的故事源於波斯和印度的「證據」。他說：

> 豈知此固波斯、印之舊說。即其中火神教之說實出於波
> 斯，鼇魚之說則出於印度。所有佛菩薩諸經，波斯印度皆
> 有之。特波斯得十之二、三，印度得十之七、八。[95]

---

[94] 見艾約瑟撰，〈論《列子‧湯問》篇意多出於波斯印度〉（收錄於錢鐘書主
　　編，《萬國公報文選》，香港：三聯書店，1998），頁 531~532。

[95] 見艾約瑟撰，〈論《列子‧湯問》篇意多出於波斯印度〉，頁 532。

　　《列子・湯問》的故事有許多是波斯和印度的舊有傳說。譬如波斯素有火神教的傳說，印度有鼇魚的傳說[96]，諸多佛和菩薩的經書，波斯和印度都有，波斯大概佔 20-30%，印度則佔約 70-80%。經過筆者探究，《列子・湯問》並沒有提到火神教或佛經上的任何傳說，是以無法確知艾約瑟如何以這類證據支持他的論點，但是他提出的另一項「證據」，卻相對確實些。他繼續說：

> 《列子・湯問》篇中偃師之造為俳優，又錕鋙〔鋙〕劍之切玉，在今皆為西域機器之物之先聲。而謂《列子・湯問》一篇離奇怪誕，為補綴《列子》之人逞其臆說，前所無因，殆不然矣！殆不然矣！[97]

偃師造出活人般的歌者，西戎獻上切玉如泥的鋼劍，[98]這些都是西域高級工藝品的前身。補撰《列子》的作者肯定眼見或耳聞過

---

[96] 艾約瑟此處指的鼇魚，似為鰲魚，即巨龜。《列子・湯問》即提到女媧補天的傳說，斬斷鰲魚的四足以支撐天。見〔晉〕張湛注，前揭書，卷第五，〈湯問篇〉，頁 52。

[97] 見艾約瑟撰，〈論《列子・湯問》篇意多出於波斯印度〉，頁 532。

[98] 「周穆王西巡狩……道有獻工人名偃師，穆王薦之，問曰：『若有何能？』偃師曰：『臣唯命所試。然臣已有所造，願王先觀之。』穆王曰：『日以俱來，吾與若俱觀之。』越日偃師謁見王。王薦之，曰：『若與偕來者何人邪？』對曰：『臣之所造能倡者。』穆王驚視之，趣步俯仰，信人也……與盛姬內御並觀之。技將終，倡者瞬其目而招王之左右侍妾。王大怒，立欲誅偃師。偃師大懼，立剖散倡者以示王，皆傅會革、木、膠、漆、白、黑、丹、青之所為。」見〔晉〕張湛注，《列子》（收錄於世界書局編輯部，《新編諸子集成》，臺北，世界書局 1978），卷五，〈湯問第五〉，頁 61。「周穆王大征西戎，西戎獻錕鋙之劍……其劍長尺有咫，練鋼赤刃；用之切玉如切泥焉。」見〔晉〕張湛注，前揭書，卷第五，〈湯問篇〉，頁 65。

類似事物才將之記載下來。若以此論說《列子‧湯問》內容怪誕不羈，純粹是補撰《列子》的作者自己毫無根據的幻想，則錯誤了。雖然這裡，筆者依然無法釐清艾約瑟所謂「俳優」和「鋸鋙劍」的西域前身究竟為何，但是可以確定的是，艾約瑟試圖以《列子‧湯問》的內容證明部分中學可能源於西學的用心是沒有疑問的。

　　這種作法一反以往傳教士藉著引進新知，使清季士子意識到西學中源論可能的矛盾，轉而模仿西學中源論的論述方式製造出一種「中學西源論」，藉以凸顯西學中源論中薄弱的根據和粗糙的推論。筆者認為艾約瑟雖然撰寫出這篇挾帶著「中學西源論」觀點的文章，但是由於使用與西學中源論同樣薄弱的根據與粗糙的推論，他似乎並不真的相信自己編造的「中學西源論」，而僅著眼於加強他反對西學中源論的力道罷了。

　　綜合上述三類介紹「西學源始」的方法，清楚地顯示出新教傳教士具有質疑西學中源論的用心，他們使用的方法與證據也與明末清初的西學中源論反對者沒有直接的關連性。筆者在先前已然分析過李之藻、江永和趙翼的反對方法，大體上，他們三者都是透過對比中學與西學，找出中國與西方在文化上各有其源流的證據，進而指出西學中源論刻意忽略若干證據，得出錯誤的結論。新教傳教士們採用的方法卻相當不同，他們以西學源流作為基礎，闡明自然知識、微生物學和文學從源頭到近代的歷史過程。雖然在他們的文章中幾乎看不見他們對西學中源論的質疑與討論，但是只要稍微關注一下他們所提的人物與年代，就可發現他們提出的歷史過程與西學中源論有巨大的差異。此一創新的方式，介紹多種「西學源始」便成為此時期新教傳教士反對西學中源論的獨特方法，並且這個方法隨後發展出「中學西源論」，則

成為反對西學中源論更具力度的一種表現。

第三節　王韜與《西國天學源流》

　　自強運動晚期，王韜流露出一種反對西學中源論的態度，他的思考角度與援引依據頗值得筆者深入分析。屈寶坤在〈晚清社會對科學技術的幾點認識的演變〉（1991）中認為王韜協助傳教士翻譯西書，也促使自己在介紹西學源流的過程中往批判西學中源論的立場轉移。[99]熊月之於《西學東漸與晚清社會》（1994）一書深入論述王韜的此一過程，並且分析王韜《西學原始考》（1889）和《西國天學源流》（1889）兩書中的反對西學中源論的言論。他指出王韜早年持西學中源論，但是在對西學有較多瞭解以後，毅然轉變至反對西學中源論，並提出若干批評。[100]雖然上述兩文分別指出王韜具有反對西學中源論的態度，並處理了他反對的理由與論點，但是除此之外，筆者仍舊對某些問題感到好奇，譬如此時的反對西學中源論者所援引的依據為何？是否承繼著明末清初反對西學中源論者的論點，或是受到自強運動時期新教傳教士介紹「西學源始」的影響？抑或此時的反對西學中源論者有著原創性的論點，產生出迥異於以往的論點？筆者認為，由於本章前兩節已然揭露出明清以降各有不同的反對西學中源論者存在，故依循此一發展脈絡重新檢視此時反對西學中源論者的論點，可能會幫助些許貌似新鮮的論點找到其隱諱的來源。

---

[99] 參屈寶坤，〈晚清社會對科學技術的幾點認識的演變〉，頁 215~217，特別是 216 頁。

[100] 參熊月之，《西學東漸與晚清社會》，頁 272~277，尤其是 276 頁。

關於王韜翻譯與之後重新出版《西國天學源流》的背景問題，筆者認為有深入探究的必要。據屈寶坤與熊月之的研究指出，王韜由早先的贊成西學中源論轉變成為反對西學中源論者，主要是根據他於 1889 年秋天重新出版《西學輯存六種》而得知的。[101]然而有趣的是，早在 1857 年王韜即與偉烈亞力（Alexander Wylie, 1815-1887）合譯其中的《西國天學源流》[102]。因此王韜在〈西學輯存六種自序〉（1889）如是寫道：

> 余今刊西學輯存六種，皆昔年在滬上所得，自誌耳聞，無關心得，特以久儲敝篋不忍棄捐，懷璞炫售，享帚知珍，竊自哂已。[103]

他同時記載當年與偉烈亞力合譯《西國天學源流》的機緣，他說：

> 余少時好天文家言，而於占望休咎之說頗不甚信，……弱冠游滬上得識西士偉烈亞力，讐校之餘輒以西事相諮詢，始得窺天學之緒餘。……一日詢以西國疇人家古今來凡有若干，偉烈亞力乃出示一書口講指畫，余即命筆誌之，閱

---

[101] 「〔王韜〕自己也在介紹西學中源中，不斷發展其觀點，由主張『西學中源』轉向批判『西學中源』。1889 年王韜在《西學輯存》的《西國天學源流》之後，對『西學中源』進行了批判。」見屈寶坤，前揭文，頁 217。另參熊月之，前揭書，頁 275~276。

[102] 1857 年，《西國天學源流》是以連載文章的形式刊登在《六合叢談》上。參熊月之，前揭書，頁 272。屈寶坤似乎將偉烈亞力誤植為慕維廉，另參屈寶坤，前揭文，頁 216。

[103] 見〔清〕王韜輯著，《西國天學源流》（收入出版者不詳，《西學輯存六種》，出版地不詳，1890，據淞隱廬校印本），〈西學輯存六種自序〉，頁 2a-3a。

十日而畢事，於是西國天學源流犁然以明，心為之大快。
[104]

王韜自述他年少時即喜讀中國典籍關於天象的記載，卻對星占災異等事不太相信，二十多歲他在上海遊歷時結識偉烈亞力，經常詢問他關於西方天文學的事情，故逐漸暸解西方天文學的種種知識。一次偶然的問答中，王韜詢問偉烈亞力關於西方天文學的發展歷史，遂使偉烈亞力為王韜揭示一書，他們兩人便開始進行翻譯《西國天學源流》的工作。值得一提的是，《西國天學源流》原作者不詳，兩人的譯本是由偉烈亞力口譯，王韜筆誌而成。[105]

或許王韜當時僅出自於學習新知的動機翻譯此文，並且順便將其收錄於《六合叢談》（1857-1858）以饗同好，[106]但是時至1889 年，王韜重新出版《西學輯存六種》的動機顯然不同於以往。他如是說：

亦近世之尚西學、談洋務者徒襲皮毛，嘴咀糟粕而未窺其實際。余寢饋於此殆四十年，雖未稔其語言文字，而頗能深悉其理，灼知其情偽思欲。專輯一書籍以發覆，而摘伏塵事羈綠〔絆〕，謝未遑也。而為以此六種為之嚆矢，至所撰西事，凡西古史四溟，補乘尚藏篋衍，他日必有有心

---

[104] 見〔清〕王韜輯著，《西國天學源流》，〈西國天學源流〉，頁 27b-28a。

[105] 參熊月之，前揭書，頁 272。另見〔清〕王韜輯著，《西國天學源流》，〈西國天學源流〉，頁 1a。

[106] 王韜曾參予《六合叢談》的編輯工作。參〔清〕王韜著，陳恒等評注，《韜園文錄外編》（鄭洲：中洲古籍出版社，1998），頁 2。

人過而問焉。則竊比於野人之獻芹子也。[107]

　　王韜意識到近年來崇尚西學、喜談洋務的人僅習得西學皮毛而未窺其精微之處，是以他亟思導正此一狀況的方法。他自評儘管浸淫西學已四十年，尚無法專輯一書以改善現況，但是將以往自誌的六個翻譯作品重新出版，或可引起拋磚引玉之效，令他人提出更好的導正方法。從這裡王韜透露出一項重要的訊息即是，自 1857 年他將《西國天學源流》投書後，崇尚西學的士子不僅未在自強運動認真學習西學，反而在擷取部份皮毛後即紛紛自滿於此。他將 32 年前的文章重新出版，等於清季士子學習西學的實際成效仍舊停滯在 30 年前，可見當時情況實在令他憂心。

　　那麼，王韜為何會從原先主張西學中源論轉變成反對西學中源論呢？此一問題或可從兩個方面的探討得到解釋。其一是熊月之提出的說法，認為王韜受到新教傳教士的影響，在瞭解西學較為深刻以後，毅然轉變至反對西學中源論；其二是王韜僅是策略改變但是意圖不變，為求其傳播西學的目的，早先利用西學中源論模稜兩可的有用性降低傳統士子的防禦心理，之後捨棄此一策略以導正當時產生的「徒襲皮毛，嘴咀糟粕而未窺其實際」的歪風。筆者認為，王韜應較貼近後者的狀況。

　　事實上，王韜的確受到新教傳教士介紹「西學源始」極其深刻的影響。經過偉烈亞力親自的指導，王韜理解的「西國天學源流」比起僅閱讀西書的人而言來得更細膩和清晰。根據他自己於1857 年所譯的內容中，他顯然知道多位亞里斯多德以前的自然哲學家（或稱前蘇格拉底哲學家）：

---

[107] 見〔清〕王韜輯著，《西國天學源流》，〈西學輯存六種自序〉，頁 2b-3a。

以阿尼部人喜察天為希臘天學之最，創始者曰他勒〔泰利斯〕。他勒，米利都人也……始倡地為球體，預推某年日當食，至時果驗，此前人所未有者。……自他勒後，學者有所心得，時與今理合。有亞那西慢突者，言地自轉，又言月光借日而生。有亞那煞各刺者，傳他勒之學於雅典，言月面必有山谷平原與地同。閒他臥刺合諸新理考論之，推闡益精，因知地球必繞太陽。後非祿老本其說，……言五星彗星俱繞太陽，非飛行空中無定，則焉人多不信之，因與亞利斯多之說異也。[108]

小亞細亞西海岸的愛奧尼亞地區（Ionia）是當時富庶的希臘殖民地，位於海岸南方的米利都城（Miletus）則是希臘的天文學的萌芽之處。西元前 6 世紀左右，泰利斯（Thales of Miletus, ca.624B.C.-ca.548B.C.）[109]即認為大地是一個漂浮在水面上的扁平圓盤，且傳說他成功地預測出 585B.C.的一次日蝕，這些事蹟使泰利斯成為希臘天文學的開創者。[110]自泰利斯以後，阿那克西曼德（Anaximander of Miletus, 610B.C.-ca.545B.C.）[111]和阿那

---

[108] 見〔清〕王韜輯著，《西國天學源流》，〈西國天學源流〉，頁 3a-3b。另見偉烈亞力口述、王韜筆誌，〈西國天學源流〉，收錄於《六合叢談》，第一卷，第九號，頁 6a-6b，轉引自沈國威，《「六合叢談」（1857-58）の學際的研究──付・語彙索引/影印本文》，東京：白帝社，1999，〈影印本文〉，頁 655。）

[109] 他勒即泰利斯，希臘最早的自然哲學家，為希臘七賢之一。他以提出水為萬物本質的宇宙論和預測日蝕而聞名。

[110] 參戴維・林德伯格（David C. Lindberg）著，王珺譯，《西方科學的起源》，頁 29~31。

[111] 亞那西慢突即阿那克西曼德，希臘著名的哲學家與天文學的奠基者。他曾是

克薩哥拉（Anaxagoras, ca.500B.C.-ca.428B.C）[112]分別提出數種
不同的天文學說，最終由畢達哥拉斯（Pythagoras of Samos,
ca.580B.C.-ca.500B.C.）[113]綜合前人的說法，提出最初的日心說，
並且由其學生費洛拉奧斯（Philolaos）[114]闡釋成為火中心觀（即
日心說的原型）的宇宙體系。[115]王韜知道這些前蘇格拉底哲學
家，也知道歷史選擇了亞里斯多德闡釋的地心說，而非畢達哥拉
斯學派的日心說，因為：

> 歷一千八百餘年無信閒他氏之學者。是時諸遊學士群立一
> 說，言地為心，諸星皆行平圓以平速繞地球，彗星乃地氣
> 中所生。亞利斯多本其說，人以其與目見合，皆信之。[116]

泰利斯的弟子，提出一個宇宙體系的模型，主張地球是無支撐地處於宇宙的
中心，因為它沒有理由往任何方向運動，所以它是靜止不動的。在引文中介
紹阿那克西曼德的觀點可能是王韜的誤植或錯誤認知，因為古希臘的自然哲
學家似乎未曾作出地球自轉的見解。

[112] 亞那然各刺即阿那克薩哥拉，希臘自然哲學家，以創立宇宙論並發現日、月
蝕的真正原因而聞名。480B.C.左右，他移居雅典，將哲學上新的實踐和科學
探索精神從愛奧尼亞帶往該地。晚年遭到流放，在蘭薩庫斯（Lampsacus）
度過餘生。

[113] 閒他臥刺即畢達哥拉斯，希臘哲學家、數學家和畢達哥拉斯教團創始人。畢
達哥拉斯與其學派的智識成就往往不可區分，如日心說、畢氏定理等可能是
其弟子的成就而被歸為畢達哥拉斯名下。

[114] 非祿老似為費洛拉奧斯。

[115] 參〔法〕馬泰伊著，管震湖譯，《畢達哥拉斯和畢達哥拉斯學派》（北京：
商務印書館，1997），頁 101~103。

[116] 見〔清〕王韜輯著，《西國天學源流》，〈西國天學源流〉，頁 3b。另見偉
烈亞力口述、王韜筆誌，〈西國天學源流〉，收錄於《六合叢談》，第一卷，
第九號，頁 6b，轉引自沈國威，《「六合叢談」（1857-58）の學際的研究

根據這段文字，在亞里斯多德以前，其師柏拉圖即已提出一個巧妙的宇宙論，認為球形的大天球包圍著同為球形的大地，大地則剛好位於天球的中心。他並認為其他各個星球在天球上的移動軌跡雖然不太規則，卻似乎都可以用等速度圓周運動的組合加以解釋。[117]亞里斯多德採納柏拉圖的學說，並提出更多經驗上的證據，遂使時人皆相信他的說法。除了前蘇格拉底哲學家之外，王韜另譯出一段有趣的文字：

> 格致學中諸精妙理非一人所能悟，必歷代通人互相研究始得也。如刻白爾測得諸行星之公理，其源由于第谷之精測。又賴若往訥白爾所造對數，故數月之工數日可畢。刻白爾所止之地為奈端所起之地，奈端所未就者拉白拉瑟成就之。諸疇人亦非一邦之產，哥白尼生波蘭，第谷生嗹國，刻白爾生日耳曼，伽離畧生意大利……。[118]

西方自然哲學中的各種理論並非成於一人，而是歷代學者的智識累積。譬如克普勒（Johannes Kepler, 1571-1630）[119]得出著

——付‧語彙索引/影印本文》，東京：白帝社，1999，〈影印本文〉，頁655。）

[117] 參戴維‧林德伯格（David C. Lindberg）著，王珺譯，前揭書，頁45。

[118] 見〔清〕王韜輯著，《西國天學源流》，〈西國天學源流〉，頁19a。另見偉烈亞力口述、王韜筆誌，〈西國天學源流〉，收錄於《六合叢談》，第二卷，第二號，頁6a-6b，轉引自沈國威，《「六合叢談」（1857-58）の學際的研究——付‧語彙索引/影印本文》，東京：白帝社，1999，〈影印本文〉，頁755。）

[119] 刻白爾即克普勒，為文藝復興時期著名的天文學家和星占學家，以發現行星運動三大定律（克普勒定律）而聞名。在探索這些定律的過程中，他釐清太陽系的空間結構，使天文學從古代的幾何描述過渡到近代動力天文學，並加

名的克普勒定律是源於第谷（Tycho Brahe, 1546-1601）[120]精確
的天文觀測，並依靠著納皮爾（John Napier, 1550-1617）[121]制定
的對數表而成。牛頓（Isaac Newton, 1643-1727）[122]進行著克普
勒未完成的工作，拉普拉斯（Pierre Simon Laplace, 1749-1827）[123]
又進行著牛頓未完成的工作。歷代學者也不是集中於一國，而是
分散各地。譬如哥白尼（Nicolas Copernicus, 1473-1543）出生於
波蘭、第谷出生於丹麥、克普勒出生於日耳曼、伽利略（Galileo
Galilei, 1564-1642）[124]出生於義大利。

　　入自然力的概念。

[120] 第谷為丹麥天文學家和著名的星占學家。在望遠鏡的時代來臨前，他鑽研各
　　種大型天文學的工具來進行天文觀測，提供當時最精準的天文資料，使哥白
　　尼體系有機會為歐洲人接受，並成為 17 世紀天文學改革的基礎。

[121] 訥白爾即納皮爾，蘇格蘭數學家和神學作家，為對數表的發明者。他所製作
　　的對數表使當時科學和數學在運算速度上得到極大的改進。著有《神妙的對
　　數規則之描述》（Mirifici Logarithmorum Canonis Descriptio,1614）和《神妙
　　的對數規則之構造》（Mirifici Logarithmorum Canonis Constructio）兩書傳世。

[122] 奈端即牛頓，為 17 世紀英國物理學家和數學家，近代物理學的奠基者。他
　　在力學方面繼承克普勒的工作，提出運動三定律，成為近代物理學的基本原
　　理，進而明確地表達萬有引力定律。著有《自然哲學的數學原理》（1687）
　　一書。

[123] 拉白拉瑟即拉普拉斯，為法國數學家和天文學家，以研究太陽系穩定性的動
　　力學問題聞名，被譽為法國的牛頓。1773 年他著手把牛頓引力學說應用於整
　　個太陽系，在解決眾多反常的天文學問題後，他提出著名的星系起源的星雲
　　假說，對後世有深遠的影響。著有《宇宙體系論》（Exposition du Systeme du
　　Monde, 1796）和《天體力學》（Traite de Mecanique Celeste）等書。

[124] 伽離畧即伽利略，為義大利數學家、天文學家、物理學家，近代力學和實驗
　　物理學的奠基者。他率先使用望遠鏡研究星空，確認木星衛星、月球表面和
　　太陽黑子等天文現象，並且收集大量事實支持日心說。

　　上述三段譯於 1857 年的文字經過王韜自己多年的消化吸收，在 1889 年已然轉化成為自身思想中的血肉。他在〈西學輯存六種自序〉說：

> 古時閉他臥剌獨得真諦，言地球環日而行，後多祿某反其說以地為中心，誤宗之者幾，千數百年明時哥白尼測得新法與閉說吻合，惜其法未行於生前。有第谷者弗信之，言地球在中，五星環日，日率之環地，然未得確據。其徒刻白爾始知行星軌道是橢圓，非平圓，其行有遲速留逆都歸一理，且知地亦環日，行星類也。至今墨守其說無有異議，後奈端出，於數尤深而其理愈明，於以見精益求精，西學之未有止境也。[125]

　　西方遠古時畢達哥拉斯獨得真理而提出日心說的原型，600 年後托勒密則提出截然相反的地心說，誤導大多數日後的學者。西元 1400 年，約略於中國明朝時哥白尼再度得出日心說，但是沒有取得當時學者的支持與採用。第谷不採信日心說，在沒有確證支持下另外提出「兩個中心說」的宇宙論；克普勒在研究火星的不規則運動後發現，行星軌道不是正圓形而是橢圓形，同時推算出地球的運動軌道與其他行星相似，皆以橢圓形繞日作等速度運動。克普勒的發現成為天文學公認的定律，並且被日後牛頓加以數理化分析而洞悉箇中原理。王韜以自己的話語論述完上述的歷史過程後，認為西方天文學在不斷精益求精的過程中是沒有止境的。[126]

---

[125] 見〔清〕王韜輯著，《西國天學源流》，〈西學輯存六種自序〉，頁 1a。

[126] 1889 年，王韜除了提到上述的各個學者外，還在其他地方指出泰利斯在西方

　　仔細地比較王韜 1857 年與 1889 年的文字敘述，可以明顯看出王韜晚年關於西方天文發展史的認識是從 1857 年翻譯《西國天學源流》時得到的。追根究底，還是顯示王韜受偉烈亞力的影響極深。同時，他翻譯《西國天學源流》另一段有趣的文字，透露出他日後改採反對西學中源論的可能動機。

> 天學之起最古者，或云中華，或云埃及，或云印度，或云迦勒底。其說不一，然此諸國在古昔時已知考察日出入中星、日月食、行星合日諸事，以授民時。[127]

　　天文學最古老的起源，眾說紛紜，中國、埃及、印度或加勒底（Chaldea）[128]皆有可能是最古老的起源，然而可以確定的是這些古文明在早期已能觀測眾多天文現象而制訂曆法。這段文字正好是與西學中源論完全相反的論述，採取文化多元論的觀點解釋天文學的起源。王韜早在 1857 年即知道此一說法，或許是基於這個原因使他日後改採反對西學中源論的態度。[129]

天文學史的重要性。「泰西天學實始於希臘，約當在春秋初年有傑出者曰他勒。」見〔清〕王韜輯著，《西國天學源流》，〈西國天學源流〉，頁 28a。
[127] 見〔清〕王韜輯著，《西國天學源流》，〈西國天學源流〉，頁 2a。另見偉烈亞力口述、王韜筆誌，〈西國天學源流〉，收錄於《六合叢談》，第一卷，第五號，頁 6a-6b，轉引自沈國威，《「六合叢談」（1857-58）的學際的研究──付・語彙索引/影印本文》，東京：白帝社，1999，〈影印本文〉，頁 593~594。）
[128] 迦勒底今譯為加爾底亞，今伊拉克南部的地區，為亞述和巴比倫帝國等兩河流域古文明的所在地。
[129] 值得一提的是，張海林認為王韜到了上海（1848）之後，原本「華尊夷卑」的概念逐漸消失，取而代之的事他對西學的傾慕讚美之意。在墨海書局的翻譯工作使王韜與眾多精於西學的士人交往固然是重要的原因，但是其中的關

但是耐人尋味的是，王韜在 1889 年重新出版《西國天學源流》的文末添增了一段文字，同樣是反對西學中源論，但卻援引其他依據。他說：

> 又曰……形而下者謂之器，形而上者謂之道，西人祇工其下焉者已耳。……不知西儒何嘗不講性理哉？……列國之制雖有攸殊，此心之理無不相同。所謂東方有聖人焉，此心同此理同也，西方有聖人焉，此心同此理同也。雖東西之異轍，實一道而同風。[130]

時人往往注意西方人著重於工藝製造之術，卻疏忽西方學者同樣追求倫理道德，這顯示各國的制度雖然歧異，其後的動機卻是一致的。王韜注意到這個現象，並且援引李之藻和趙翼曾使用的論點增強自己的論述。[131]此一舉動說明王韜似乎閱讀過李之藻和趙翼的著作，進而認同他們關於反對西學中源論的論點。雖然筆者無法判斷王韜反對西學中源論的態度究竟是由明末清初的傳統士子啟發，還是受到新教傳教士的影響？但是可以確知，王韜在反對西學中源論上不只繼承新教傳教士的方法，也沿襲了明末清初傳統士子的論述。

有趣的問題不只是王韜在反對西學中源論所援引的依據，他由主張西學中源論轉變為反對西學中源論的理由也值得討論。一

鍵似乎是 1857 年西醫為王韜根治了多年未癒的腳病，使王韜對西學開始改觀。參張海林，《王韜評傳》（南京：南京大學出版社，1993），頁 39~43，51~60。

[130] 見〔清〕王韜輯著，《西國天學源流》，〈西國天學源流〉，頁 29a-29b。

[131] 關李之藻和趙翼使用的「東海西海，心同理同」的論點，請參本章第一節，頁 2~4，7~9。

個令人困惑的問題是，倘若王韜 1857 年已然採信《西國天學源流》對西方天文史的敘述，為何他會撰寫出〈原學〉、〈變法上〉等（1874-1883）[132]主張西學中源論的文章呢？筆者認為王韜是基於推廣西學和呼籲變法的目的主張西學中源論。[133]王韜在《韜園文錄外編・變法上》說

> 銅龍沙漏，璇璣玉衡，中國已有之於唐、虞之世；鐘錶之法，亦由中國往。……其他如火輪舟車，其興不過數十年間而已，而即欲因是笑我中國之不能善變，毋乃未嘗自行揆度也歟！……蓋同一舟也，帆船與輪船遲速異焉矣；同一車也，駕馬與鼓輪遠近殊焉矣。……無其法，則不思變通；有其器，則必能仿效。西人即不從而指導之，華人亦自必竭其心思材力以專注乎此。[134]

在引文的一開始，明顯可看出王韜主張西學中源論，然而其目的卻是為「無其法，則不思變通；有其器，則必能仿效」的論點鋪路。他的論證是：中國遠古的工藝技術傳入西方後，西方幾經改良變化發展出更精細的工藝技術，如果自中國沿習工藝技術

---

[132] 王韜撰寫的〈原學〉、〈變法上〉一文收錄王韜的《韜園文錄外編》一書中，寫作時間約在 1874-1883 年之間，為王韜流亡香港之時。見〔清〕王韜著，陳恒等評注，《韜園文錄外編》，頁 38~39，50~52。

[133] 張海林注意到王韜的言論中，有著鼓吹西學中源論與倡導學習西學的矛盾。王韜提倡西學中源論的目的是「為西學找到一個合乎中國法統的存在理由」，從而「減小頑固派對西學的排拒心態，喚起國人從事改革的信心」和「鼓勵國人大膽地去接觸這個新生事物（西學）。」參張海林，前揭書，頁 219~223。

[134] 見〔清〕王韜著，陳恒等評注，《韜園文錄外編》，頁 50~51。

的西方人可以，原本擁有工藝技術的中國人當然也可以做到這一步。因此已然掌握舟車原理的中國人只要「有其器，則必能仿效」西人當下領先的工藝技術。

若是稍為注意一下上述引文的發表年代（1874-1883），應該已晚於王韜翻譯《西國天學源流》（1857）。王韜似乎不可能採信《西國天學源流》對西方天文史的敘述之後，旋及轉變成主張西學中源論，尤其是他自述翻譯《西國天學源流》之後，通曉其中過程，心頭大快的狀況下，短時間內轉變成西學中源論者的機會微乎其微。[135]那麼，相對合理的解釋就是王韜是基於推廣西學和呼籲變法的目的主張西學中源論，而作為一種策略運用，他本身並不相信西學中源論，反而是早在翻譯《西國天學源流》一書後即持反對西學中源論的態度。這種策略在運作近 20 年後，王韜注意到其帶來「近世之尚西學、談洋務者徒襲皮毛，嘴咀糟粕而未窺其實際」的嚴重後果，在幾經思考下重新出版《西學輯存六種》並開始反對西學中源論。

基於上述原因，王韜在 1889 年重新出版《西國天學源流》時也添增若干批評西學中源論的文字。譬如他質疑西學中源論的可能性，說：

> 夫學貴乎創，必世有作者以開其先；亦學貴乎因，必代有傳人以承其後。中國於唐虞之際，已有璿璣玉衡以齊七政。……世豈無奇巧異士，顧人死即復失傳，非若西土之造器獲一創即以眾人之心思智慮貫注乎是也。西國自紀元

---

[135] 「偉烈亞力乃出示一書口講指畫，余即命筆誌之，閱十日而畢事，於是西國天學源流犁然以明，心為之大快。」見〔清〕王韜輯著，《西國天學源流》，〈西國天學源流〉，頁 28a。

以來迄於今日，於格致諸學，闢塗徑而新耳目者，實繁有
徒，幾於書不勝書。[136]

　　他注意到學問的開創者固然是學問得以發展的關鍵，但是繼
承者也同樣重要。在這個意義上，中學雖然在遠古就掌握若干天
文知識，但是往往旋即失傳。西方天文學發展則大不相同，當天
文學者掌握知識即透過學術交流使其散播，為其他天文學者學
習，代代相傳且不致中斷。王韜的言下之意似乎是，中國遠古的
天文算學基於這種特性，使其在中國境內流傳已時遭困難，西學
中源論在這種狀況下可能成立嗎？於《西國天學源流》文末，他
更直指西學中源論的根據錯誤，他說：

　　又曰西人測天之學固精，然安知非先有於中國而後流傳至
　　彼耶？我中國自虞廷分職，命羲和欽若昊天，當時已能測
　　日月周天之度，以奇零置閏而西國尚未有曆也。即如借根
　　方之為東來法亦可證已。嗚呼！此何異攘人之美據為己有
　　也。西國曆法雖始於周末而遞加更改，歷代以還豈無可考
　　其轉精於中國者，由用心密而測器審也。其所云東來法者
　　乃歐洲之東天方國耳，非指中國言之也。[137]

　　「借根方之為東來法」的論證常為西學中源論者所援引，用
以支持西學中源論，然而王韜認為這是錯誤的。理由是西方人指
的天方國應是阿拉伯帝國，[138]並不是指中國。並且，西方曆法

[136] 見〔清〕王韜輯著，《西國天學源流》，〈西學輯存六種自序〉，頁1c。

[137] 見〔清〕王韜輯著，《西國天學源流》，〈西國天學源流〉，頁29a。

[138] 天方國是指今日阿拉伯半島一帶的國家，若是考慮引文中代數法（借根方）
　　　傳播到歐洲的事件，應是指阿拉伯帝國。

自周末開始發展，不斷進行修正使其曆法更為精確，西學中源論者刻意忽略此一過程，簡直是掠人之美據為己有。最後，王韜更批評阮元不暸解「西學源始」，是以得出錯誤結論。他說：

> 案頭適有阮文達公《疇人傳》，據以考之得列姓名於期間者不過七人，且言之始末尚多未稔。⋯⋯阮氏《疇人傳》所載僅得千百之一二，略大識小，語焉不詳，觀者有未臻賅備之憾。而其論中以不能堅守前說，動靜倒置為譏，不知泰西天學實始於希臘，約當在春秋初年有傑出者曰他勒。[139]

阮元撰寫的《疇人傳》中記載的歷代西方天文學家既少，其記載又模糊不清，在其附於文末的評論中，記載經常前後不一，阮元更據以譏諷西方天文發展荒謬不羈，疑為後人虛構。既然西學中源論者奉為權威的阮元如此，其他的西學中源論者更不在話下，是以王韜認為自己重新出版的《西國天學源流》可以幫助研究天文學的人們領略西方天文學發展的要旨，更進一步地釐清西方天文學發展的相關細節。[140]

由上述的分析可知，王韜重新出版《西國天學源流》（1889）的理由是不滿自強運動末期士子徒襲西學皮毛而嘴咀糟粕的狀況，這與他在翻譯《西國天學源流》之初的動機是相當不同的。究其反對西學中源論的論述來看，王韜除了受新教傳教士如偉烈

---

[139] 見〔清〕王韜輯著，《西國天學源流》，〈西國天學源流〉，頁28a。

[140] 「歉此廖廖數十葉而詞簡意賅，巨細精粗無乎不貫，異同正變無乎不備，談天者於此誠有所取，資而得其要領矣。」見〔清〕王韜輯著，《西國天學源流》，〈西國天學源流〉，頁28a。

亞力深刻的影響，採取介紹「西學源始」的方式反對西學中源論外，他似乎同時汲取李之藻和趙翼反對西學中源論的論點，是以在他於《西國天學源流》添增的文字中，可以看到兩種來源不同、形式亦異的反對方式。同時，筆者藉由比對王韜翻譯《西國天學源流》（1857）與其後收錄於《弢園文錄外編》的文章，發現王韜在早年似乎就是反對西學中源論者，並非在 1889 年重新出版《西學輯存六種》時才轉變成反對西學中源論者。他是基於推廣西學和呼籲變法的目的而主張西學中源論，出於一種策略運用，其目的在利用西學中源論模稜兩可的有用性降低傳統士子的防禦心理，藉此傳播西學。然而這種策略在運作近 20 年後，王韜意識到其帶來嚴重的後果，遂放棄此一傳播策略，改採反對西學中源論以導正士子徒襲西學皮毛而嘴咀糟粕的惡風。

第四節　結語

　　明末的西學中源論雖然成為日後的主流思想，但是若干明清士子亦提出對西學中源論的質疑與批判，其後更演變成為反對西學中源論的論述。明末由於王陽明心學大盛，學者普遍認同古今中外皆有聖人的想法，是以使李之藻提出異於西學中源論的見解。他採取「東海西海，心同理同」的觀點，說明中國與歐洲文化互不交流，但是聖人之道相通的現象。時至乾嘉，考據學家也得出類似論點。江永和趙翼分別從不同的考據途徑切入，得出類似於「東海西海，心同理同」的論點。他們以嚴謹的考據方法反覆比對曆法與史料而作出這個論述，顯示考據學者基於自身的學術訓練，可能嚴謹地檢視西學中源論的根據。然而，儘管他們意識到西學中源論存在某些問題，但是這些見解並沒有形成具影響

力的論述。

自強運動展開之後，西方人遂大量進入中國，是以新教傳教士開始透過介紹「西學源始」以反對西學中源論。他們採用的方法與明清之際的士子相當不同，是以西學源流作為基礎，闡明自然知識、微生物學和文學從源頭到近代的歷史過程。雖然在他們幾乎不曾質疑或討論西學中源論，但是透過強調所介紹的人物與年代，展現出與西學中源論迥異的歷史過程。因此，持續地介紹多種「西學源始」便成為此時期新教傳教士反對西學中源論的獨特方法，並且連帶地發展出「中學西源論」，則成為反對學中源論更具力度的一種表現。

站在明清之際的士子和新教傳教士的肩膀之上，王韜將歷來的反對西學中源論方法加以結合。1889 年王韜不滿於自強運動末期士子徒襲西學皮毛而嘴咀糟粕的狀況，是以重新出版《西國天學源流》，這與他在翻譯《西國天學源流》意圖推廣西學的動機相當不同。筆者發現，王韜雖然是一個反對西學中源論者，但是曾一度提倡西學中源論，如此做的原因是利用西學中源論模稜兩可的有用性降低傳統士子的防禦心理，藉此傳播西學。然而這種策略在運作近 20 年後，王韜意識到其帶來嚴重的後果，遂放棄此一傳播策略，重新展開反對西學中源論的論述以導正士子徒襲西學皮毛而嘴咀糟粕的惡風。

第四章　《天演論》作為反西學中源論的存在

　　明清的西學中源論爭議在 1890 年代達到歷史高峰，此時不僅西學中源論大為興盛，嚴復的《天演論》一書也集反對西學中源論的論述方法於大成，做出強而有力的反對論述。筆者認為，嚴復在方法上不僅承襲著明清之際的李之藻、江永、趙翼和自強運動時期的新教傳教士，基於本身的特殊際遇，他更創新若干方法以反證西學中源論。在批評的力度上，嚴復也顯得比前人的批評更為直接與嚴厲。因此，本章的主旨在於呈現嚴復採用的各種方法，釐清其繼承前人的部分與分析他所創新的部份，以說明晚清西學中源論爭議的發展情況。首先，筆者擬說明嚴復透過《天演論》比較中、西哲學，和重新詮釋「聖人」的概念，以論證中學西學，實不相同。其次，嚴復亦試圖突顯「迥異」的西方歷史發展來證明西學並未東傳。最後，在《天演論》述及的各種異於中學的西學知識基礎在在地證明，中學與西學在自然知識基礎上根本不相同。至於嚴復如何處理中學源流的相關問題，受限於文

本與本文旨趣，筆者暫不處理。嚴復的上述做法都使《天演論》帶有揭露當時弊病和導正西學中源論的性質，而不僅只是傳播西學的科普書籍，抑或宣傳保種自強的小冊子。

第一節　中、西哲學比較與重新詮釋

西學中源論由 1860 至 1890 年代大盛，但是其後盛極而衰，[1]筆者認為西學中源論的風行促使嚴復翻譯《天演論》，而《天演論》的問世也成為西學中源論盛極而衰的原因之一。馬克鋒在〈「西學中源」說及嚴復對其批評與反思〉（1993）提到嚴復對西學中源論做出相當多的批評，是清末最全面性也最深刻的批評者。他並以《天演論》的內容論述嚴復看待中學與西學的見解，是兩種不同的學術，兩者相似但並非真正相同。在中學與西學相互交流的過程中，嚴復認為運用本土的辭彙加以翻譯和介紹，是一種相互比較，而不是單純地比附。[2]先前筆者亦在〈論嚴復在《天演論》中建立西方學術脈絡的用意〉（2005）進一步探討此

---

[1] 參熊月之，《西學東漸與晚清社會》，頁 722~723。

[2] 「嚴復認為，在世界文化發展史上，有些發明與發現是中國居先，……必須予以充分地承認。需要指出的是，在研究與比較兩個不同的文化時，用本土文化固有的且為人們所熟知的辭彙、概念來闡釋外來文化，這是比較，不是比附。………借用《易》中名、數、質、力四個名詞概念來指代西學，並無西學出於《易》之意。嚴復的用意，旨在以近代西方哲學，重新詮釋和發明中國古文化，使其隱晦不明之意明晰。……其目的並不是比附，而是一種用新學啟迪舊學的嘗試。……嚴復主要是指兩種文化系統中學派間的偶合，是『近似』而不是『真同』。」見馬克鋒，〈「西學中源」說及嚴復對其批評與反思〉，頁 51。

一問題，指出嚴復在〈譯天演論自序〉和〈譯例言〉的部份論述是針對西學中源論而來，這個舉動並非一時興起，嚴復早在 1878 年即開始具有反對西學中源論的傾向。[3]基於上述研究，筆者開始思考嚴復運用何種方法反對西學中源論？他是否清楚早自明末以降的西學中源論各種流變與論證？他是否繼承了以往反對西學中源論者的部份方法呢？倘若不然，嚴復透過《天演論》創造何種新的方法反對西學中源論呢？也許在探索此一問題時，可以突顯《天演論》更貼近當時的時代意義。

　　首先必須說明的是，嚴復的際遇相當特殊，幾乎與絕大多數的中國傳統士子大不相同。由於幼年喪父，家道貧寒，嚴復 13 歲時即進入福州船政學堂求學，接受新式教育，對自然科學多所涉獵。後以優異成績被派往英國深造，更接觸大量的西方自然與人文科學思想。回國後，由於並非經由科舉正途任官，屢遭旁人排擠，故嚴復憤而投入吳汝綸（1840-1903）[4]門下，學習古文，藉由科舉正途而求取功名。這些經歷使他與由傳統科舉出身的士子見識差異極大，[5]是以在此一基礎上，嚴復似乎比一般士子更容易意識到西學中源論存在著若干矛盾。

　　筆者認為，嚴復選擇《進化論與倫理學》[6]作為首部翻譯作

---

[3]　參雷中行，〈論嚴復在《天演論》中建立西方學術脈絡的用意〉，頁 8~10，15。

[4]　吳汝綸，字摯甫，安徽桐城人，為桐城派後期宿儒。同治進士，官冀州知州。後來應人請托，充京師大學堂總教習，赴日本考察學制，卻在考察歸國後瞬即病逝，未及上任。吳汝綸曾師事曾國藩，為「曾門四弟子」之一，與李鴻章（1823-1901）關係密切，頗注意洋務，時有論及時政之作。

[5]　有關嚴復早年的際遇，參皮後鋒，《嚴復大傳》，頁 16~204。

[6]　《進化論與倫理學》為英國人 T. H. Huxley（1825-1895）的一系列演講稿與

品，是出於縝密思考而得出的結果。其原因是嚴復企圖導正時下風氣，而《進化論與倫理學》以比較進化論和古今各種宗教學說為主的內容與特色，則成為嚴復翻譯極佳的選擇，使他更能順勢進行中、西比較的工作，展開其反對西學中源論的論證。為了論證此一論點，筆者擬先從譯書文采、晚清士子徒學西學皮毛的現象和西學中源論的盛行三個層面對嚴復所處的環境做出分析。

一、從時下風氣看嚴復翻譯《天演論》的環境

　　日前學者的相關研究已然指出，譯員翻譯西書的文采影響清末士子閱讀意願極大。[7]這一點由吳汝綸贈予嚴復的序中即可看出。他說：

> 又惜吾國之譯言者，大底弇陋不文，不足傳載其義。……士大夫相矜尚以為學者，時文耳，公牘耳，說部耳。捨此三者，幾無所謂書。……今西書雖多新學，顧吾之士以其時文公牘說部之詞，譯而傳之，有識者方鄙夷而不知顧，民智之淪何由？此無他，文不足焉故也。[8]

　　清季文風以時文、公牘和說部三者為盛，因此翻譯的西書也

相關的介紹集結而成的書，是嚴復《天演論》的翻譯原本。〔英〕赫胥黎著、翻譯組譯，《進化論與倫理學》（北京：科學出版社，1973）。其英文原書為 T. H. Huxley, *Evolution & Ethics*。

[7]　參熊月之，前揭書，頁 685，699-700。

[8]　見嚴復撰，《天演論》（富文本），〈吳汝綸序〉，頁 174。筆者在本文所引用的《天演論》（富文本）、（味經本）和（手稿本）皆收錄於王慶成主編，《嚴復合集・天演論匯刊三種》。

呈現這種方式。吳汝綸站在桐城派古文為尊的角度去審視當時知識界盛行的文體，固然有其偏見，但是他道出了由於翻譯人員在文學造詣不高的情況下，翻譯的西書普遍使「有識者方鄙夷而不知顧」，這是一個相當貼近中國士人心理的說法。清季士子普遍排斥閱讀西書的傾向，自然不會有太多的機會瞭解西學了。因此，像康有為（1858-1927）去上海一趟而盡搜西書，而為之有眼界一開之感的傳統士人，在當時是極其少有的。[9]在這種狀況下，嚴復翻譯《天演論》的首要課題即是如何提高時人閱讀西書的意願，若不克服此一問題，任何翻譯的努力都將付諸流水，是以嚴復在〈天演論‧譯例言〉也提到：

> 譯事三難：信、達、雅。求其信已大難矣，顧信矣不達，雖擇猶不譯也，則達尚焉。海通已來，象寄之才，隨地多有，而任取一書，責其能與斯二者則已寡矣。其故在淺嘗，一也；偏至，二也；辨之者少，三也。[10]

當時譯員翻譯的水準低落，求其翻譯與原書吻合已是難事，兼具翻譯通達者更是少之又少。問題在於譯員不懂原書內容；受傳統觀念影響又深，導致翻譯偏差；又無法辨別中、西文化上的細微差異。這種翻譯品質自然使具備傳統學養的晚清士子不敢恭維，視若不見。為了克服此一問題，嚴復在文字翻譯下了極大功夫，這個過程已然為學者們所注意，在此不贅。[11]

---

[9]　參雷中行，前揭文，頁8。

[10]　見嚴復撰，《天演論》（富文本），〈吳汝綸序〉，頁176。

[11]　對於此一問題的討論，可參看諸如田默迪，〈天演論-嚴復的譯著與赫胥黎原文的比較〉（輔大哲學研究所，1974）；俞政，〈試論《天演論》的意譯方

晚清士子徒學西學皮毛的現象是嚴復翻譯《天演論》面臨到的另一個問題。其實這個問題早在 1889 年時即令王韜憂心不已，他認為「近世之尚西學、談洋務者徒襲皮毛，嚌咀糟粕而未窺其實際」，是以他企圖透過重新出版《西學輯存六種》（1889）來導正時下風氣，並冀望取得拋磚引玉之效，使他人提出更好的導正方法[12]。七年後，嚴復依舊困在相同的問題之中，因此他在〈赫胥黎治功天演論序〉（1896）亦做出批評，他說：

> 晚近風氣漸開，士知弇陋為恥，故西學一道，問津日多，然亦有一二妄庸巨子，訑然謂彼之所精，不外象數之末；彼之所務，常在功利之間。此所謂未經鞠獄，輒成爰書，鹵莽罪過，莫此為極。[13]

從這段論述中可知嚴復對徒學西學皮毛的晚清士子同樣反感，然而他將這個現象剖析得更為清晰。他認為晚清學習西學的風氣漸開，士子普遍願意開始接觸西學，但是身在高位的若干巨卿重臣[14]不願親自瞭解西學，反而依舊以既有成見排斥與污衊西

式〉，《蘇州大學學報》（哲學社會科版），第二期，2000 和〈關於《天演論》譯文的修改〉，《蘇州大學學報》（哲學社會科版），第三期，2001 兩文，田默迪與俞政對《天演論》中的翻譯手法和問題有著深入的分析。

[12] 參本文第三章第三節，頁 142~143。

[13] 見嚴復撰，《天演論》（手稿本），〈赫胥黎治功天演論序〉，頁 84。

[14] 嚴復翻譯《天演論》之時，時逢戊戌變法之際，是以嚴復在此所指的若干巨卿重臣，可能是康有為、梁啟超、譚嗣同等人。康、梁、譚三人的西學中源論主張，參王爾敏，〈中西學源流說所反映之文化心理趨向〉，頁 800~802；黃克武，〈梁啟超的學術思想：以墨子學為中心之分析〉，《中央研究院近代史研究所集刊》，第二十六期，1997，頁 82~85。嚴復與梁啟超的關係，

學。這個狀況既發生於在朝為官的官僚身上，自可想見晚清士子徒習西學皮毛而胡說八道的現象是相當普遍的。兩年後，嚴復在〈譯《天演論》自序〉（1898）時將上述文字改寫，更看得出時下的狀況。他說：

> 大抵古號難讀，中國為尤。二千年來，士狗利祿，守闕殘，無獨闢之慮。是以生今日者，乃轉於西學，得識古之用焉。此可與知者道，難與不知者言也。風氣漸通，士知夆陋為恥。西學之事，問塗日多。然亦有一二巨子，訑然謂彼之所精，不外象術形下之末；彼之所務，不越功利之間。逞臆為談，不咨其實。對論國聞審敵自鏡之道，又斷斷乎不如是也。[15]

他率先批評中國長久以來士子追求名利宦途，於傳統學術亦因循苟且、抱殘守缺，因此時至晚清，士子不得不參照西學來理解傳統學術的精微之處。這段論述已然批判晚清士子徒習西學皮毛之餘，連傳統學術亦馬虎應付。更糟糕的事是，只有少數人承認這個狀況的存在，絕大多數的士子是不予承認的。[16]同時，從

參黃克武，〈嚴復與梁啟超〉，《臺大文史哲學報》，第五十六期，2002，頁 34~49。

[15] 見嚴復撰，《天演論》（富文本），〈譯例言〉，頁 171。

[16] 嚴復批評晚清士子於傳統學術因循苟且、抱殘守缺的想法，其來有自，並非突作此想。參雷中行，前揭文，頁 10~13。若參照嚴復在〈赫胥黎治功天演論序〉的文句，更可以清楚看出引文中的可知者，有專指鑽研西學者的意思，不可知者則是絕大多數徒習西學皮毛，甚至是不接觸西學的士子。所以他說：「古書難讀，中國為尤。書言不合，故訓漸失，一也；主趨利祿，古學莫傳，二也；鄉壁虛造，義疏為梗，三也。故士生今日，乃轉藉西學以為還

嚴復關於「一二巨子……逞臆為談，不咎其實。對論國聞審敵自鏡之道，又斷斷乎不如是也」的論述來看，可知他是針對甲午戰爭失利，巨卿重臣的荒唐表現而發，這亦透露出嚴復認為晚清士子「徒襲皮毛，嘴咀糟粕而未窺其實際」不僅是時下的歪風，它更使中國蒙受巨大的實質損害。因此嚴復繼而說：

> 今夫移風易俗之事，古之聖人亦嘗有意於此矣。然而卒不能者，格物不審，見道不明，而智慧限之也。居今之日，藉真學之日優，而思有以施於濟世之業者，亦惟去畏難苟且之心，而勿以晏樂媮生為的者，而後能得耳。[17]

遠古聖人看到時下的歪風，必定也會對移風易俗之事加以努力，但是受限於當下的學術之壞，聖人就算有心，力亦不逮。晚清士子欲貢獻己力以濟世，應藉由學習日益精進的西學而後得之，不應畏難苟且，也勿貪享逸樂。這段論述明顯地透露出嚴復意欲導正時下風氣的想法。

最後則是 1890 年代西學中源論大為風行而產生的不良後果。關於西學中源論的歷史發展，筆者已在本文第二章專章探討，在此不贅，然而需要指出的是，1890 年代西學中源論的風行，使晚清士子普遍抱持著「西學果真源於中學」的錯誤前提，不願意接觸西學的士子固然無法釐清西學並非源於中學，即使願意接觸和推廣西學的士子也普遍對西學存有誤解，連帶地影響多數晚清士子無法正確理解西學。奕訢、薛福成兩人即是為求推廣西

讀我書之用。吾之此言，知必有以為不謬者矣。」另見嚴復撰，《天演論》（手稿本），〈赫胥黎治功天演論序〉，頁84。

[17] 見嚴復撰，《天演論》（味經本），〈論十七〉，頁78。

學，影響時人而策略上採用西學中源論的極好例子。[18]嚴復注意
到此一問題，是以他在〈譯天演論自序〉（1898）亦針對西學中
源論做出尖銳的批評，他說：

> 雖然，由斯之說，必謂彼之所明，皆吾中土所前有，甚者
> 或謂其學皆得於東來，則又不關事實，適用自蔽之說也。
> 夫古人發其端，而後人莫能竟其緒；古人擬其大，而後人
> 未能議其精，則猶之不學無術未化之民而已。祖父雖聖，
> 救子孫之童昏也哉！[19]

　　他首先指出西學中源論根本不符合事實，屬於「自蔽之說」，
其後又說明，就算中國古人率先發現這些道理，後代子孫沒有繼
承並精研之，等於沒有學過這些發現。從這番話可知，嚴復固然
不認為西學中源論是事實，但是更有趣的是他同時說就算西學中
源論是真的，一再緬懷遠古而不思精進仍是沒有任何助益的。這
直接點出西學中源論盛行而產生的問題，西學固然趁著「風氣漸
通，西學之事，問塗日多」之便得以廣為散播，但是晚清士子也
大量產生出「不外象術形下之末，不越功利之間」的錯誤理解。
因此，嚴復在〈譯例言〉（1898）才會如是寫道：

> 原書多論希臘以來學派，凡所標舉，皆幫〔當〕時名碩。
> 流風緒論，泰西兩千年之人心民智係焉，講西學者所不可
> 不知也。茲於篇末，略載諸公生世事業，粗備學者知人論

---

[18]　參本文第二章第二節，頁 52~56、60~69。

[19]　見嚴復撰，《天演論》（富文本），〈譯天演論自序〉，頁 171。

世之資。[20]

　　嚴復對當時談論西學者沒有一個談論的基礎，缺乏對西學應有的認識感到不滿意，因此在《天演論》中對西方學術脈絡稍作整理，以便中國士人參考。顯然的，嚴復希望在《天演論》中建構出西方學術的發展脈絡，以使講西學者瞭解西方思想脈絡，作為其談論西學的基礎背景。嚴復會如此做的原因正是，中國士子普遍過度提倡西學中源論而使其對西方學術脈絡認識不清。

　　筆者認為似乎是上述三個當時的風氣促使嚴復翻譯《天演論》。嚴復固然有感於當時譯書品質普遍低落，故期望透過自己的翻譯工作而為晚清的翻譯西書事業開創新局，是以他亟欲找尋一本適合的西書來展開他的工作。然而光從這一點無法說明嚴復為何選擇《進化論與倫理學》，必須由晚清士子徒學西學皮毛和西學中源論大為盛行的兩個現象來看，才可能注意到赫胥黎《進化論與倫理學》是相較於史賓塞（Herbert Spencer, 1820–1903）《第一哲學》和達爾文《物種源始》更為適當的選擇。筆者認為，赫胥黎一書之所以雀屏中選，固然是《進化論與倫理學》屬於結構較為鬆散的演講稿，在翻譯過程中給予嚴復極大的自由發揮空間，[21]以便他能構思如何導正晚清士子徒學西學皮毛和西學中源論大為盛行的兩個問題。另外，《進化論與倫理學》的內容更是以比較進化論和古今各種宗教學說為主，嚴復更能順勢解說各種西方思想差異，連結成自具體系的學術脈絡，並將之與中學比較異同。至於其方法，筆者將於下文分別予以討論。

---

[20]　見嚴復撰，《天演論》（富文本），〈譯例言〉，頁 177。
[21]　參史華茲，《尋求富強：嚴復與西方》，頁 88~89。

二、重構「聖人」意義

在西學中源論與反對西學中源論的爭論中,「開創聖人」一直是相當核心的議點。西學中源論者往往把聖人定位為創制者,譬如伏羲氏、軒轅氏、有巢氏、燧人氏、周公和孔子等聖人,他們依循天理而創制設度,並與天性契合,地域上只存於中土,時間上只存於遠古。[22]反對西學中源論者則反對此一論點,他們認為「天地之大,到處有開創之聖人」,證據是「西洋遠在十萬里外,乃其法更勝」。[23]雖然自明清以降,士人不斷地尋找各種證據以支持和完善化這兩種對立的論述,但是鮮有人處理到「聖人與時勢」的因果關係。筆者認為嚴復似乎有意識地重構「聖人」的概念,因為他於《天演論》中試圖為「聖人」概念提出一種新的見解。

在反對西學中源論的作法上,嚴復似乎繼承著明清以降李之藻、江永和趙翼等人的思路而來,認同「東海西海,心同理同」的想法。他說:

> 自有記載以來,泰東西之聖智,歷時數千萬年,閱人數千萬輩,千慮而一致,殊途而同歸,皆曰無所逃於憂患。……自夫人心之靈,莫不有知,而妙道之行,雖近之不眺其首,隨之弗得其蹤,而死生榮悴,日夜相代夫前,昭昭乎若揭日月,所以先覺之儔,妙契同符,不期而會,分途異唱,殊旨同歸。所謂東海一聖人,此心此理同;西海一聖人,

---

[22] 參金永植,《朱熹的自然哲學》(上海:華東師範大學出版社,2003),頁131~133。

[23] 參本文第三章第一節,頁113~114。

此心此理同也。[24]

　　雖然筆者無法確認嚴復是否閱讀過李之藻、江永和趙翼的著作而受其影響，但是比較他們的論點是非常契合的。嚴復在上述引文中不僅認同「東海西海，心同理同」的論點，「千慮而一致，殊途而同歸，皆曰無所逃於憂患」的想法更與李之藻認為「天地自然之數同」的想法有些類似。[25]然而除了繼承前人之外，嚴復更試圖論述「聖人與時勢」的因果關係以支持「到處有開創聖人」的論點。譬如他借赫胥黎的話論說道：

> 今設此數十百人之內，乃有首出庶物之一人，其聰明智慮之出於人人，猶常人之出於牛羊犬馬，此不翅中國所謂聖人者也，幸而為眾所推服，而立之以為君，以其人治之必申，而不為天行之所勝。是聖人者，其措施之事當如何？曰彼亦法園夫之治園而已。聖人之於其民，猶國夫於人其草木也。[26]

---

[24] 見嚴復撰，《天演論》（味經本），〈論三〉，頁 38~39。上述引文是嚴復自行添增，並未出現在赫胥黎《進化論與倫理學》一書中。

[25] 參本文第三章第一節，頁 107~109。

[26] 見嚴復撰，《天演論》（味經本），〈卮言〉，頁 12。另見 "The pigeons, in short, are to be their own Sir John Sebright. A despotic government, whether individual or collective, is to be endowed with the preternatural intelligence, and with what, I am afraid, many will consider the preternatural ruthlessness, required for the purpose of carrying out the principle of improvement by selection, with the somewhat drastic thoroughness upon which the success of the method depends." Thomas. H.Huxley, *Evolution & ethics ：T.H. Huxley's "Evolution and Ethics" with New Essays on its Victorian and Sociobiological Context.* （New Jersey：

聖人是什麼？聖人又該做什麼？嚴復試圖從這兩個問題重構傳統「聖人」的概念。嚴復很明顯地借著赫胥黎的口吻說，倘若脫去傳統儒學思想賦予聖人的神聖性，聖人其實與人類在萬獸之中的地位一樣，僅是個智力超乎常人的「常人」。他被人民所推戴成為統治者，該做的事情也只是效法園丁照顧花園，盡力地管理和滿足他的人民，不使自然競爭從中產生罷了。這種對於聖人的見解十分特別，究其特別之處，在於嚴復考慮了聖人與外在環境的關係，而非依循著傳統的見解，持續著眼在聖人的內在性質。此外，他也注意到聖人存在於不同的歷史時間中，故亦處理了「聖人與時勢」的因果關係。譬如他說：

〔世人〕視聖智過重，以轉移世運為聖人之所為，而不知世運至，然後聖人生。世運鑄聖人，而非聖人鑄世運也。徒曰明自然而昧天演之道故也。[27]

傳統儒學的概念中，聖人依循著天理行事設制，是以認為聖人一出而世運為之轉移，但是嚴復卻不認為如此。根據進化論，人類是階段性地演進著自己的文化，[28]因此他認為世運產生變化之時，也就是當新的時代來臨，新的聖人才會應運而出。

從上述的例子來看，嚴復是有意識地透過進化論去重構「聖

Princeton University press, 1989），p80.雖然在《進化論與倫理學》當中，赫胥黎的確表達了上述引文中的見解，但是嚴復將其改寫得十分具有中國韻味，並添增「此不翅中國所謂聖人者也」數語，給予讀者重新思考「聖人」概念的空間。

[27] 見嚴復撰，《天演論》（味經本），〈論二〉，頁37。上述引文是嚴復自行添增，並未出現在赫胥黎《進化論與倫理學》一書中。

[28] 參嚴復撰，《天演論》（味經本），〈論二〉，頁37。

人」的概念。嚴復這麼做的原因似乎是，透過重新考慮聖人與外在環境，時勢對聖人的兩種關係，「到處有開創聖人」的論點幾乎成為唯一合理的解釋。若中國遠古之時，智力超群的人能成為萬民中的聖人，西方遠古的環境中自然也會有這種「聖人」存在；若新的時代來臨，聖人才會應運而出，那麼中國與西方在不同歷史時期的轉換中自然都有此類「聖人」產生。依據進化論的觀點，西學中源論者認為的聖人在地域上只存於中土，時間上只存於遠古的見解顯然是錯誤的。

三、中、西哲學比較

比對《天演論》味經本（1896）與富文本（1898）兩個版本顯示，嚴復意欲比較中、西哲學的企圖是十分明顯的。前文已然提及在反對西學中源論的作法上，嚴復似乎繼承著明清以降李之藻、江永和趙翼等人的思路而來，認同「東海西海，心同理同」的想法，然而嚴復的特別之處在於他更加瞭解西學，故能以更多面向、更深入的方式論證「東海西海，心同理同」此一想法的合理性，繼而論證中學西學，實不相同的事實，以此反駁西學中源論。譬如他試圖比較中、西哲學格言上的相似之處，說：

> 額拉吉賴圖周時希臘人曰：世無所謂今也，有過去，有未來，而無見在。辟之濯足長流者，抽足再入，已非前水。……子在川上曰：水哉水哉。又曰：回也見新。交臂非故，東西微言，其同如是。[29]

---

[29] 見嚴復撰，《天演論》（味經本），〈天演論一〉，頁 34~35。上述引文是嚴復自行添增，並未出現在赫胥黎《進化論與倫理學》一書中。

　　為了說明變化是種真實的存在，赫拉克利特（Heraclitus, ca.540B.C.-ca.480B.C.）[30]曾宣稱無人能踏入同一條河流兩次，因為第二次踏進的河流與第一次的河流不再完全相同。這句格言著稱於世，成為西方自古以來「萬物皆變」觀點的主要代表。[31]孔子在《論語》中有類似的表述，感嘆時間之易逝，《全上古三代秦漢三國六朝文》亦有一記載，認為孔子察覺到變化的存在。[32]這些言論在意義上與赫拉克利特著名的格言相較的確十分近似，是以嚴復會有著「東西微言，其同如是」的讚嘆。同時地，嚴復也認為中國與西方對於「道德」有著極為類似的看法，譬如他說：

----

[30]　伊匪蘇之額拉吉來圖是指以弗所的赫拉克利特，活躍於西元前 6 至 5 世紀，為古希臘哲學家，以弗所派創始人，之後嚴復對其簡稱為額拉，額拉氏皆為同一人。生於以弗所一個貴族家庭，相傳生性憂鬱，被稱為「哭的哲學人」。他強調變化，認為「萬物皆轉」，亦認為人的思維因能觀察並把握萬有變化之現象。此外，他主張火是萬物之源，並首先採用邏各斯（logos）一詞，相信世界上有「普遍的理性」來指導大自然發生的每一件事。

[31]　參戴維‧林德伯格（David C. Lindberg）著，王珺譯，《西方科學的起源》，頁 35。

[32]　「子在川上，曰：逝者如斯夫不舍晝夜。」見《論語注疏》，〈子罕第九〉，頁 80。「徐子曰：仲尼亟稱於水曰：『水哉水哉』。」見〔清〕孫奭撰，《孟子注疏》（臺北，中華，1968），卷八，〈離婁章句下〉，頁 145。在引文中，嚴復似乎將不同典籍中有關孔子的言論搞混了，儘管如此，嚴復認為孔子所言與赫拉克利特的格言意義相似，仍然是成立的。「夫人之所謂動者，昔物不至今，故曰動而非靜……故仲尼曰：『回也見新』。交臂非故，如此，則物不相往來明矣。」見〔清〕嚴可均校輯，《全上古三代秦漢三國六朝文》（日本京都：中文，1981），《全晉文》，卷一百六十四，〈釋氏八〉，〈釋僧肇〉，〈物不遷論〉，頁 9a-9b（總頁 2414）。

> 今泰東西之言道德者，皆曰終身可行莫如恕，平天下莫若
> 絜矩矣。泰東者曰：己所不欲，勿施於人。所求夫朋友先
> 施之。泰西者曰：施人如己所欲受。又曰：設身而處地，
> 待人如己之期人。[33]

中國的《論語‧顏淵》篇有云「己所不欲，勿施於人。」[34]
而西方的《聖經‧馬可福音》中也說「要愛人如己」。[35]孔子與
耶穌素昧平生，中國與西方又相隔萬里之遙，對道德的看法會如
此近似，也難怪嚴復要特別改寫赫胥黎的話，暗指「東海西海，
心同理同」了。

然而不只中、西古代格言如此，中國士子也察覺出天演與人
治的矛盾性質而闡述出進化論的中心觀點。嚴復注意到劉禹錫
（772A.D.-842A.D.）[36]的《天論》就有類似觀點，他說：

---

[33] 見嚴復撰，《天演論》（味經本）〈卮言十四〉，頁24。"Moralists of all ages
and of all faiths, attending only to the relations of men towards one another in an
ideal society, have agreed upon the "golden rule,"Do as you would be
doneby."Thomas. H.Huxley, Evolution & Ethics, p89.雖然在《進化論與倫理學》
當中，赫胥黎與嚴復所表達的意思相同，但是嚴復將其改寫成十分具有中、
西比較的感覺。

[34] 「仲弓問仁。子曰：『出門如見大賓，使民如承大祭。己所不欲，勿施於人。
在邦無怨，在家無怨。』仲弓曰：『雍雖不敏，請事斯語矣。』」見〔宋〕
朱熹撰，《論語集注》（臺北，藝文，1966），卷六，〈顏淵第十二〉，頁
132。

[35] 「其次是，『要愛人如己。』再沒有別的誡命比這兩條更大了。」見《聖經》
（新標點和合本）（臺北：臺灣聖經公會，1996），〈新約〉，〈馬可福音〉，
12章，31節，頁50。

[36] 劉禹錫，字夢得，洛陽（今河南省洛陽市）人，一作彭城（今江蘇省徐州市）
人。它是唐朝著名詩人，曾與柳宗元等參加主張革新的王叔文政治集團，失

　　復案：劉夢得《天論》之言曰：……天之能，人固不能也；
　　人之能，天亦有不能也。故天與人交相勝耳。天之道在生
　　植，其用在強弱；人之道在法制，其用在是非。……故曰：
　　天之所能，生萬物也；人之所能，治萬物也。按此其言世
　　與赫胥黎氏以天行屬天，以治化屬人，同一理解，……其
　　所論天人相勝之間，與赫胥黎氏尤為若合符節。地睽戈
　　〔隔〕萬餘里，時隟千有餘年，而所言相合如此。故備錄
　　之，以為觀者互考焉。[37]

　　劉禹錫與赫胥黎的觀點是相當近似的。劉禹錫察覺到天與人
的關係是競爭的，天以天演的原則汰弱存強，人則設立制度以保
存全體，[38]這與赫胥黎在《進化論與倫理學》中強調的天演與人
治二元對立是幾乎相同的。因此，嚴復特別將劉禹錫的論點收錄
於《天演論》作為解說天演與人治二元對立觀點的補充，並有著
「地睽戈萬餘里，時隟千有餘年，而所言相合如此」的感想。同
時，嚴復亦認為班固（32A.D.-92A.D.）[39]也有類似的觀點，說：

　　敗後遭貶。世稱劉賓客，其詩歌反映了中唐政治生活的重大事件，傾向鮮明，
　　頗具現實意義。
[37]　見嚴復撰，《天演論》（味經本），〈論十六〉，頁 73~74。
[38]　「天，有形之大者也：人，動物之尤者也。天之能，人固不能也；人之能，
　　天亦有所不能也。故余曰：『天與人交相勝耳。』其說曰，天之道在生植，
　　其用在強弱；人之道在法制，其用在是非……故曰天之所能者，生萬物也；
　　人之所能者，治萬物也。」見〔唐〕劉禹錫撰，《劉賓客文集》（臺灣：中
　　華書局，1966，據結一廬朱氏刻本校刊），卷五，〈天論上〉，頁 3b-4b。
[39]　班固，字孟堅，扶風安陵人（今陝西咸陽）。班固為東漢著名的史官，亦為
　　東漢前期著名的辭賦家，著有《兩都賦》、《答賓戲》、《幽通賦》等。著
　　有《漢書》傳世。

治化者，故天演之一事也。其用在厚人類之生，大其與物
為競之能用，以自全於天行酷烈之際。故治化雖原出於
天，而不得不謂其與天行相反。此治化之名，所以常與天
行對也。班固曰：「不仁愛則不能群，不能群則不勝物，
不勝物則養不足，群而不足，爭心將作。」斯言也，與以
天演言治者，又何間乎？[40]

　　班固認為人貴為萬物之靈，運用智力來役使萬物而獲得供養
是必然的生活方式，然而不能團結合作，人群中就會產生競爭而
損害自己，如此則無法役使萬物而供養自身。[41]這個論述不僅道
出天演與人治的矛盾性質，更進一步點出人群若不能團結合作，
將無法形成以人治對抗天演所帶來的競爭。正是因為劉禹錫與班
固都各自得出與進化論極為類似的想法，是以嚴復才會在翻譯文
本之餘，添增上述的文句以支持「東海西海，心同理同」的論點。

　　倘若進一步深究，為何東海西海會有心同理同的現象，嚴復
曾在一段文字中透露出它的想法。他說：

傳曰：「作《易》者其有憂患乎？」太史公曰：《離騷》
蓋自怨生也。六藝傳記之所垂，大抵皆古聖賢人發憤之所

---

[40] 見嚴復撰，《天演論》（味經本），〈卮言十四〉，頁23。嚴復上述的引文
　　雖然合於赫胥黎本欲論述的觀點，但是徵引班固〈漢書·刑法志〉的文字，
　　自然是嚴復自行添增上去的。

[41] 「夫人宵天地之須，懷五常之性，聰明精粹，有生之最靈者也。爪牙不足以
　　供者欲，趨走不足以避利害，無毛羽以禦寒暑，必將役物以為養，任智而不
　　恃力，此其所以為貴也。故不仁愛則不能群，不能群則不勝物，不勝物則養
　　不足。羣而不足，爭心將作。」見〔漢〕班固撰，〔唐〕顏師古注，《前漢
　　書》（臺北，中華，1966），卷二十三，〈刑法志第三〉，頁1a。

> 為作也。豈唯是六藝傳記而已，彼司徒之有教，司寇之有
> 刑，周公孔子之所制作，老聃釋迦之所教誡，降以至於歐
> 羅之天主，天方之哥蘭，雖指意懸殊，亦何一焉不因畏天
> 坊民而後起事呼！[42]

　　他認為大抵古聖賢人撰書著述，都是基於憂患而發憤為之，
這種狀況不僅止於中國，就連中亞和歐洲亦然。嚴復的說法與李
之藻認為「天地自然之數同」的想法，是類似的。在相同的經驗
基礎下，中國與西方的古人是可能得出極為類似的想法，嚴復在
此處只是著重於著述者的人生際遇類似立論，李之藻則著眼於古
人擁有接觸天象的共同經驗。兩者都注意到相同的經驗基礎是
「東海西海，心同理同」得以成立的理由。

　　雖然中學與西學上的確存在著部份「東海西海，心同理同」
的事例，但是實際上，嚴復更認為中學與西學實不相同。譬如他
討論中國與西方設刑制法的源由時，察覺到根本上的不同，他說：

> 班孟堅之志刑法也，其言曰：古有聖人，作之君師，既躬
> 明哲之性，又通天地之心，於是則天象地，動緣民情，以
> 制禮作教立法設刑焉。秩有禮所以崇敬，討有罪所以明

---

[42] 見嚴復撰，《天演論》（味經本），〈論二〉，頁 36。"But there is another aspect
of the cosmic process, so perfect as a mechanism, so beautiful as a work of art.
Where the cosmopoietic energy works through sentient being, there arises, among
its other manifestations, that which we call pain or suffering. This beleful product
of evolution increases in quantity and in intensity, with advancing grades of
animal organization, until it attains its highest level in man." Thomas. H.Huxley,
Evolution & Ethics, p51.嚴復上述的引文雖然略合於赫胥黎本欲論述的觀
點，但是經過嚴復大幅度地改寫。

威。此之謂一人作則，範圍百世，而天下服也。中國論刑
賞之原如此。而泰西之論，則有異議焉。彼之言曰：民既
成群，必有群約……西洋刑賞之原，與中國載籍所傳，其
說不同如此。[43]

　　中國刑法的起源，《漢書・刑法志》曾有討論，古聖人依循
天理而制禮作教、立法設刑，因此其制得延續百世，天下人皆臣
服。然而這種刑法形成的方式恰巧與西方的刑法起源相反。西方
近代的刑法起源，主要是採用社會契約論的精神，由人民放棄自
己部份的自然權力給予公正的行政官，並由行政官制定刑法以保
障所有人民。[44]嚴復能察覺到中國與西方在刑法起源上的差異，
足見他對西方政治學有相當的認識。雖然這個例子存在個小瑕
疵，近代西方民主制的刑法起源並不同於西方遠古時期的刑法起
源，然而嚴復透過此例來說明中、西學實不相同仍然是成立的。
再者，嚴復也試圖拿中國的理氣論比較西方的進化論與倫理思
想，譬如他說：

復案：此篇之說，與宋儒同。宋儒言天，常分理氣為兩物。
程子有所謂氣質之性。氣質之性，即告子所謂生之謂性，

---

[43]　見嚴復撰，《天演論》（味經本），〈論四〉，頁 42~43。上述引文是嚴復
　　　自行添增，並未出現在赫胥黎《進化論與倫理學》一書中。

[44]　《社會契約論》（Du Contrat Social，又譯《民約論》，或稱政治權利原理）
　　　是法國思想家讓・雅克・盧梭（Jean-Jacques Rousseau，1712-1778）於 1762
　　　年寫成的一本書。《社會契約論》中主權在民的思想，是現代民主制度的基
　　　石，深刻地影響了逐步廢除歐洲君主絕對權力的運動，和 18 世紀末北美殖
　　　民地擺脫英帝國統治、建立民主制度的鬥爭。美國的《獨立宣言》和法國的
　　　《人權宣言》及兩國的憲法均體現了《社會契約論》的民主思想。

> 荀子所為惡之性也。大抵中國儒先言性，專指氣而言則惡
> 之，專指理而言則善之。……朱子主理居氣先之說，而所
> 謂理者，固待人而後存，待心知而後見……則所謂理者，
> 亦不可得而見矣。赫胥黎之旨，以氣屬天行，而以理屬之
> 人治。此固自其用而言之，若自其本體而言，理亦不能捨
> 天而專屬之人也，與朱說參觀可耳。[45]

宋明以降的理氣論者普遍以二元對立的觀點討論性理，將
「氣」歸於形而下而視之為惡，「理」歸於形而上而視之為善。
赫胥黎在《進化論與倫理學》中的觀點恰巧與理氣論者相反，認
為氣質屬自然而依循演化原則行事，理性存在於人智中而依循人
治原則前進。此一比較存有著相當的問題，好比說理氣論者的
「理」、「氣」在嚴格的意義下，其實與赫胥黎的概念有相當的
差距，但是就相對寬鬆的標準來說，中國與西方的這種想法基本
上是相反的，嚴復的理解並沒有錯誤。

其實嚴復不止於證明中學與西學實不相同，他更嘗試舉證西
方學術本身就存在各種差異。這說明他在西學上的涉獵遠比 200
年前左右的李之藻、江永、趙翼，以至於稍早的王韜更為深刻，
因此得以進行此類比較工作。譬如他說：

> 故持佛之理，而驗比爾圭黎之言，其前半與佛同也，其後
> 半則大異。此印、歐二教之所以不同，講西學者，不可不
> 深察也。[46]

---

[45] 見嚴復撰，《天演論》（味經本），〈論十三〉，頁 66~67。

[46] 見嚴復撰，《天演論》（味經本），〈論九〉，頁 54。上述引文是嚴復自行
　　添增，並未出現在赫胥黎《進化論與倫理學》一書中。

　　赫胥黎比對貝克萊主教（George Berkeley, 1684-1753）[47]與悉達多（Gotama Buddha, ca.624B.C.-ca.544B.C.）[48]學說對物質、實體與心靈的相關看法，藉此為羅馬尼斯講座[49]的聽眾介紹印度佛教哲學。[50]雖然赫胥黎的原意如此，但是嚴復顯然將焦點突顯成佛教哲學與貝克萊的唯心哲學有部分相似，卻有更多不同點，以此告誡著學習西學的晚清士子必須注意這個問題。筆者認為，嚴復會做如此改寫的原因似乎隱含著這樣的邏輯：舉證西方學術自身存在著差異，則能說明西方學術之間彼此亦有不同。既然證明西方學術彼此不同，並舉證出中、西學彼此亦存在差異，則能說明中學與西學彼此實不相同。在這裡，嚴復視印度佛教哲學與貝克萊的唯心哲學同為西方學術，[51]是以突顯出他們之間的不同，有助於使晚清士子以類似的標準去重新理解中學與西學間的不同，進而反省西學中源論。當然，嚴復不期望僅舉證一例就能說服時人，因此他又藉著赫胥黎比較斯多噶思想與印度佛學思想

---

[47] 比爾圭黎即貝克萊，嚴復於富文本譯為比圭黎，為愛爾蘭哲學家。他否定物質具有第一性，只承認物質存在著第二性，可被感知的性質，主張「存在即被感知」，與約翰‧洛克和大衛‧休謨被認為是英國近代經驗主義哲學家的三位代表人物。著有《視覺新論》（1709）、《人類知識原理》（1710）、《哲學對話三篇》等主要著作。

[48] 喬達摩‧悉達多，古印度釋迦族人，是佛教的創始人。釋迦牟尼為其尊稱，意為釋迦族的聖人，又被稱為佛陀（自覺者）、世尊等。

[49] 羅馬尼斯講座曾是牛津大學的年度講座，赫胥黎《進化論與倫理學》一書收錄了他當時擔任羅馬尼斯第二年度講座的大部分演講稿。

[50] 關於赫胥黎比對兩者的哲學論點，參嚴復撰，《天演論》（味經本），〈論九〉，頁 52~53。

[51] 不僅嚴復視印度佛教哲學為西方學術，薛福成也持類似觀點。這似乎反映出晚清士子界定中學與西學的標準。參本文第二章第二節，頁 67~68。

來加以補充，他說：

> 吾嘗取斯多噶之教，與喬達摩之教，較而論之，則喬達摩
> 悲天憫人，不見事間之真美，與斯多噶樂天任運，又不睹
> 人世之足悲。然而教雖均有所偏，而使二者必取一焉，則
> 斯多噶之教似為差樂。[52]

基本上嚴復並未更動原文的意思，但是透過赫胥黎所做的比較，《天演論》的閱讀者將清楚地意識到斯多噶思想與印度佛學思想在此處的不同。這間接使嚴復達成其目的。他又說：

> 是故自其後而觀之，則希臘、天竺兩教宗，乃若不謀而合。
> 特精而審之，則斯多噶與回教之婆羅門為近，而亦微有不
> 同者。……然則是二土之教，其始本同，其繼乃異。[53]

與前一段引文不同的是，嚴復是自行添增這一段文字，赫胥黎並沒有撰寫這段文字。嚴復認為希臘與印度的宗教哲學同出一源，其後則各自發展，仔細地比較斯多噶與婆羅門教就可以得到此一例證，因此他有意識地突顯出西方學術本身即存在各種差異，自是無疑的。

綜合言之，筆者認為由於譯書文采、晚清士子徒學西學皮毛

---

[52] 見嚴復撰，《天演論》（味經本），〈論十三〉，頁 65。"But the attempt of
the Stoics to blind themselves to the reality of evil, as a necessary concomitant of
the cosmic process, had less success than that of the Indian philosopher to
exculde the reality of good from their purview." Thomas. H.Huxley, Evolution &
Ethics, p131.

[53] 見嚴復撰，《天演論》（味經本），〈論十四〉，頁 68。上述引文是嚴復自
行添增，並未出現在赫胥黎《進化論與倫理學》一書中。

的現象和西學中源論的盛行，導致的整體環境使然，嚴復遂開始進行翻譯《天演論》的工作。赫胥黎《進化論與倫理學》一書之所以雀屏中選的主因，是它屬於結構較為鬆散的演講稿，在翻譯過程中給予嚴復極大的自由發揮空間，方便嚴復構思如何導正晚清士子徒學西學皮毛和西學中源論大為盛行的兩個問題，另外，它的內容更是以比較進化論和古今各種宗教學說為主，嚴復更能順勢進行中、西比較的工作，以展開其反對西學中源論的論證。

在方法上，嚴復雖然承襲著前人的思路，但是他試圖重構「聖人」的概念。他將聖人去道德化，為「到處有開創聖人」的傳統論述建立新的理論基礎，以此反對西學中源論。此外，他同時比較中、西哲學，以此論證「東海西海，心同理同」此一想法的合理性，繼而論證中學西學，實不相同的事實，來反駁西學中源論。與前人類似的是，嚴復察覺到相同的經驗基礎是「東海西海，心同理同」得以成立的理由，然而較為不同的是，嚴復在西學上的涉獵遠比 200 多年前的李之藻、江永、趙翼，以至於稍早的王韜更為深刻，因此得以進行更深入的中、西哲學比較工作，使他反對西學中源論的基礎更為堅實，論述亦更為精緻。

第二節　突顯「迥異」的西方歷史

在《天演論》當中，嚴復固然進行了中、西的哲學比較，然而有跡象顯示，他同時試圖展開中、西歷史比較的工作。筆者在〈論嚴復在《天演論》中建立西方學術脈絡的用意〉（2005）注意到「嚴復在《天演論》中的確有意識地要建立一個西方學術脈絡的圖象，成為書中一個相當重要的主旨，而介紹這個脈絡的用

意則是使時人認清西學自有體系，與中學無涉的歷史事實」[54]
這顯示嚴復在介紹西方學者時有一套連貫的邏輯，企圖達到使時
人認清西學自有體系的目的。但是，倘若筆者於前一節的論述屬
實，嚴復翻譯《天演論》是為了提升當時譯書文采、導正晚清士
子徒學西學皮毛的現象和西學中源論的盛行，那麼，接踵而來的
問題便是建立西方學術脈絡的用意是否僅在於使時人認清西學
自有體系，與中學無涉的歷史事實，還是有其他目的？譬如導正
晚清士子徒學西學皮毛的現象和西學中源論的盛行？若是，嚴復
怎麼透過建立西方學術脈絡來達成這些目的？嚴復是否繼承了
以往新教傳教士的部份方法？抑或，嚴復是另外添增新的方法使
其反對西學中源的論述看來更為堅實？筆者認為繼續探究上述
問題有助於釐清若干細節，使學界更清楚地認識《天演論》的本
質。

　　筆者認為嚴復是有步驟地建構西方自然哲學發展脈絡。《天
演論》清楚地顯示，嚴復花了相當的篇幅與心血在說明西方學術
傳統。這個意味著除了對跟進化論有關聯的學者加以介紹，同時
也必須補充其他無關進化論的思想家與學派。因為若非如此，就
無法使中國士子認識完**整的**西學體系與其脈絡，以瞭解中、西學
術在淵源上就不盡相同。嚴復的這個做法，其用意雖然是使時人
認清西學自有體系，與中學無涉的歷史事實無疑，但是考慮到《天
演論》〈自序〉和〈譯例言〉所披露的時下風氣，嚴復的出發點
似乎更是基於導正晚清士子徒學西學皮毛的現象和西學中源論
的盛行而發。[55]

---

[54] 見雷中行，〈論嚴復在《天演論》中建立西方學術脈絡的用意〉，頁 23。
[55] 參見雷中行，前揭文，頁 16。

導正晚清士子徒學西學皮毛的現象和西學中源論的盛行，看似雖然是兩個截然不同的目的，但是嚴復企圖透過類似的方法去導正這兩個時下風氣。在〈救亡決論〉（1895）一文中，他似乎認為徒學西學皮毛的晚清士子與西學中源論者在本質上是接近的。他說：

> 晚近更有一種自居名流，於西洋格致諸學，僅得諸耳剽之餘，於其實際，從未討論。意欲揚己抑人，誇張博雅，則於古書中獵取近似陳言，謂西學皆中土所已有，羌無新奇。如星氣始於臾區，句股始於隸首；渾天昉於璣衡，機器創於班墨…。第即使其說誠然，…亦何足以助人張目，所謂詁彌甚耳！[56]

嚴復在這裡描述的是一批具有西學中源論思想的名流之士，仔細地分析這批人的特質，可以發現他們都具有「於西洋格致諸學，僅得諸耳剽」和「意欲揚己抑人，誇張博雅」兩個特色。從邏輯來看，雖然嚴復屢屢被某些西學中源論者輕視和羞辱，[57]但是這種人必須「於西洋格致諸學，僅得諸耳剽」和「意欲揚己抑人，誇張博雅」兩個特色兼具才可能有此舉動。然而不可否認地，在當時「風氣漸開，士知弇陋為恥，故西學一道，問津日多」的氛圍中，[58]和翻譯的西書普遍使「有識者方鄙夷而不知顧」的

---

[56] 見嚴復撰，《嚴復文集編年・一》（臺北：辜公亮文教基金會，1998），〈救亡決論〉，頁94~95。

[57] 參見雷中行，前揭文，頁12~13。

[58] 見嚴復撰，《天演論》（手稿本）（收錄於王慶成主編，《嚴復合集・天演論匯刊三種》，臺北：財團法人辜公亮文教基金會，1998），〈赫胥黎治功天演論序〉，頁84。

狀況下，[59]默默地接觸西學的晚清士子顯然更多。士子接觸西學的機會雖然增多，但是層次恐怕也僅停留在耳剽為主。上述的分析顯示，徒學西學皮毛的晚清士子與西學中源論者在本質上是接近的，他們共同的特質都是「於西洋格致諸學，僅得諸耳剽」，只是某些西學中源論者更有「意欲揚己抑人，誇張博雅」的動作罷了。由此可知，嚴復在《天演論》建構西方自然哲學發展脈絡的目的可能不僅是針對西學中源論者而發，亦有導正晚清士子徒學西學皮毛的企圖。[60]

一、導正晚清士子徒學西學皮毛的現象

若根據嚴復〈譯例言〉的相關敘述，他似乎設想出一種方法導正晚清士子徒學西學皮毛的現象。他說：

> 原書多論希臘以來學派，凡所標舉，皆幫〔當〕時名碩。流風緒論，泰西兩千年之人心民智係焉，講西學者所不可不知也。茲於篇末，略載諸公生世事業，粗備學者知人論世之資。[61]

因為赫胥黎《進化論與倫理學》一書中提及不少「希臘以來學派」思想，嚴復為了幫助讀者瞭解這些陌生的思想淵源，故在案語上補充了許多西方名哲的生平與主要思想。顯然地，嚴復認為這些西方學者的「流風緒論」，影響「泰西兩千年之人心民智」，是「講西學者所不可不知」的，這似乎意味著晚清士子就算對這

---

[59] 見嚴復撰，《天演論》（富文本），〈吳汝綸序〉，頁 174。

[60] 參本文第四章第一節，頁 164~166。

[61] 見嚴復撰，《天演論》（富文本），〈譯例言〉，頁 177。

些西方學者的生平與思想有所接觸，也不甚瞭解，連帶地，無法
掌握這些學者的思想有何重要而能影響泰西人心兩千年。因此從
〈論十一‧學派〉中，即反應出嚴復的此種做法。他首先就地理
位置說：

> 復案：密理圖舊地，在安息西界（今名小亞細亞）。當春
> 秋昭、定之世，希臘全盛之時，跨有二洲。其地為一大都
> 會，商賈輻輳，文教休明。中為波斯所侵，至戰國時，羅
> 馬漸盛，希臘稍微，而其地亦廢，在今斯沒爾拿地南。[62]

蜜理圖（Miletus）今譯為米利都，在小亞細亞（Asia minor，
又名 Anatolia）的西邊沿海一地。當春秋魯召公、定公之世
（541B.C.-495B.C.），希臘城邦正值興盛時期，其殖民地擴大到
小亞細亞西岸，故使當地發展出一個都會帶。米利都學派便在這
種商業興盛，城市興起的狀況下產生。其後，此地經過波斯的侵
略，又在羅馬興盛時逐漸衰落。另外，他又介紹道：

> 伊匪蘇舊壤，亦在安息之西。商辛、周文之時，希臘建邑
> 於此，有祠宇祀先農神知安那最著號。周顯王十三年，馬
> 基頓名王亞烈山大生日，伊匪蘇災，四方佈施，雲集山積，
> 隨復建造，壯麗過前，為南懷仁所稱宇內七大工之一。後
> 屬羅馬，耶穌之徒波羅宣景教於此。曹魏景元、咸熙間，
> 先農之祠又毀。自茲厥後，其地寖廢。突厥興，尚取其材
> 以營君士但丁焉。[63]

---

[62] 見嚴復撰，《天演論》（富文本），〈論十一‧學派〉，頁 258。
[63] 見嚴復撰，《天演論》（富文本），〈論十一‧學派〉頁 258。

　　伊匪蘇（Ephesus）今譯為以弗所（亦譯為愛非斯），在米利都北方一帶。商紂（1154B.C.-1122B.C.）周文（ca.1099B.C-ca.1050B.C）之時，希臘人在此建立城市，並以主祭先農神知安那（Diana）[64]的亞底米神廟聞名於世。周顯王十三年（356B.C.）的 7 月 22 日，正值亞歷山大大帝[65]生日（Alexander the Great，July 22, 356B.C- June 10, 323B.C.），以弗所發生災難，名列七大世界奇觀的亞米底神廟毀於火災（550B.C-356B.C.），後經重建，羅馬時期，保羅（Saint Paul）[66]以以弗所為基地宣揚基督教，成為基督教早期的重要中心。時值曹魏景元、咸熙年間（260A.D.-265A.D.），亞米底神廟又燬，隨後以弗所衰落。突厥興起，還前往以弗所一地取材興建君士坦丁堡。

　　嚴復介紹地理位置，其目的在於介紹希臘學派所在的地理位置及該地的歷史發展，米利都和以弗所兩個城市正是希臘自然哲學發展的起源地。因此，在介紹完這兩個城市的地理位置與歷史背景後，嚴復開始介紹活躍於以弗所的首位自然哲學家赫拉克利

---

[64] 先農神知安那，今譯為狄安娜。希臘神話中為先農神，羅馬神話則為月亮和狩獵女神。

[65] 馬基頓名王亞烈山大，即亞歷山大大帝，著名的軍事家，馬其頓的亞歷山大三世。他維以馬其頓領導的統一希臘諸城邦，並征服波斯、及其它亞細亞王國，直至印度的邊界，統治當時歐洲人概念中的「已知世界」。

[66] 保羅（Paul, 3A.D.-67A.D.），天主教翻譯作保祿，為耶穌的十二使徒之一。原名掃羅（Saul），因家鄉為大數，所以根據當時的習俗也被稱為大數的掃羅（Saul of Tarsus），悔改信主後改名為保羅。天主教廷將他封聖，提到他時常稱聖保羅（Saint Paul），但新教則通常稱他為使徒保羅。他是神所揀選，將福音傳給外邦人的使徒，也被歷史學家公認是對於早期教會發展貢獻最大的使徒。他一生中至少進行了三次漫長的宣教之旅，足跡遍至小亞細亞、希臘、義大利各地，在外邦人中建立了許多教會，影響深遠。

特。他說：

> 額拉吉來圖生於周景五十年，為歐洲格物初祖。其所持
> 論，前人不知重也。今乃愈明，而為之表彰者日眾。按額
> 拉氏以常變言化，故謂萬物皆在已與將之間，而無可指
> 之。今以火化為天地祕機，與神同體，其說與化學家合。
> 又謂人生而神死，人死而神生，則與漆園「彼是方生」之
> 言若符節矣。[67]

赫拉克利特生於周景五十年，[68]是歐洲自然哲學的始祖。早
期時人輕視了他的論述，直到晚近才越來越明白箇中精要，益發
為時人所重視。赫拉克利特認為事物是不斷變化的，萬物都在過
去與將來之間變化，沒有東西是當下不變的。[69]他同時認為，火
是這個世界的規則與根源，[70]與某些化學家的主張相合。他又說
人生則神死，人死則神生，這與莊周的思想也是類似的。[71]筆者
發現，雖然嚴復在這段介紹中存在著一個錯誤，譬如周景王只在

---

[67]　見嚴復撰，《天演論》（富文本），〈論十一・學派〉，頁 258~259。

[68]　據查證，540B.C.為周景王五年，且周景王僅在位 25 年，嚴復此說疑有誤。

[69]　參戴維・林德伯格（David C. Lindberg）著，王珺譯，前揭書，頁 35。

[70]　參戴維・林德伯格（David C. Lindberg）著，王珺譯，前揭書，頁 31。

[71]　「彼是方生」之言，是指事物同時存在著正反兩面，不可被分割。「物無
　　　非彼，物無非是。自彼則不見，自知則知之。故曰：『彼出於是，是亦因彼。』
　　　彼是，方生之說也。雖然，方生方死，方死方生；方可方不可，方不可方可；
　　　因是因非，因非因是。是以聖人不由，而照之於天，亦因是也。是亦彼也，彼
　　　亦是也。彼亦一是非，此亦一是非。」〔清〕王先謙撰，《莊子集解》（收入
　　　世界書局編輯部，《新編諸子集成（四）》，臺北：世界書局，1978），卷一，
　　　〈齊物論第二〉，頁 9~10。

位二十五年（544B.C.-520B.C.），而非有五十年，但是這段介紹
仍然是創新且具有特色的，因為以往介紹西方自然哲學的中、西
士人似乎都只以「人物」為介紹主軸，而沒有在「地點」上加以
說明。[72]嚴復則為了介紹赫拉克利特，先花了若干篇幅介紹米利
都與以弗所兩地，這使讀者增加了認識赫拉克利特的背景資訊。
特別地是，在介紹赫拉克利特的生平與思想時，嚴復也不是淪落
於單純地描述，而是加上「前人不知重也。今乃愈明，而為之表
彰者日眾」、「其說與化學家合。」和「與漆園彼是方生之言若
符節矣」等論述，企圖使讀者更能認識赫拉克利特和瞭解其現代
意義。[73]這種論述在以往對於西方學者的介紹中是少見的。

　　另外，值得注意的是嚴復介紹西方名哲時採取的方式。與前
人不同的是，雖然嚴復主要也是介紹西方的自然哲學家，但是描
述他們的思想觀點的篇幅卻十分少，多以介紹其生平為主。譬如

---

[72] 譬如新教傳教士和王韜的介紹西學源始的文章中，極少從地理加以描述。參
　　本文第三章第二節，頁119~132；第三章第三節，頁144~148。

[73] 從另外兩個例子來看，嚴復此一做法亦相當明顯。第一、嚴復介紹亞里斯多
　　德時，曾以中土儒者言理來比擬亞里斯多德的學說，在講述其地位時，亦以
　　中國的孔子來形容亞里斯多德。「蓋自西人言理以來，其立論樹義，與中土
　　儒者較明，最為相近者，雅里氏一家而已。元明以前，新學未出，泰西言物
　　性、人事、天道者，皆折中於雅里氏。其為學者崇奉篤信，殆與中國孔子侔
　　矣。」見嚴復撰，《天演論》（富文本），〈論十一‧學派〉，頁260。第
　　二、嚴復介紹赫拉克利特為愛哭的哲學者，德謨克利特為愛笑的哲學家，亦
　　以中國的阮元和陸雲比擬，在在皆反映出嚴復企圖讀者更能認識西方名哲的
　　用心。「德謨善笑，而額拉吉來圖好哭，故西人號額拉為哭智者，而德謨為
　　笑智者，猶中土之阮嗣宗、陸士龍也。」見嚴復撰，《天演論》（富文本），
　　〈論十一‧學派〉，頁261。

他介紹什匿克（Cynic）學派[74]，說：

> 什匿克者，希臘學派名，以所居射圃而著號。倡其學者，
> 乃蘇格拉第弟子名安得臣者。什匿克宗者，以絕欲遺世，
> 克己勵行為歸。蓋類中土之關學，而質確之餘，雜以任達，
> 故其流極乃貧賤驕人，窮丐狂倮，豀刻自處，禮法蕩然。
> 相傳安得臣常以一木器自隨，坐臥居起，皆在其中。又好
> 對人露穢，白晝持燭，遍走雅典，人詢其故，曰：吾覓遍
> 此城，不能得一男子也。[75]

犬儒學派的創建者是蘇格拉底（Socrates, 496B.C.-399B.C.）
的弟子安提西尼（Antisthenes, ca. 445B.C.- ca. 365B.C.），其學派
名則以創立者安提西尼發表演講的「快犬」運動場為名。犬儒學
派要求門徒以禁慾和克制自己，與中國的關學[76]頗為類似，但是
卻在質樸之餘，往往挾帶著任意豁達的態度。因此犬儒學派演變
為門徒以貧賤自豪，甘為乞丐而佯狂裸露，用心深刻而行事苛
刻，毫不考慮世俗禮法。相傳安提西尼常帶著一個木器，日常生
活全在那木器中，他又喜歡當人之面露出男性器官，白天也拿著
蠟燭在雅典城內漫步。人們詢問他為何如此，他說：「我尋覓遍

---

[74] 什匿克學派即為犬儒學派，由蘇格拉底的學生安提西尼創立，並以安提西尼
在場演講的「快犬」（Cynosarges）的運動場為名。該學說提倡回歸自然，
清心寡欲，鄙棄俗世的榮華富貴；以貧窮、自足、禁欲的生活才是唯一的美
德，要求人克己無求，獨善其身。犬儒學派與其他學派的區別，在於與眾不
同的生活方式和態度，而不是其思想體系。

[75] 見嚴復撰，《天演論》（富文本），〈論十一·學派〉，頁 259~260。

[76] 關學即是關中學派，宋代理學之一派。創始人為張載（1020-1077），強調學
貴實用。

這座城市，竟然找不到一個男子漢。」檢視嚴復對犬儒學派的敘述，對於其思想淵源介紹不多，卻集中在犬儒學派的歷史淵源和流變，以及安提西尼個人的描述為主，尤其是對安提西尼的描述十分活潑傳神，可塑造讀者深刻的印象。再看嚴復對柏拉圖的介紹，他說：

> 柏拉圖，一名雅里大各，希臘雅典人。生於周考五十四年，壽八十歲，希臘舊俗，庠序間極重武事，如超距、搏躍之屬，而雅里大各稱最能，故其師字之曰柏拉圖。柏拉圖，漢言胼脅也。折節為學，善歌詩，一見蘇格拉第，聞其言，盡棄舊學，從之十年。蘇以非罪死，柏拉圖為頌其冤。黨人仇之，乃棄鄉里，往游埃及，求師訪道十三年。走義大利，盡交羅馬賢豪長者。論議觸其王諱，為所賣為奴，主者心知柏拉圖大儒，釋之。歸雅典，講學於亞克特美園。學者裹糧挾贄走數千里，從之問道。今泰西太學，稱亞克特美，自柏拉圖始。其著作多稱師說，雜出己意。其文體皆主客設難，至今人講誦弗衰。精深微妙，善天人之際。為人制行純懿，不媿其師。故西國言古學者，稱蘇、柏。[77]

柏拉圖，原名雅里大各，[78]希臘雅典人，生於西元前 427 年，

---

[77] 見嚴復撰，《天演論》（富文本），〈論十一・學派〉，頁 259。雅里大各是指柏拉圖。為了不使讀者將雅里大各與雅里大德勒搞混，嚴復特別在介紹亞里斯多德時加上說明。「雅里大德勒（此名多與雅里大各相混，雅里大各乃其師名耳）者，柏拉圖高足弟子。」見嚴復撰，《天演論》（富文本），〈論十一・學派〉，頁 260~261。亞克特美園（Academy）是指柏拉圖學院。

[78] 柏拉圖的原名為亞裡斯多克勒斯（Aristokles）。

[79]卒於 80 歲。根據希臘風俗，學校重視武術教育，是以柏拉圖非常擅長投石超距、跳躍搏鬥等武藝，進而被老師取名為柏拉圖，意思為肋骨連一，平坦寬闊之意。後來他愛好學習，擅長寫詩，遇見蘇格拉底並聽其言論，盡棄所學，跟隨蘇格拉底長達 10 年。直到蘇格拉底冤獄枉死，柏拉圖為其冤情辯訴，引起某些黨徒的仇視，故遠走埃及，求學 13 年。在義大利結識眾多羅馬豪傑，但是他的議論卻觸怒羅馬國王，被國王賣去做奴僕，然而買主知道柏拉圖是大學者，所以釋放他。獲釋後，柏拉圖回到雅典，在「學院」（Academy）講學，學者遠在千里亦前來與他拜師求學。今日歐洲的大學，稱為 Academy，便是從柏拉圖開始。他的著作多引老師的說法，挾帶自己的意見，採用的文體都是主客問答，時至今日人們仍然講述和討論他的文章。其學問精深微妙，討論人與自然的關係；其為人樸實純潔，不比他的老師蘇格拉底遜色，是以西方學者將他們兩人齊名而稱。

　　從上面的敘述來看，嚴復幾乎不在柏拉圖的思想上著墨，反倒是集中在生平事跡進行介紹。筆者認為，這是嚴復在細心思考下所採取的特殊方式。從柏拉圖的際遇來描述他的性格，譬如：青年教育，拜師，為師訴訟，離鄉求學，獲罪遭釋，建立「學園」等事，進而達到傳神的效果。另外運用別人對他的評價說明他的地位，譬如：「柏拉圖」的意思，遭買主釋放，學者遠來拜師，後世將蘇、柏齊名等事。這些在在地反映出嚴復「略載諸公生世事業，粗備學者知人論世之資」的目的。嚴復似乎認為，未能瞭解西方名哲的生平事跡前，中國士子是難以深入理解他們的思

---

[79] 據查證，427B.C.為周考王十四年，且周考王僅在位 15 年，嚴復在引文認為柏拉圖生於周考王五十四年，疑有誤。

想，而最易讓中國士子瞭解西方名哲，同時挾帶眾多基本資訊的方法，就是為西方名哲們做史傳。藉由閱讀史傳讓中國士子易於掌握其為人，才能進而掌握其精確的思想，如此一來，才可能導正晚清士子徒學西學皮毛，嘴咀糟粕的現象。若非《進化論與倫理學》的內容「多論希臘以來學派」，且為形式鬆散的演講稿，恐怕嚴復是很難在案語中添增西方名哲的史傳，又同時兼顧信與達的標準。

二、導正西學中源論所產生的偏見

深入分析嚴復介紹西方名哲的各種內容後，筆者亦認為，其中有許多處理年代的問題，或是描述學派之間的淵源關聯，與反對西學中源論有相當的關係。在細部檢視《天演論》書中的相關內容之前，必須先對「反對西學中源論」這個動作加以討論。反對西學中源論可以有很多種方式，例如證明中學沒有西傳；中學發展不出西學的微妙；中西學間有著根本的差異；或是使中國士人認識西方學術傳統的脈絡淵源，以跟中學傳統作出區別等等。[80]在方式上，嚴復似乎選擇以證明中學沒有西傳來著手導正西學中源論所產生的偏見。

從〈論三・教源〉的案語來看，嚴復為了辯明西方學術的起源，大量地辯證了相關的年代問題。在介紹西方思想家和學派時，嚴復都會加上中國紀年，更細緻的情況還可能考察其年代。因此，從年代上就給予西學中源論在根據上一個極大的反證。譬如嚴復在案語首先寫道：

---

[80] 參見雷中行，前揭文，頁 13~14。

世運之說，豈不然哉！合全地而論之，民智之開，莫盛於
春秋戰國之際。中土則孔、墨、老、莊、孟、荀以及戰國
諸子，尚論者或謂皆有聖人之才，而泰西則有希臘諸智
者，印度則有佛。[81]

關於世運的說法，豈不正是如此嗎？就當時的整體狀況而
論，民智再也沒有比春秋戰國之間更為興盛的。中國境內有孔
丘、墨翟、李耳（c.a.600B.C-c.a.470B.C.）、莊周（c.a.369B.C.-
c.a.286B.C.）、孟軻、荀況（c.a.313B.C.-238B.C.）以及戰國諸子，
部分學者認為他們都具備聖人之才。在西方，希臘有多位智者，
印度則有佛陀。嚴復論述到中國春秋戰國之間，世界各地皆有聖
哲出世，除了讚嘆世運之奇妙，更帶有某種人類文化多源論的味
道。[82]這顯得與西學中源論一貫的論調格格不入。緊接著，嚴復
開始更細緻地考據佛陀的年代。他說：

佛生卒年月，迄今無定說。摩騰對漢明帝云，生周昭王廿

---

[81] 見嚴復撰，《天演論》（富文本），〈論三・教源〉，頁235。

[82] 若從《天演論》（味經本）的相關字句來看則會更為清楚。「是故天演之學，
雖發於民生之動，而大盛於今世，而二千五百載以前，泰東西前識大心之所
得，又灼然不可誣也。觀之中土，則《易》興中古，俟孔子而後明，而如老
莊之明自然，釋迦之闡空有，額拉吉賴圖、蘇拉拉底、柏拉圖之開智學於希
臘，夷考其世，皆萃於姬周叔季之間，而時代相接。嗚呼！是偶然也哉？」
見嚴復撰，《天演論》（味經本），頁39。「復案：釋迦生卒年月……先耶
穌生九百六十八年矣。……嗚呼！異矣。額勒吉賴達為西學開山，希臘之愛
阿尼亞人，生於周景王十年丙寅，即昭公七年，後孔子生時僅十七年耳。餘
如德謨吉立圖，生於周定王九年；蘇喀拉底，生於周考王七年；柏拉圖，生
於周考王二十二年，大抵皆春秋戰國之間。運會所臻，聖哲踵出如此。」見
嚴復撰，《天演論》（味經本），〈論三〉，頁39~40。

四年甲寅，卒穆王五十二年壬申。隋翻經學士費長房撰《開皇三寶錄》云，生魯莊公七年甲午，……周匡王五年癸丑示滅。《什法師年紀》及《石柱銘》云，生……。此外有云佛生……，莫衷一是。獨唐貞觀三年，……定佛生周昭丙寅，……然周昭在位十九年，無丙寅歲，而漢摩騰所云廿四年亦誤，當是兩人皆指十四年甲寅而傳寫誤也。[83]

在這裡考據佛陀的生卒年，乍看之下是相當累贅的，因為就算嚴復覽遍群書，花下大量的篇幅論證，最終也只能得到一個推測值。但是考慮到上一段引文，嚴復似乎認為中國、西方和印度在同一時段，民智都大幅度地開放，必定不會是歷史的偶然。因此，考據佛陀的生卒年，正好突顯西學中源論的主要證據「幽厲之時，疇人分散說」在時間上的不合理性。「幽厲之時，疇人分散說」的論證是：

> 太史公言幽厲之時，疇人子弟分散，或在諸夏，或在夷狄，蓋避亂逃咎，不憚遠涉，殊方固有挾其書器而長征者矣。
> [84]

周厲王的年代，是西元前 878 到 842 年，周幽王在位的時間是西元前 781 到 771 年。雖然年代較希臘諸思想家都為早，這個說法似有其道理，但是嚴復卻從對印度佛陀的生卒年考証中企圖駁斥這個成說。周昭王、周穆王分別是周厲王的六世祖與五世

---

[83] 見嚴復撰，《天演論》（富文本），〈論三·教源〉，頁 235。

[84] 見〔清〕梅文鼎撰，《歷學疑問補》，〈論中土曆法得傳入西國之由〉，頁 3a-b。另參江曉原，前揭文，第七卷第二期（1988）），頁 101~104；熊月之，前揭書，頁 716~723。

祖，嚴復花下大把功夫地考據佛陀生於周昭王十四年
（1039B.C.），當然早於疇人在大亂後避居於西域。因此西學中源
的主要依據在這裡顯得不攻自破。[85]

當然，嚴復在年代上的考據是有著錯誤的。譬如說，佛陀的
實際生卒年約略是西元前 624 年到西元前 544 年，嚴復則回溯至
西元前 1039 年，其實是相當離譜的。此外，赫拉克利特生於周
景王五十年，柏拉圖生於周考王五十四年也是明顯的錯誤。但是
令人好奇的是，嚴復願意為考據年代問題花下大量的精力與篇
幅，為何會出現如此明顯的錯誤呢？筆者認為，這與中國知識份
子尚未開始使用中、西紀年對照年表有關。民國十四年，陳垣撰
寫《中西回史日曆》[86]是中國首創的中、西曆對照年表，然而其
記載中曆亦僅從漢平帝元始元年（A.D.1）開始，西曆則是自西
元元年至二千年。如此看來，嚴復在無法對照中、西年代的情況
下，不厭其繁瑣地考據上述西方名哲的生卒年，實含有反對西學
中源論的用心。

嚴復不僅論證了印度佛陀早於幽厲之時，他也試圖透過考據
歐洲名哲的生卒年來反駁西學中源論。譬如在〈論十一‧學派〉
的正文中，嚴復翻譯道：

> 希臘文教，最為昌明。其密理圖學者，皆識斯義，而伊匪
> 蘇之額拉吉來圖為之魁。額拉生年，與身毒釋迦之時，實

---

[85] 參見雷中行，前揭文，頁 14~15。

[86] 陳垣撰，《中西回史日曆》（北京：北京大學研究所國學門，1926）。其書
為中、西、回三曆對照。

為相接。[87]

由此可知，赫胥黎認為赫拉克利特的時代可能與印度佛陀相近。[88]然而嚴復不接受此說，是以嚴復在〈論三・教源〉有了上述佛陀生卒年的考據，並緊接著在〈論三・教源〉的案語中考據更多西方名哲的生年。他說：

> 至於希臘理家，德黎稱首，生魯釐二十四年，德首定黃赤大距逆筴日食者也。……畢達哥拉斯生魯宣間。畢天算鼻祖也，以律呂言天運者也。芝諾芬尼生魯文七年，創名學。……額拉吉來圖生魯定十三年，首言物性者。德摩頡利圖，生周定王九年，倡莫破質點之說。蘇格拉第，生周元王八年，專言性道德者也。……亞里斯大德，生周安王十八年，新學未出以前，其為西人所崇信，無異中國之孔子。……芝諾生周顯三年，倡斯多噶學。……獨有周上下三百八十年之間，創知作者迭出相雄長，其持論思理，範圍後世，至於今二千年不衰。[89]

泰利斯[90]是首位希臘的自然哲學家，生於魯釐二十四年

---

[87] 見嚴復撰，《天演論》（富文本），〈論十一・學派〉，頁256。

[88] 《進化論與倫理學》原文為 "The sages of Miletus were pronounced evolutionists; and, however dark may be some of the sayings of Heracleitus of Ephesus, who was probably a contemporary of Gautama." T. H. Huxley, Evolution & Ethics, p.126. 另見《進化論與倫理學》，頁48。

[89] 見嚴復撰，《天演論》（富文本），〈論三・教源〉，頁236。

[90] 德黎即泰勒斯。

（636B.C.），西方首次運用黃赤大距[91]來預測日食的人。畢達哥拉斯生於魯宣公年間（608B.C.-591B.C.），為希臘天文算學的始祖，以音樂的規律闡釋天體運行。芝諾芬尼（Xenophanes, ca. 570-470B.C.）[92]生於魯文公七年（620B.C.），開創希臘邏輯學。赫拉克利特生於魯定十三年（497B.C.），是首次闡釋物質本性的人。德謨克利特（Democritus, fl. 410B.C.）生於周定王九年（598B.C.），主張原子不可分割的學說。蘇格拉底生於周元王八年（469B.C.），專門探討人性與道德。亞里斯多德周安王十八年（384B.C.），歐洲近代科學還未興起之前，他的地位與中國孔子並無二致。季蒂昂的芝諾（Zenon Kitieus, ca.336B.C.-ca.264B.C.）[93]生於周顯三年（366B.C.），創立斯多噶學派。僅有周朝上下 380 年間，開創知識的智者迭出，他們的理論與思想影響後世，至今兩千年不衰。

雖然嚴復在考據這些人物的生年仍有部分錯誤，但是值得注意的是，嚴復僅試圖在這一大段篇幅中點出兩個地方，一是西方各種自然哲學的創始者，二是創始者的生年。這意味著嚴復試圖說明在這些創始人還未降生前，西方沒有這些自然哲學學說，直到他們降生，這些自然哲學學說才得以創立和發展。他們是西方知識的源頭，而非如西學中源論所云，西方承襲了中國古代的知識。因此，雖然西方名哲們的生卒年晚於幽厲之時，但是嚴復用

---

[91] 黃赤大距，指的是黃道傾斜角。

[92] 芝諾芬尼，為古希臘哲學家詩人和宗教評論家，埃里亞學派創始人。他常被視為西方哲學的宗教信仰方面第一個一神教信徒

[93] 季蒂昂的芝諾，為古希臘哲學家。他出生於塞普勒斯的季蒂昂（Citium），於西元前 313 年左右到雅典研究哲學，受到蘇格拉底、赫拉克利特、犬儒學派等的影響。並且於西元前 305 年左右創立了斯多噶學派。

「首定黃赤大距」、「天算鼻祖」、「創名學」、「首言物性」、「創知作者」等字句，間接地否定了西學中源的可能性。

在辯證完西學中源論隱含的矛盾後，嚴復試圖建立一個西方進化論的發展脈絡，使中國士子更加瞭解中學自始至終並未西傳的事實。這個脈絡是嶄新的，在嚴復之前，無人處理過。他有意識地藉著赫胥黎的論述，交代了它的從上古到近代的背景：

> 額拉氏為天演學宗，其滴髓真傳，前不屬於蘇格拉第，後不屬之雅里大德勒。二者雖皆當代碩師，而皆無與此學。傳衣所託，乃在德謨吉利圖也。……直至斯多噶之徒出，乃大闡徑涂，上接額拉氏之學。天演之說，誠當以此為中興，條理始終，礜然具備矣。[94]

嚴復說明進化論的源頭必須回溯到希臘早期思想家的赫拉克利特，在當時的希臘學術界中，進化論不受重視，需要到德謨克利圖和斯多噶學派來繼承才得已中興，並具系統化的理論。接著嚴復在隨後的案語中對這些中國士子不熟悉的赫拉克利特、德謨克利特和斯多噶三者做深入的介紹：

---

[94] 見嚴復撰，《天演論》（富文本），〈論十一·學派〉，頁 257。《進化論與倫理學》的原文為 "The sages of Miletus were pronounced evolutionists; and, however dark may be some of the sayings of Heracleitus of Ephesus,......The scientific heritage of Heracleitus passed into the hands neither of Plato nor of Aristotle, but into those of Democritus.......It was reserved for the Stoics to return to the track marked out by the earlier philosophers; and, professing themselves disciples of Heracleitus, to develop the idea of evolution systematically." T. H. Huxley, Evolution & Ethics, p.69~70。

額拉吉來圖生於周景五十年，為歐洲格物初祖。其所
持論，前人不知重也。今乃愈明，而為之表彰者日眾。按
額拉氏以常變言化，故謂萬物皆在已與將之間，而無可指
之。[95]

德謨吉利圖者，希臘之亞伯地拉人，生春祕魯、哀
（按：應為「春秋魯哀」）間。德謨善笑，而額拉吉來圖
好哭，故西人號額拉為哭智者，而德謨為笑智者⋯⋯德謨
幼穎敏，盡得其學，復從之游埃及、安息、猶大諸大邦，
所見聞廣。及歸，大為國人所尊信，號前知。[96]

斯多噶者，亦希臘學派名，昉於周末考、顯間。而芝
諾稱祭酒，以市樓為講學處，雅典人呼城閣為斯多亞，遂
以是名其學。始於希臘，成於羅馬，而大盛於西漢時。[97]

赫拉克利特先前論及，茲不贅論。德謨克利特，生於春秋魯
哀公年間（494B.C.-468B.C.）。德謨克利特喜歡笑，赫拉克利特
則愛哭，所以西方人稱後者愛哭的哲學家，前者是愛笑的哲學家。
德謨克利特自幼聰穎，盡得老師馬支[98]的學問，並隨馬支游歷埃
及、安息和猶太等大國，見聞廣博。回到家鄉時，贏得整個城邦
市民的尊敬和信賴，並被稱為先知。斯多噶，也是一個希臘的學
派名稱，開始出現於周末的考王和顯王年間（440B.C.-321B.C.）。
其時，芝諾（Zenon Kitieus）為聚會的主持人，在城市中的閣樓講

---

[95] 見嚴復撰，《天演論》（富文本），〈論十一・學派〉，頁 258~259。

[96] 見嚴復撰，《天演論》（富文本），〈論十一・學派〉，頁 261。

[97] 見嚴復撰，《天演論》（富文本），〈論十一・學派〉，頁 260。

[98] 德謨克利特的老師名為馬支，馬支亦為古波斯王綷克西斯的老師。見嚴復
譯，馮君豪注譯，《天演論》（鄭洲：中洲古籍出版社，2000），頁 382。

學，雅典人稱城閣為斯多亞（Stoa），[99]遂用其為此學派命名。斯多噶自希臘一地興起，卻在羅馬一地興盛，而在中國西漢之時大為流行。到這裡，嚴復將進化論在早期西方的歷史發展做了清楚地介紹後，緊接著說明近代所盛行的進化論並非直承早期的遺緒：

> 天演之學，肇端於地學之殭石古獸。故其計數，動逾億年……曩拿破崙第一入埃及時，法人治生學者，多挾其數千年骨董歸而驗之，覺古今人物，無異可指，造化模範物形，極漸至微，斯可見矣。[100]

> 物競、天擇二義，發於英人達爾文。……先是言生理者，皆主異物分造之說。近今百年格物諸家，稍疑古說之不可通。如法人蘭麻克、爵弗來，德人方拔、萬俾爾，英人威里士、格蘭特、斯賓塞爾、倭恩、赫胥黎，皆生學名家，先後間出，目治手營，……至咸豐九年，達氏書出，眾論翕然。自茲獮後，歐美二洲治生學者，大抵宗達氏。斯賓塞爾者，與達同時，亦本天演，……斯賓氏迄今尚存，年七十有六矣。……達爾文生嘉慶十四年，卒於光緒八年壬午。赫胥黎於乙未夏化去，年七十。[101]

---

[99] 斯多亞學派的名字斯多噶（Stoa），這個詞彙來源於 Stoa poikile（屋頂的柱廊），據說當時他們常在此種建築下講學聚會。

[100] 見嚴復撰，《天演論》（富文本），〈導言十六・進微〉頁 221。拿破崙第一是指拿破崙・波拿巴（Napoleon Bonaparte, 1769~1821）法國民族英雄及皇帝。

[101] 見嚴復撰，《天演論》（富文本），〈導言一・察變〉，頁 183~184。蘭麻克是指拉馬克（Jean. Baptiste. Lamark, 1744-1829）法國生物學家。爵弗來（Geoffroy, Saint-Hilaire, Etienne, 1772-1844）是法國生物學家。方拔（Buck Von,

　　19世紀初的拿破崙時代，學者進入埃及帶回大量的化石，給予當時學界相當大的刺激。因此其後生物學家（在當時或稱自然史家）輩出，開始漸漸地挑戰生物特創論，為「物種變異」和「自然選擇」的概念問世提供出好的學術環境。達爾文的進化論一出，漸漸地變成歐美學術界的主流學說。這是嚴復對近代進化論重新在學術界興起的大概介紹。

　　嚴復試圖建立的進化論發展脈絡顯然是新穎的。新教傳教士們與王韜等人試圖建立各種西方自然哲學脈絡讓晚清士人瞭解「西學源始」，但是基於某些原因，他們並未試圖建立進化論發展脈絡。在方法上，嚴復的做法雖然明顯地與新教傳教士介紹「西學源始」類似，然而兩者對介紹的著重點卻大不相同。筆者認為，正是因為選擇《進化論與倫理學》一書為翻譯的藍本，遂使嚴復能同時對「晚清士子徒學西學皮毛的現象」和「西學中源論所產生的偏見」予以導正。他透過介紹地理位置，為西方名哲作史傳，辨證西方名哲的年代問題和建立新穎的進化論發展脈絡等四個作法來達到導正的效果，而這四個作法其實環環相扣，彼此具有加成的效果，因為這些作法全都是針對晚清士子「於西洋格致諸學，僅得諸耳剽」的缺點而發。嚴復的作法不僅是出於精心設計的結果，他的創新之處亦使其反對西學中源的論述更為堅實。

1774-1853）是德國地質學家兼博物學家。萬俾爾（Baer Karl Ernst Von, 1792-1876）是德國動物學家。威里士（William. Charles. Wells）是英國生物學家。格蘭特（Grand）英國學者。斯賓塞爾即斯賓塞。倭恩是指歐文（Sir Richard. Owen, 1804-1892），英國動物學家兼解剖學家。

第三節　不同的知識基礎

　　《天演論》主旨在於闡釋進化思想與倫理學，向來為世人所知，然而亦有研究指出，《天演論》引入進化論之餘，連帶地介紹了若干不同的西方新知予晚清士子。張錫勤於〈嚴復對近代哲學的複雜影響〉（1994）注意到《天演論》在傳播經驗論與釐清傳統氣化論上有所貢獻，這說明《天演論》不僅向國人傳播西方經驗論的概念，還以此與傳統中國的理氣論發生衝突。[102]彭世文和章啟輝則於〈論嚴復「氣」範疇及其近代意義〉（2001）透過對《天演論》與《穆勒名學》內容一系列的舉證，論述說經嚴復改造的「氣」範疇，有效地將傳統自然知識與近代西方科學作出連接，創造傳統哲學變革的條件。他們認為在氣的範疇中，是機械論的理論基礎提供了比傳統氣論更強的解釋力，故使嚴復改造的理論獲得中國士子極大的支持。[103]基於上述的研究，筆者有理由相信嚴復試圖透過《天演論》為晚清士子帶來不同的知識基礎。然而進一步的問題是，除了進化思想與機械論，嚴復是否還引入其他西方新知？面對這些「新穎」的自然知識，嚴復是透過何種方式加以闡釋？其方式是沿襲前人，還是自行創新呢？最後，嚴復會介紹這些不同的西方新知是出於單純介紹西學的動機，亦或為反對西學中源論而為之？若是後者，他又該如何透過西方新知反駁西學中源論呢？為了釐清上述問題，筆者擬透過

---

[102] 參張錫勤，〈嚴復對近代哲學變革的複雜影響〉，《孔子研究》，第一期，1994，頁 81~87。

[103] 參彭世文、章啟輝，〈論嚴復「氣」範疇及其近代意義〉，《湖南大學學報》（社會科學版），第十五卷，第四期，2001，頁 13~16。

《格物中法》和《格致古微》所披露的自然知識[104]與《天演論》的內容進行比較，說明晚清士子與《天演論》介紹的西方新知可能的相互關係，同時比對劉嶽雲、王仁俊等西學中源論者與嚴復在處理自然知識上的異同。筆者認為，《天演論》蘊藏與傳統中國不同的知識基礎，有效地成為反對西學中源論的根據。這是嚴復刻意設計的結果，並不是單純地介紹西學而產生的附加效果。

一如前述，西學中源論者主張西學無一不源自於中國上古。那麼，嚴復在《天演論》對諸多西學的介紹，其動機除了早為學界所熟知的介紹西學之外，似乎也帶有反證西學不可能源於中國的用意。筆者認為透過《天演論》，嚴復試圖突顯西學與中學在獲取知識的途徑、物質構成的基礎和生物概念三者完全不同，使閱讀者意識到這樣的西學不可能源於中學，因為中學根本沒有類似的概念。

一、不同的獲取知識途徑——歸納法與演繹法

在〈譯天演論自序〉當中，嚴復用了一段頗有意思的論述來說明當下的中學與西學在獲取知識的途徑上是不同的。他說：

> 仲尼之於六藝也，《易》、《春秋》最嚴。司馬遷曰：「《易》本隱而之顯，《春秋》推見至隱。」此天下至精之言也。始吾以謂本隱之顯者，觀象繫辭以定吉凶而已；推見至隱者，誅意褒貶而已。及觀西人名學，則見其於格物致知之事，有內籀之術焉，有外籀之術焉。內籀云者，察其由而

---

[104] 關於《格物中法》和《格致古微》所披露的自然知識，請參考本文第二章第三節。

知其全者也，執其微以會其通者也；外籀云者，據公理以斷眾事者也，設定數以逆未然者也。乃推卷起曰：有是哉，是故吾《易》、《春秋》之學也。[105]

嚴復自述著重新認識《易》和《春秋》二部經典的過程。一開始，他本以為司馬遷說《易》是由隱微而到達明顯，僅是因繫辭卦象可以推斷吉凶；《春秋》是推究史事中最隱微的道理，僅是因考究人心而褒揚貶抑罷了。然而當嚴復接觸西方的邏輯學，認識到西方自然哲學的歸納法（內籀）與演繹法（外籀）時，乃豁然意識到司馬遷所云，正是意味著《易》是演繹法、《春秋》是歸納法的具體展現。所謂的歸納法，即是察覺事物的局部進而推知它的全部，從個別事物的細微處釐析出它們相通的性質；所謂的演繹法，則是根據公認的原理來判斷事物的正確與否，從前提來推得新的事實。緊接著，嚴復又說：

遷所謂本隱之顯者，外籀也；所謂推見至隱者，內籀也。其言若詔之矣，二者即物窮理之最要塗術也，而後人不知廣而用之者，未嘗事其事，則亦未嘗咨其術而已矣。[106]

有趣的是，嚴復認為這兩個方法是研究自然最重要的法則，《易》和《春秋》曾經揭露過這些法則，司馬遷也明瞭這個道理，但是後代士子沒有持續嘗試，自然也就沒有深究這些法則的原理了。這意味傳統中學曾經掌握住歸納與演繹的法則來研究事物，但是其後這兩個方法不幸地從中學內消失亡佚，導致當下的中學

---

[105] 見嚴復撰，《天演論》（富文本），〈譯天演論自序〉，頁170。
[106] 見嚴復撰，《天演論》（富文本），〈譯天演論自序〉，頁170。

與西學在獲取知識的途徑上是不一致的。

　　那麼，當下中學獲取知識的方法為何？以劉嶽雲與王仁俊兩人為例，他們都十分注重前人對自然現象的見解。[107]譬如劉嶽雲論述「空氣無處不到」的觀點，說：

> 天積氣之所成也。《列子》
>
> 天積氣耳亡處亡氣。《列子》
>
> 天無質，日月眾星自然浮生虛空之中。《唐類函引宣夜學》嶽雲謹案，此所謂氣下至地心，上極無垠無處無之。宣夜學云：浮生虛空之中即虛空之氣之中也。西人設抽氣筒以為抽去空氣得真空，不知所抽去者地面和合之雜氣耳。若真空之氣瀰漫宇宙，抽氣筒亦在氣中，安能為筒中無氣耶？[108]

　　就這個例子而言，劉嶽雲引述了三段古人對空氣的見解，做

---

[107] 劉嶽雲與王仁俊分別在《格物中法》和《格致古微》中提到他們處理自然知識所採用的方法。王仁俊謂「所徵諸家首則兼列姓名，次亦詳標書目片語。合道雖近賢而必採，一言違聖即閱議而必辨。既懇攘善猶武斷……是編都凡六卷五百餘條，上自周秦下迄勝代。理涉格致悉皆甄采，時賢撰述附入案語，再有芃闓以別俊案，馭遠之法間及一二。」〔清〕王仁俊撰，《格致古微》，〈格致古微略例〉，頁 2c（總頁 56）。劉嶽雲則謂「是書之旨，次古今言。格物者知其理所以然則詳之，否則闕之。采書若墨子言光學重學，抱朴子言化學之屬。文或不能盡識則鈎稽而為之注，亦竊附鄙意。」〔清〕劉嶽雲撰，《格物中法》，〈自序〉，頁 2a（總頁 893）。另參本文第二章第三節，頁 72~73。

[108] 〔清〕劉嶽雲撰，前揭書，卷一，〈氣部〉，〈空氣〉，頁 1a-1b（總頁 897）。在前揭書，頁 4a（總頁 899）之處，劉嶽雲自己為上述論證總結「以上空氣無處不在」。

為其立論的基礎，進而據此論證「空氣無處不到」的概念。透過閱讀歷代前人的著作，劉嶽雲仍沿襲著前人見解，雖然晚清西學對他產生一些影響，但是做為一個閱讀者，他僅試圖以抽氣筒的西學知識論證其主張「空氣無處不到」的概念，而非親自對空氣展開相關實驗。相同的，王仁俊論述「天河為無數小星」的觀點也採用類似的方式，他說：

> 〈大雅〉倬彼雲漢為章于天。《史記・天官書》星漢皆金之散氣，正指此詩言，即彼無數小星說也。《明史・天文志》曰：其論雲漢為無數小星，〈天官書〉可證。俊案《天文圖說・三》曰：天空星團極多，密聚各處，遠望之如光白之雲。天河為無數小星相聚而成。[109]

從這個例子來看，王仁俊為了說明「天河為無數小星」的概念，採用與劉嶽雲類似的方式，先引述前人關於雲漢的見解為根據，再依此下結論。雖然劉嶽雲與王仁俊二人都遵循著「合道雖近賢而必採，一言違聖即閹議而必辨」、「格物者知其理所以然則詳之，否則闕之」等標準追求真相，摒除虛言來做為他們論述自然知識的基礎，但是這也反映他們同樣以「多學而識之」和「以經典為依歸」的原則研究自然現象。[110]

然而若以歸納與演繹法的標準來看劉嶽雲與王仁俊所使用

---

[109] 〔清〕王仁俊撰，前揭書，卷一，〈詩〉，頁8b（總頁61）。

[110] 劉嶽雲與王仁俊採取博覽群書、徵引前人的方式處理自然知識，在《格物中法》與《格致古微》兩書中頻繁出現。這種方式似乎是由對經典的註疏傳統中而來，而自近代以降更形成「一物不知，儒者之恥」的觀念。參羅桂環、汪子春分卷主編，《中國科學技術史：生物學卷》，頁2~3。

的方法，無怪乎嚴復要發出「後人不知廣而用之者，未嘗事其事，則亦未嘗咨其術」的感嘆。因為劉、王兩人所使用的方法，既沒有辦法像歸納法一樣深入地認識事物，也不能如演繹法般準確無誤地展開推理，獲得新的知識，只能承襲前人的見解和稍事評論罷了。是以嚴復在〈導言十八・新反〉改寫了赫胥黎的話，說：

> 古之為學也，形氣、道德，歧而為二，今則合二為一。所講者雖為道德治化形上之言，而其所由經術，則格物家所用以推證形而下者也。撮其大要，可以三言盡焉。始於實測，繼以會通，而終於試驗。三者闕一，不名學也。而三者之中，則試驗為尤重。古學之遜於今，大抵坐闕是耳。[111]

這段話與原文略異的地方是，嚴復強調實際測量、演繹推導和檢查試驗三者缺一不可，並且認為親身檢查試驗是最重要的一環，同時也是古代學術遜於今日的原因。上述強調未見於原文，故可知嚴復應是針對沿用傳統方法的中學而發，暗指中學不注重實際測量、演繹推導和檢查試驗等法則，無法形成嚴謹的知識。

那麼，嚴復如何向晚清士子介紹歸納法與演繹法，使他們意識到這些方法的確與傳統獲取知識的方法不同？在歸納法方面，嚴復透過〈導言六・人擇〉的案語舉出一個例子，用以說明

---

[111] 見嚴復撰，《天演論》（富文本），〈導言十八・新反〉，頁225。"And the business of the moral and political philosopher appears to me to be the ascertainment, by the same method of observation, experiment, and ratiocination, as is practised. In other kinds of scientific work, of the course of conduct which will best conduce to that end." T. H. Huxley, Evolution & Ethics, p.101。

以歸納法為指導的人擇過程。他說：

> 往嘗見撒孫尼人擊羊，每月三次置羊於几，體段毛角，詳
> 悉校品，無異考金石者之玩古器也。其術要在積別微異，
> 擇所祈嚮，積累成著而已。[112]

薩克遜人（Saxony）選擇種羊，每個月進行三次相同的動作，把羊放在小桌上一一校對辨別每頭羊的軀體、皮毛和頭角。其用意在於辨別細微的差異，加以篩選，直到特定的特徵明顯地出現在羊隻身上為止。這個過程展示了歸納法的作用，因為歸納法的第一步是「廣泛收集相關事實材料作為歸納基礎」。在選羊的過程中，羊隻的數量必然是相當大的，是以要在羊群中篩選出具有特定特徵的羊隻，必須經過大量的觀察才有可能。歸納法的第二步是「整理有關的事實材料，系統性地加以比較」。在持續觀察相當數量的羊隻後，辨別羊隻間細微的差別，並且加以篩選正是一個系統性的比較工作。最後，歸納法的第三步是「運用排除法」。在經過長時間的比較和篩選之後，將會留下少數具有特定特徵的羊隻，透過排除法，可以獲得羊隻此一特徵與其他因素的關聯性，並且形成對於羊隻此一特徵的知識。[113]嚴復舉出上述例子，雖然用意是借薩克遜人選擇種羊的方式說明人擇的過程，但是若閱讀者仔細推究，就會發覺薩克遜人對於選擇羊隻的知識，與中國士子處理自然現象的熟悉方式大不相同。另一個例子則是在〈導言四・人為〉，嚴復說：

---

[112] 見嚴復撰，《天演論》（富文本），〈導言六・人擇〉，頁 198。

[113] 有關上述提到的歸納法三步驟，請參黃頌杰主編，《西方哲學名著提要》（南昌：江西人民出版社，2002），頁 98~99。

大抵四達之地，接壤綿遙，則新種易通，其為物競，歷時
較久，聚種亦多。至如島國孤懸，或其國在內地，而有雪
嶺流沙之限，則其中見種，物競較狹，暫為最宜。外種闖
入，新競更起，往往年月以後，舊種漸湮，新種迭盛。此
自舟車大通之後，所特見屢見不一見者也。[114]

　　嚴復意欲論述外來物種導致原生物種滅絕。他說明在交通發
達之地，物競的過程也因為物種繁多且歷時悠久而趨於激烈，然
而交通不便之地如島國、內地，物競則不甚激烈，故能產生最具
優勢的物種。當交通大開，擴及這些交通不便之地，外來物種進
入其中，舊有的最適物種往往在短時間滅絕，外來物種則日益興
盛。論述到此，嚴復似乎可以就此打住，但是特別的是，嚴復為
了使上述論述更具有說服性，舉出許多事例加以佐證，而這卻無
意間展現了歸納法。他說：

譬如美洲從古無馬，自西班牙人載與俱入之後，今則不獨
家有是畜，且落荒山林，轉成野種，聚族蕃生。澳洲及新
西蘭諸島無鼠，自歐人到彼，船鼠入陸，至今徧地皆鼠，
無異歐洲。俄羅斯蟋蟀舊種長大，自安息小蟋蟀入境，剋
滅舊種，今轉難得。蘇格蘭舊有畫眉最善鳴，後忽有斑畫
眉，不悉何來，不善鳴而蕃生，剋善鳴者日以益希。澳洲
土蜂無針，自窩蜂有針入境，無針者不數年滅。至如植物，
則中國之蕃薯蓣來自呂宋，黃占來自占城，蒲桃、苜蓿來
自西域，薏苡載自日南，此見諸史傳者也。南美之番百合，
西名哈敦，本地中海東岸物，一經移種，今南美拉百拉達，

[114] 見嚴復撰，《天演論》（富文本），〈導言四·人為〉，頁193。

往往蔓生數十百里，彌望無他草木焉。餘則由歐洲以入印
度、澳斯地利，動植尚多，往往十年以外，遂徧其境，較
之本土，繁盛有加。[115]

動物界中，美洲從沒有馬變成野馬滋生，和紐澳從沒有老鼠
到老鼠遍地都是外種興盛的例子。俄羅斯的蟋蟀原生種被亞洲種
蟋蟀剋滅、蘇格蘭啼聲響亮的畫眉被外來的斑畫眉淘汰，和澳洲
無針土蜂被有針蜜蜂滅絕則是原生物種被外來物種淘汰的例
子。這種現象不獨動物界存在，植物界亦然。呂宋番薯、占城黃
占、西域的葡萄和苜蓿，日南薏苡都是史書中記載中國原本沒
有，日後卻在中國大量生長的例子。此外，原本出現在地中海沿
岸的百合花，今日在阿根廷的拉普拉塔大量蔓生。上述事例若沒
有經過廣泛地收集相關事實材料作為歸納基礎，僅會是單獨存在
於自然界的現象。在眾多可能的事例中，又必須對事例逐一比
較，並且透過排除法去蕪存菁，才能獲知「外種侵入，舊種衰歇」
的知識。若無經過上述的程序，僅採用傳統中國處理自然知識的
方式，是不可能推得這個知識的。

演繹法方面，嚴復在〈導言三・趨異〉介紹馬爾薩斯（Thomas
Robert Malthus, 1766-1834）的人口論學說時即清晰地展示三個演
繹法的事例。他說：

馬爾達有言：萬類生生，各用幾何級數（幾何級數者，級
級皆用定數相乘也。謂設父生五子，則每子亦生五孫）。
使滅亡之數，不遠過於所存，則瞬息之間，地球乃無隙地。
人類孳乳較遲，然使衣食裁足，則二十五年其數自倍，不

---

[115] 見嚴復撰，《天演論》（富文本），〈導言四・人為〉，頁 193~194。

及千年，一男女所生，當徧大陸也。生子最稀，莫逾於象。
往者達爾文嘗計其數矣，法以牝牡一雙，三十歲而生子，
至九十而止，中間經數，各生六子，壽各百年，如是以往，
至七百四十許年，當得見象一千九百萬也。又赫胥黎云：
大地山水之陸，約為萬迷盧者五十一兆。今設其寒溫相
若，肥磽又相若，而草木所資之地漿、日熱、炭養、亞摩
尼亞，莫不相同。如是而設有一樹，及年長成，年出五十
子，此為植物出子甚少之數，但群子隨風而颺，枚枚得活，
各占地皮一方英尺，亦為不疏，如是計之，得九年之後，
徧地皆此種樹，而尚不足五百三十一萬三千二百六十六垓
方英尺，此非臆造之言，有名數可稽，縱如上式者也。[116]

　　馬爾薩斯提出萬物滋生是以幾何級數的速度增加。他據此前
提並假設 1 個 25 歲的成人會生出 5 個後代，來計算人類的孳生
速度，得出不到千年，1 對男女所生的後代將會遍佈全球。達爾
文與赫胥黎都曾經引用這個理論來推論。達爾文計算大象的滋生
速度，引用上述馬爾薩斯的理論做為前提，並假設成年大象自 30
歲起年年生產 6 個後代，直到 90 歲為止，並每頭大象都能活 100
歲。740 多年後，大象的數目將達到 1 千 9 百萬。赫胥黎的推論
則是這樣的，一樣援引馬爾薩斯的理論，但是他的計算是以植物
為例。假設全球陸地的環境是一致的狀況下，一棵樹歷時一年長
成，第二年後每年產生 50 個種子，以存活率 100%的狀況隨風四
散。在全球陸地約 51 兆平方哩，若每棵樹各佔地 1 平方英吋，9
年之後全球將遍佈此類樹種，而地表面積尚缺 531 萬 3266 平方

英呎。為了證明這些推論並非虛妄不實，嚴復另外將赫胥黎的例子整理成一份表格，便於閱讀者自行推算檢查。（見附表一）

	每年實得木數
第一年以一枚木出五十子 ＝	五〇
第二年以(五〇)^{一}枚木出(五〇)^{二}子 ＝	二五〇〇
第三年以(五〇)^{二}枚木出(五〇)^{三}子 ＝	一二五〇〇〇
第四年以(五〇)^{三}枚木出(五〇)^{四}子 ＝	六二五〇〇〇〇
第五年以(五〇)^{四}枚木出(五〇)^{五}子 ＝	三一二五〇〇〇〇〇
第六年以(五〇)^{五}枚木出(五〇)^{六}子 ＝	一五六二五〇〇〇〇〇〇
第七年以(五〇)^{六}枚木出(五〇)^{七}子 ＝	七八一二五〇〇〇〇〇〇〇
第八年以(五〇)^{七}枚木出(五〇)^{八}子 ＝	三九〇六二五〇〇〇〇〇〇〇
第九年以(五〇)^{八}枚木出(五〇)^{九}子 ＝	一九五三二二五〇〇〇〇〇〇〇〇
而	英方尺
英之一萬迷廬（哩）＝	二七八七八四〇〇
故五一〇〇〇〇〇萬迷廬 ＝	一四二一七九八四〇〇〇〇
相減得不足地面 ＝	五三一三二六六〇〇〇〇〇〇〇

〈附表一〉[117]

上述的三個事例具體展現了演繹法的推算過程，即是根據公認的原理作為基礎展開推論，從前提來推得新的事實。以上述的例子而言，即是運用馬爾薩斯的人口論原理，並且帶入合理的人類、大象和樹木的滋生速度做為前提，如此就可以得出人類、大象或樹木在若干年後會遍佈於若干大小的地面上，此一新的事實。這種方法亦不見於傳統中國處理自然知識的方式。

---

[117] 見嚴復撰，《天演論》（富文本），〈導言三・趨異〉，頁190。

二、不同的物質構成基礎──機械論哲學

《天演論》對物質構成的基礎亦與傳統中學的解釋不同。藉由劉嶽雲和王仁俊的例子，筆者認為，儘管吸收了若干西學知識，他們兩人仍舊處在「氣質」的宇宙論，原子的概念幾乎沒有影響到他們。[118]然而，嚴復在《天演論》試圖介紹一種原子機械論的概念來闡釋物質的構成基礎。對中國士子來說，原子機械論是相當新鮮的概念，[119]特別是使用它來解釋所有物質的構成基礎。嚴復於〈導言二‧廣義〉的案語如是說：

> 斯賓塞爾之天演界說曰：「天演者，翕以聚質，闢以散力。方其用事也，物由純而之雜，由流而之凝，由渾而之畫，質力雜糅，相劑為變者也。」[120]

斯賓塞對於進化的定義是，進化是歙縮以聚集質量，排斥而分散物力的過程。當這個過程發生時，物質由純粹到複雜，由流動到凝聚，由混沌到秩序，物質與能量混合併存，相互轉換而產生變化。這段敘述雖然是在闡述進化的過程，但是在這個過程的背後卻是一個原子機械論的世界觀。緊接著，嚴復開始逐句闡述上述引言的意思。譬如他說：

---

[118] 劉嶽雲曾經採用過原子的概念處理聲音的運動過程，然而，他並未採用原子處理其他的物質構成問題。相對於劉嶽雲，王仁俊則根本沒有任何接受原子論的跡象。參本文第二章第三節，頁 74~85，特別是頁 78~80。

[119] 李志軍認為格致書院（1874-1914）的學生是首次接納原子機械論知識的中國士子，這個時間點距離《天演論》介紹原子機械論的知識最多僅 20 年。參李志軍，《西學東漸與明清實學》（成都：巴蜀書社，2004），頁 356~360。

[120] 見嚴復撰，《天演論》（富文本），〈導言二‧廣義〉，頁 186。

其所謂翕以聚質者，即如日局太始乃為星氣，名涅菩刺斯，布濩六合，其質點本熱至大，其抵力亦多，過於吸力。繼乃由通吸力收攝成殊，太陽居中，八緯外繞，各各聚質，如今是也。[121]

此處試圖說明的是物質最初的形成過程。所謂歙縮以聚集質量的過程，就像太陽系在形成之前只是一團星氣，名為星雲（涅菩刺斯，Nebulous），散佈在宇宙各處。星雲因自身引力作用開始旋轉，收縮和扁化成為一個旋轉星雲盤。星雲質量熾熱且巨大，星氣間的排斥力也大於吸引力。之後星氣則透過自身重力相互吸引而轉變為不同的型態，太陽在中央，八個行星繞行其外，不同星球各自聚合成不同的物質，就如同今日所見一樣。明顯地，嚴復試圖根據康德-拉普拉斯的行星形成理論，用星氣轉變成太陽的例子來說明歙縮以聚集質量的過程，其基礎是一種單純的物質與能量運動。[122]因此可以說，嚴復是以原子機械論為基礎解釋太陽的形成過程。稍後，他在解釋「質力雜糅，相劑為變者也」時闡述更多關於原子機械論的概念，譬如他說：

所謂質力雜糅，相劑為變者。……方其演也，必有內涵之

---

[121] 見嚴復撰，《天演論》（富文本），〈導言二・廣義〉，頁 186。

[122] 康德-拉普拉斯的理論是早期行星形成的典範理論，其主張是一個緩慢轉動的星雲在它自身引力作用下會收縮並扁化成為一個旋轉星雲盤，並從中形成太陽與行星。此一理論直到 19 世紀晚期才遭到其他天文學家的挑戰。若以時間來推算，嚴復極可能是依據康德-拉普拉斯的理論來闡述太陽系形成的問題。參臺灣中華書局簡明大英百科全書編譯部編譯，《簡明大英百科全書》）（16）（臺北：臺灣中華書局，1989，據 1988 年 15 版《大英百科全書》，1989），〈Solar nebula 太陽星雲條〉，頁 760~761。

力，以與其質相劑。力既定質，而質亦範力，質日異而力
亦從而不同焉。故物之少也，多質點之力。[123]

　　這裡則是解釋各種物質產生的原因。所謂物質與力量混合併
存，相互轉換而產生變化，即是當物質的質量變化時，物體的重
力必然與物體的質量相互影響著彼此。物質間的重力場使物質距
離保持穩定，物質的質量大小也決定著物質間重力場的平衡。當
物質質量產生變化，其重力也隨之不同，是以當物質形成之初
時，質點間的重力現象相當普遍。在此處，嚴復闡述著萬物都受
其自身質量與重力的相互影響，在物質進化的過程中，質量與重
力也隨之改變。最後，他又試圖說明點力（Point）[124]與體力（Body）
[125]互為其根的概念，說：

　　何謂質點之力？如化學所謂愛力是已。及其壯也，則多物
　　體之力。凡可見之動，皆此力為之也。更取日局為喻，方
　　為涅菩星氣之時，全局所有，幾皆點力。至於今則諸體之
　　周天四遊，繞軸自轉，皆所謂體力之著者矣……點體之
　　力，互為其根，而有隱見之異，此所謂相劑為變也。[126]

　　所謂的質點的力量，具體的例子就像化學親和力（Chemical
affinity）[127]。當物體質量變大後，物體本身則具有相當的吸引

---

[123] 見嚴復撰，《天演論》（富文本），〈導言二‧廣義〉，頁187。

[124] 點力是指一個沒有體積的質點所產生出的重力。

[125] 體力是指一個具有體積的物體所產生出的重力。

[126] 見嚴復撰，《天演論》（富文本），〈導言二‧廣義〉，頁187。

[127] 化學親和力是一種模糊的概念，泛指所有使原子間相互結合的吸引力。

力，凡是人們看到的一切物理運動，都是這種能量的展現。[128]
以太陽系來打比方，當它還是星氣時，所有運動幾乎皆依靠著質
點的吸引力。現在眾多天體游動於天際，圍繞自我的軸心運轉，
這就是物體本身具有吸引力的明顯事例了。質點與物體的吸引
力，相互為彼此的根源，但是卻與對方有細微的不同，這就是相
互轉換而產生變化的意思了。

　　嚴復對於點力與體力的理解是正確的，但是筆者必須針對若
干地方加以說明。首先，在 19 世紀末，西方科學家對物質在原
子狀態時的作用力不甚瞭解，只知道此一狀態下的作用力與牛頓
的萬有引力並不相同，就像某些化學親和力一樣。因此，嚴復會
認為點力跟體力作為物體吸引力的存在，是由物體質量大小所決
定，而點力與體力之間似乎又有細微差異存在其中。其次，天體
的繞軸自轉現象則是角動量守恆導致而成，指的是星體形成之初
即開始轉動，因為慣性而保持轉動就是所謂的角動量守恆。在某
種程度上，星體的角動量守恆仍是源於最初星雲中的重力作用使
星體開始轉動，並保持平衡，故亦可視為物體重力的展現。從這
裡即可看出嚴復欲以單純的質量與重力概念來解釋所有物質的
運動，此一企圖相當明顯。

　　嚴復透過存在於太陽系的若干現象介紹了一個原子機械論
的世界觀，在這個世界觀中，所有現象都是由偶然的原子碰撞，
導致能量與物質相互變化而形成。這個機制不僅解釋大如天體的
事物，小如豆筴之物也同樣適用。譬如在〈論一‧能實〉的正文
中，嚴復改寫赫胥黎的話，說：

---

[128] Steven S. Zumdahl, *Chemical Principles,* p.577~635.

> 今夫筴兩緘以為郛，一房而數子。……雨足以潤之，日足
> 以喧之，則無幾何，其力之內蘊者敷施，其質之外附者翕
> 受。始而萌牙，繼乃引達，俄而布葼，俄而堅執，時時銳
> 其舊而為新，人弗之覺也，覺亦弗之異也。[129]

　　觀察花房，其中有若干粒種子，雨水濕潤他，陽光溫暖它，
不須多久時間，種子內部的活力開始施展，種子外部的依附物質
則收斂吸收。[130]種子先是發芽，後而長苗，時而茂盛，時而堅
實成熟，不時蛻舊換新。人們感覺不到種子的變化，就算感覺到
了也不覺得它有變化。與前述的星體對照，即使微小如種子，亦
是內部的力與外部的物質使它持續生長。緊接著，嚴復順著赫胥
黎的文句解釋：

> 夫以一子之微，忽而有根荄、支幹、花葉、果實，非一曙
> 之事也。……一鄂一柎，極之微塵質點，其形法模式，苟
> 諦即視之，其結構勾聯，離數歷鹿，窮精極工矣。一本之
> 植也，析其體則為分官，合其官則為具體。根幹以吸土膏
> 也，支葉以收炭氣也。色非虛設也，形不徒然也……翕然

---

[129] 見嚴復撰，《天演論》（富文本），〈論一・能實〉，頁 228。

[130] 種子有兩個部份，分別是胚芽與子葉。胚芽是成長為植物的部份，子葉是供
　　應胚芽成長所的養份來源。因此這裡的種子應是指胚芽部份，而非整顆種
　　子。胚芽在萌發的過程，會產生一系列的代謝變化，促使酵素分解子葉中的
　　養份，為胚芽生長所運用。這似乎可視為「種子內部的活力開始施展」。「種
　　子外部的依附物質則收斂吸收」則是指子葉為酵素所分解，為胚芽成長所運
　　用的過程。參〔美〕Neil A. Campbell 原著，李家維等編譯，《生物學》（臺
　　北：偉明，1999），頁 758~761。

　　　通力合作，凡以遂是物之生而矣。[131]

　　憑藉一粒微小的種子，忽然就長出根部、枝幹、花朵樹葉和果實，不是短時間能達成的。花萼和花房，由細微的原子組成，它們的形式模樣，若仔細加以觀察，會發現其中的結構相互銜接，交錯相雜，非常精妙。一個完整的植物，分開它的體幹就是分工的各種器官，將器官結合就是完整的形體。根幹吸取土壤養份，枝葉吸收二氧化碳。各色器官都有其功能，植物的形態也有其意義，透過各自的協調與合作，都是為了滿足植物本身的生長罷了。引文中，嚴復依然透過原子來解釋植物的組成，同時描述器官功能性的基礎是物體的能量，透過器官功能性的相互配合而使植物得以成長，進一步解釋了「其力之內蘊者敷施，其質之外附者翕受」的意思。

　　藉由比較劉嶽雲、王仁俊兩人對物質基礎的見解，與《天演論》對此的介紹與處理，筆者認為，兩者在物質基礎的概念上具有根本上的差異，這似乎意味晚清士子仍然處於「氣質」的世界觀中，幾乎對原子機械論一無所悉。因此，《天演論》介紹在中國士子眼中「非常特別」的原子機械論概念，並且用於闡釋各種物質的構成基礎，這使原子機械論的特殊性得以顯現，從而有效

---

[131] 見嚴復撰，《天演論》（富文本），〈論一・能實〉，頁 228。"By insensible steps, the planet build itself up into a large and various fabric of root, stem, leaves, flowers, and fruit……In each of these complicated structures, as in their smallest constituents, there is an immanent energy which, in harmony with that resident in all the others, incessantly works towards the maintenance of the whole and the efficient perofrmance of the part which it has to play in the economy of nature." T. H. Huxley, Evolution & Ethics, p.105。

地成為否證西學中源論的根據。

三、不同的生物概念──進化論思想

在解釋生物何以各具形態，代代相襲的問題上，中國傳統學術中以「氣種說」解釋得最為透徹。氣種說的主張者如王充、王廷相（1474-1544）[132]和戴震（1732-1777）[133]以氣質做為解釋生物現象的基礎，主張萬物因氣質而生，生物具有各種型態，其實只是他們各自具有氣質種子罷了。[134]時至晚清，狀況似乎依舊如此。以劉嶽雲和王仁俊為例，他們仍舊以氣化論去理解生物及其起源，只是同時也採用吸收若干西學知識以瞭解生物的細部

---

[132] 王廷相，字子衡，號濬川，中國河南蘭考人，為明代著知名的文學家和哲學家。他博學好議論，素有文名，為前七子之一。同時他繼承王充、范縝等人的自然思想，進一步提出「氣種說」，認為萬物形貌各異，代代沿襲，是因為氣種所導致的現象。著作有《王氏家藏集》、《內臺集》、《慎言》、《雅述》、《橫渠理氣辯》等。

[133] 戴震，字東原，安徽休寧隆阜人，為清代語言學家和思想家。戴震是音韻學家江永的弟子。他對經學、天文、地理、歷史、數學、機械和生物素有研究，曾為乾隆年間《四庫全書》的纂修官。他繼承氣種的思想，並試圖將氣種擴大解釋到植物的具體部位，可惜未成。著有《原善》、《考工記圖註》、《孟子字義疏證》、《聲韻考》等書。

[134] 王充謂「因氣而生，種類相產，萬物在天地之間皆一實也。」〔漢〕王充撰，《論衡》（收入世界書局編輯部，《新編諸子集成（七）》，臺北：世界書局，1974），〈物勢篇〉，頁31。王廷相謂「萬物巨細剛柔各異其材，聲色臭味各殊其性，閱千古而不變者，氣種之有定也。」〔明〕王廷相撰，王孝魚點校，《慎言·道體》（北京：中華書局，1989），頁754。另參汪子春、程寶綽著，《中國古代生物學》（臺北：臺灣商務，1995），頁115~117。另參羅桂環、汪子春分卷主編，前揭書，頁344。

現象。[135]譬如劉嶽雲思考生物源始與構成的問題，就透過氣化論加以解釋，認為一種氣質存在並包覆宇宙，受到太陽光熱和氣質運行產生各種型態的動植物。這些動植物的本性和壽命皆依據其含有的氣質種類與含量多寡而定。當其消失則復歸為氣，直到感受到相似物質而再次應運生成。[136]這種想法雖然沒有繼承「氣種說」的主張，但是仍然從氣質運行變化去解釋生物現象，符合中國傳統對生物現象的基本觀點。

　　然而筆者認為，嚴復《天演論》中所介紹的進化論展現出另一種與傳統截然不同的生物概念，促使晚清士子意識到新的生物概念存在，連帶地反省西學中源論的確切性。譬如嚴復在〈導言二・廣義〉介紹生物的起源，翻譯道：

> 自吾黨觀之，物變所趨，皆由簡入繁，由微生著。運常然也，會乃大異。假由當前一動物，遠跡始初，將見逐代變體，雖至微眇，皆有可尋。迨至最初一形，乃莫能定其為

---

[135]參本文第二章第三節，頁 93~98。

[136]「大地初凝，本空無一物，但有氣包舉其間。氣與氣相積，積之既久，感受天日之光、乾健之氣。而動植飛潛、不卵不胎、不種不植，各賦一形，各秉一性而萬物出，及品類既分，含生孕育，各稟其本。有之質性，或有知或無知，以能養之物，充乎本量而止。蓋以各類感各類之氣，而成為物。及其氣盡將化，又以稟受之厚薄，為年歲之長短，仍為氣如水之歸海不復辨為何類。及其復生，則又各感其氣，不能相雜，即至堅如金石，亦是氣之所聚，並無一物，不過其化較遲《造化究源》………嶽雲謹案，此即經氣始而生化，氣散而有形，氣布而繁育，氣中而象變之理。」見〔清〕劉嶽雲撰，前揭書，卷 1，〈氣部〉，〈空氣〉，13a-13b（總頁 903-904）。另參本文第二章第三節，頁 93~94。

動為植。[137]

　　事物變化的趨勢皆是由簡單到複雜，由細微到明顯。演變的趨勢經常如是，但是遭逢的際遇卻各自不同。假如眼前有個動物，探索它最初的樣子，將會發現它的形態隨著時間轉變而變異，即使是最微小的形態都能加以追尋。等到查到它原始的樣貌，則無法確定它是動物還是植物了。雖然嚴復此處如實翻譯了赫胥黎的文字，但是在〈論十五・演惡〉的案語中，嚴復進一步予以補充。他說：

> 夫群者，生之聚也。合生以為群，猶合阿彌巴（極小蟲，生水藻中，與血中白輪同物，為生之起點）而成體。

　　社會一辭的意思，是指生物群聚在一起。聚合生物而成為社會，恰巧與聚合阿米巴原蟲（Amoeba）而形成軀體類似。阿米巴原蟲是一種極微小的變形蟲，在水流緩慢藻類較多的淺水中生長，和血液中的白血球是同類型的東西，是生命的起源。在這段論述中，嚴復認為阿米巴原蟲與白血球相同是錯誤的。因為阿米

---

[137] 見嚴復撰，《天演論》（富文本），〈導言二・廣義〉，頁 184~185。"Paleontology assures us, in addition, that the ancient philosophers who, with less reason, held the same doctrine, errd in supposing that the phases formed a cycle, exactly repeating the past, exactly forehadowing the future, in their rotations. On the contrary, it furnishes us with conclusive reasons for thinking that, if every link in the been present a converging series of forms of gradually diminishing complexity, until, at some period in the history of the earth, far more remote that any of which organic remains have yet been discovered, they would merge in those low groups among which the boundaries between animal and vegetable life become effaced." T. H. Huxley, Evolution & Ethics, p.63.

巴原蟲是單細胞生物，與屬於細胞體的白血球不同。[138]嚴復也許認為阿米巴原蟲與白血球都是細胞體，故有此錯誤觀念，雖然如此，他說明變形蟲是生命的起點的部份仍然是正確的，這與「氣種論」主張氣質種子是生命及物種之源是有根本上的差異。

在解釋生物何以各具形態，代代相襲的問題上，嚴復介紹了進化論的觀點。首先，他先改寫赫胥黎的原文，以界定若干進化論的核心概念，他說：

> 雖然，天運變矣，而有不變者行乎其中。不變惟何？是名天演。以天演為體，而其用有二：曰物競，曰天擇。此萬物莫不然，而於有生之類為尤者。物競者，物爭自存也。此一物以與物物爭，或存或亡，而其效則歸於天擇。天擇者，物競焉而獨存。則其存也，必有其所以存，必其所得於天之分，自致一己之能，與其所遭值之時與地，及凡周身以外之物力，有其相謀相劑者焉。夫而後獨免於亡，而足以自立也。[139]

雖然說天道運行的規律是變化的，但是也有不變的法則存在其中，稱為「進化」。究「進化」此一法則而言，它有兩個作用，一個是「生存競爭」，另一個是「自然選擇」。這個法則適用於任何事物，在生物體上更是明顯。「生存競爭」意即物種相互競

---

[138] 單細胞生物，屬於細胞的一種，是指一個細胞體就能執行所有生命的功能，譬如：消化、排洩等。細胞則是生命活動的基本單位，細胞無法執行所有生命的功能。參〔美〕Neil A. Campbell 原著，李家維等編譯，前揭書，頁 537。

[139] 見嚴復撰，《天演論》（富文本），〈導言一‧察變〉，頁 182~183。T. H. Huxley, *Evolution & Ethics*, p.62。

爭以求生存,特定物種與其他物種競爭,有生存下來的,也有被滅絕的,而導致物種得以生存的效果則必須歸因於自然選擇。「自然選擇」即是物種經過競爭後得以生存的原因,必然是基於充份運用天生的本能,和配合它所遭逢的天時、地利與各種環境因素,才能獨自免於滅亡,繼續繁衍生存。在這裡,嚴復試圖讓閱讀者瞭解到「進化」、「生存競爭」和「自然選擇」的主要概念,藉此來推導出一種「生物會進化」的全新解釋:

> 自其(自然選擇)效觀之,若是物特為天之所厚而擇焉以存也者,夫是之謂天擇。天擇者,擇於自然,雖擇而莫之擇,猶物競之無所爭,而實天下之至爭也……夫物既爭矣,而天又從其爭之後而擇之,一爭一擇,而變化之事出矣。[140]

從自然選擇的效果來看,若這個物種受到自然界的厚愛,經選擇而得以生存繁衍,就是「自然選擇」。「自然選擇」是物種被自然選擇,但是表面上無法察覺,就像「生存競爭」中物種間看似沒有競爭,但是卻時刻處在自然界最激烈的競爭中。物種先是經過「生存競爭」,後又發生「自然選擇」,物種的變異就在「生存競爭」和「自然選擇」之間發生。上述對生物的解釋與「氣種說」完全不同,因為「氣種說」沒有討論到生物體異變的現象,但是進化論則針對生物異變的現象進行處理。

介紹了「生存競爭」和「自然選擇」等進化論的核心概念後,嚴復繼續在進化論的其他細節著墨。特別的是,這些細節所討論

---

[140] 見嚴復撰,《天演論》(富文本),〈導言一·察變〉,頁 183。T. H. Huxley, *Evolution & Ethics*, p.62~63。

的生物現象與背後原因全部跳脫出「氣種說」所能解釋的範圍。
譬如他進一步翻譯赫胥黎的原文，描述「物種變異」與「自然選擇」的關係。他說：

> 生生者各肖其所生，而又代趨於微異。且周身之外，牽天
> 繫地，舉凡與生相待之資，以愛惡授受之不同，常若右其
> 所宜，而左其所不相得者。……於是則相得者亨，不相得
> 者困；相得者壽，不相得者殤。日計不覺，歲校有餘，浸
> 假不相得者將亡，而相得者生，而獨傳種族矣，此天之所
> 以為擇也。[141]

物種的子代都近似其親代，但是代代之間又逐漸形成細微的
變異。並且物種受其外的自然環境影響，凡是與生命存續有關的
資源，因為每個物種的需求不同，常保存了適應環境的物種，滅
絕無法適應的物種。於是適應者順利繁衍且存活較久，不適應者
繁衍日衰且較早死亡。這種現象短時間看不出來，但是長時間則
相當明顯，不適應的物種逐漸地滅絕，適應的物種則生存且獨自
繁衍。這就是「自然選擇」的過程。在此處，嚴復試圖更為精確
地介紹「自然選擇」的過程，說明每個生物體之間都存在著細微
的差異，這種「物種變異」的現象經過長期累積和環境因素的作
用，使最適於環境的物種存活且大量繁衍。稍後，嚴復也介紹了
「生存競爭」背後的原因。他說：

> 今夫生之為事也，孳乳而寖多，相乘以蕃，誠不知其所底

---

[141] 見嚴復撰，《天演論》（富文本），〈導言三‧趨異〉，頁188。T. H. Huxley,
Evolution & Ethics, p.65。

也。而地力有限，則資生之事，當有制而不能踰。是故常
法牝牡合而生生，祖孫再傳，食指三倍，以有涯之資生，
奉無窮之德衍。物既各愛其生矣，不出於爭，將胡獲
耶！……此物競爭存之論，所以斷斷乎無以易也。[142]

　　談到物種生存一事，由於物種繁衍日益增多，並且成倍繁
殖，那數量根本無從估計。然而環境覆載力有其限度而無法超
越，是以按照往例，雌雄交配加上祖孫三代，數量是原來的三倍，
以有限的資源供應無止境的生物繁衍，生物若不與其他生物競
爭，將獲得什麼資源求存呢？這正是「生存競爭」存在於自然界，
無可改變的理由。嚴復於這段論述介紹了馬爾薩斯《人口論》的
基本原理，說明環境覆載力與生物成長率的不對稱性，達爾文則
據以推論「生存競爭」現象同時存在於生物界。類似的概念在中
國是由洪亮吉（1746-1809）[143]所提出，但是他僅將論述的範圍
鎖定在清朝前期的人口成長現象上，沒有將類似的論點擴及整個
生物界。最後，嚴復也改寫赫胥黎的原文，強化了「人工選擇」
與「自然選擇」的相互比較。他說：

　　譬如樹藝之家，果實花葉，有不盡如其意者，彼乃積摧其
　　惡種，積擇其善種。物競自若也，特前（物種）之競也，
　　競宜於天；後之競也，競宜於人。其存一也，而所以存異。
　　夫如是積累而上之，惡日以消，善日已長……此之謂人

---

[142] 見嚴復撰，《天演論》（富文本），〈導言三·趨異〉，頁188~189。T. H. Huxley, *Evolution & Ethics*, p.65。

[143] 洪亮吉，字君直，號北江，江蘇陽湖人，為清朝著名的漢學家、詩人和史地學者，提出有關清代前期人口問題的見解。主要著作有《洪北江遺書》。

擇。[144]

　　例如種植花木的園丁看到果實花葉不合心意時，他就積極地摧毀劣種的幼苗，選擇佳種的幼苗予以保存。「生存競爭」正是類似的概念，只是物種間是競爭適應自然環境，果實花葉則是競爭適應於園藝家的喜好。兩者的結果都是獲得生存，只是生存的條件有所差異。正是這種累積的過程，劣種日益滅絕，佳種日益繁殖，這就是所謂的「人工選擇」。嚴復在此介紹「人工選擇」看似新奇，但是在傳統中國早已發展出類似的方法，譬如唐宋時農人使用無性雜交的嫁接技術，[145]只是中國士子並未從這些現象整理出系統性的知識，僅將他們觀察的經驗加以記錄罷了。相對於中國士子的作法，嚴復描述「人工選擇」與「自然選擇」的比較，其目的則是帶入一套可以解釋此類現象的知識系統，使閱讀者知道這些現象背後的原因。

　　綜合而論，藉由分析《天演論》所介紹的獲取知識途徑、物質構成基礎和生物概念三個面向，筆者認為嚴復對於這三者的描述與晚清士子的認知有根本上的差異。這些不同的知識基礎對於晚清士子而言，幾乎全是新穎的知識，並且嚴復介紹這些知識的方法，在如實翻譯與部份改寫之間呈現出一種夾敘夾議的風格，不同於晚清譯員單調且生硬地介紹西方新知，抑或劉嶽雲與王仁俊的先引述古說而後議論之。筆者認為，應將《天演論》介紹自然知識的部份視為，嚴復引述赫胥黎《進化論與倫理學》整本書的內容為知識根據，以論述一套相對完整的宇宙觀，促使晚清士

---

[144] 見嚴復撰，《天演論》（富文本），〈導言六・人擇〉，頁 197。T. H. Huxley, *Evolution & Ethics*, p.72~73。

[145] 參羅桂環、汪子春分卷主編，前揭書，頁 256~259。

子認識與傳統截然不同的獲取知識途徑與自然秩序。

　　此一作法的主要目標固然是介紹西學新知，早已為學界所明。但是它卻帶有隱含的用意，即是：企圖引領晚清士子跳脫出陳舊的格致方法與傳統的「氣質」自然觀，連帶地，促使他們意識到中、西自然知識在根本上存在差異時，得以反省如此的西學不可能源於中學，因為中學根本沒有類似的概念。換句話說，嚴復試圖介紹西學新知以反證西學中源論在中、西自然知識的錯誤認識。

第四節　結語

　　嚴復不是結合歷來反對西學中源論方法的第一人，但是透過《天演論》種種反對西學中源論的論述來看，嚴復似乎是集反對西學中源論方法於大成的人。嚴復與王韜類似，都擔心時下士子徒學西學皮毛的現象和西學中源論的盛行，是以開始其翻譯《天演論》的工作。值得注意的是，赫胥黎《進化論與倫理學》一書之所以成為嚴復第一本翻譯的西書，主因是它屬於結構較為鬆散的演講稿，在翻譯過程中給予嚴復極大的自由發揮空間，方便嚴復構思如何導正晚清士子徒學西學皮毛，和西學中源論大為盛行的兩個問題，另外，它的內容更是以比較進化論和古今各種宗教學說為主，嚴復更能順勢進行中、西比較的工作，以展開其反對西學中源論的論證。

　　嚴復的西學背景給予他極大的幫助，使他得以進行更深刻的反對西學中源論的論述。在方法上，嚴復雖然承襲著前人的思路，但是他試圖重構「聖人」的概念。他將聖人去道德化，為「到處有開創聖人」的傳統論述建立新的理論基礎，以此反對西學中

源論。此外，他同時比較中、西哲學，以此論證「東海西海，心同理同」此一想法的合理性，繼而論證中學西學，實不相同的事實，來反駁西學中源論。與前人類似的是，嚴復察覺到相同的經驗基礎是「東海西海，心同理同」得以成立的理由，然而較為不同的是，嚴復在西學上的涉獵遠比 200 多年前的李之藻、江永、趙翼，以至於稍早的王韜更為深刻，因此得以進行更深入的中、西哲學比較工作，使他反對西學中源論的基礎更為堅實，論述亦更為精緻。

另外，在介紹「西學源始」的過程中，嚴復試圖建立晚清士子不曾耳聞的進化論發展脈絡。在方法上，他的做法雖然與新教傳教士介紹「西學原始」類似，然而兩者對介紹的著重點卻大不相同。嚴復透過介紹地理位置、為西方名哲作史傳、辨證西方名哲的年代問題和建立新穎的進化論發展脈絡等四個作法，來達到導正的效果。這四個作法其實環環相扣，彼此具有加成的作用，因為這些作法全都是針對晚清士子「於西洋格致諸學，僅得諸耳剽」的缺點而發。嚴復的作法不僅是出於精心設計的結果，他的創新之處亦使其反對西學中源的論述更為堅實。

最後，嚴復亦從處理自然知識的過程中，透過闡釋生物概念、物質構成基礎和獲取知識途徑三個面向，突顯西學與中學有著根本上的差異。同樣的，雖然前人都試圖從此一路徑去突顯西學中源論的矛盾，但是嚴復介紹這些知識的方法，卻因為透過夾敘夾議的風格論述一個相對完整的宇宙觀，顯得比前人更完備與更具有說服力。此一作法的主要目標固然是介紹西學新知，但是它卻帶有隱含的用意，即是：企圖引領晚清士子跳脫出陳舊的格致方法與傳統的「氣質」自然觀，連帶地，促使他們意識到中、西自然知識在根本上存在差異時，得以反省如此的西學不可能源

於中學，因為中學根本沒有類似的概念。基於上述各種出自於嚴
復自行創新，抑或青出於藍的做法，嚴復應是集反對西學中源論
方法於大成的人，也因為如此，《天演論》的風行成為晚清西學
中源論日益衰弱，最後消失無蹤的原因之一。

第五章　結論

　　明清兩次西學東漸是中國近現代史上的重大事件，影響亦極其深遠。有別於其他研究者將問題焦點擺在「西學東漸為中國士子帶來何種知識」，筆者更想瞭解的是「中國士子如何面對西學東漸」此一問題。基於這個問題意識，筆者是以撰寫本文。筆者發現，在西學東漸之初，明末士人已然形成兩種大相逕庭的見解，時序上幾乎同時產生。一個是西學中源論，主張所有西學都是源於中學，日後成為明清處理西學的主流論述。另一個是由不同於西學中源論演變到反對西學中源論的思想過程，主張西學實有自身的源流，與中學無涉。相對於西學中源論而言，這個思想過程始終是少數人的觀點，直到嚴復《天演論》的問世，局勢才發生了倒轉的可能。

　　明清西學中源論的發展脈絡大致是如此的：面臨到第一次西學東漸，徐光啟是以提出西學中源論的雛型，繼而為熊明遇和方以智從「回溯歷史」和「探究學理」兩方面加以確立，形成其理論的基本架構。這個成果在清初曆學的辯論中得到進一步的精緻

化，譬如揭宣提出「元氣漩渦理論」和王錫闡大力地攻擊西曆解釋系統混亂的缺點，都提供了中曆優於西曆的觀點，在天文算學的領域增強了西學中源論在學術意義上的合理性。相形之下，梅文鼎對西學中源論的主要貢獻，在補強和釐清西學中源論的歷史根據和曆法相關性。最終，原本侷限於少數曆算學者的學術討論，引起了康熙皇帝的注意，且將之運用於鞏固清廷統治的合法性。康熙接納西學中源論的過程，使其開始帶有官方意識型態的色彩，並且經過阮元等中央文臣著書向民間散播，以其頗為完備的論述說服大部分的清季士子，進一步促使西學中源論成為影響深遠的主流學說。直到自強運動以前，這個狀態都沒有太大的變化。

　　第二次西學東漸以降，西學中源論更是風行一時，但是主張者的論述卻呈現出差異。譬如在 1866 年的同文館招生爭議中，恭親王奕訢等人極力鼓吹西學中源論，用意是說服反對者接受「學習西法等同學習中法」和「西法是中法的深化」的前提，以順利推廣西學。張自牧的主張則與恭親王等人截然相反，他認為當務之急應是「正名」而後鑽研中學，而非提倡並學習西學。在恭親王汲汲於西學和張自牧對西學保守之間，薛福成則是早期到晚期有所轉變，同時對西學中源論展開修正，使之成為「西學東源論」。這三種西學中源論者的不同類型說明一個現象，因為說服力的日益不足，所以西學中源論在自強運動時期遂著手重構和深化自身的理論基礎；而此時的西學中源論者在觀點上相當歧異與複雜，僅利用二分法簡單地將西學中源論者區分為學習西法與鑽研中法似也不適當。

　　另一方面，西學中源論亦影響著晚清士子處理自然知識的態度，劉嶽雲與王仁俊可為代表者。儘管同樣是西學中源論者，但

是劉嶽雲與王仁俊對自然知識的認知呈現很大的紛歧。在處理自然知識的態度上，劉嶽雲是真正的西學中源論者，因為他認為以中學為基礎的自然知識能夠解釋自然秩序，西學新知只是深入補充中學的粗疏之處，故僅止於參考印證而已。然而因為考據和將中國傳統自然知識系統化的工作過於艱難，這種以比對中、西自然知識的作法成為西學中源論較為特別的類型。王仁俊呈現的自然知識則相對零散。他的做法是為求西學中源論成立而尋找古籍中的各類根據，這導致他的世界觀新舊概念交雜，兩次西學東漸的西學概念都同時存在於王仁俊的自然知識中。因此王仁俊撰寫《格致古微》的企圖極為明顯，目的在解決清末西學中源論根據不足的問題，至於該如何解釋當時的自然秩序則非其著書重點。這與西學中源論者的傳統典型相同。

　　然而若經過更仔細地觀察，則會發現明清士子亦提出異於西學中源論的見解，其後更演變成為反對西學中源論的論述。明末由於王陽明心學大盛，學者普遍認同古今中外皆有聖人的想法，是以使李之藻提出異於西學中源論的見解。他採取「東海西海，心同理同」的觀點，說明中國與歐洲文化互不交流，但是聖人之道相通的現象。時至乾嘉，考據學家也得出類似論點。江永和趙翼分別從不同的考據途徑切入，得出類似於「東海西海，心同理同」的論點。他們以嚴謹的考據方法反覆比對曆法與史料而作出這個論述，顯示考據學者基於自身的學術訓練，可能嚴謹地檢視西學中源論的根據。然而，儘管他們意識到西學中源論存在某些問題，但是這些見解並沒有形成具影響力的論述。

　　自強運動展開之後，西方人遂大量進入中國，是以新教傳教士開始透過介紹「西學源始」以反對西學中源論。他們採用的方法與明清之際的士子相當不同，是以西學源流作為基礎，闡明自

然知識、微生物學和文學從源頭到近代的歷史過程。雖然他們幾乎不曾質疑或討論西學中源論，但是透過強調所介紹的人物與年代，展現出與西學中源論迥異的歷史過程。因此，持續地介紹多種「西學源始」便成為此時期新教傳教士反對西學中源論的獨特方法，並且連帶地發展出「中學西源論」，則成為反對西學中源論更具力度的一種表現。

站在明清之際的士子和新教傳教士的肩膀之上，王韜將歷來的反對西學中源論方法加以結合。1889年王韜不滿於自強運動末期士子徒襲西學皮毛而嚼咀糟粕的狀況，是以重新出版《西國天學源流》，這與他在翻譯《西國天學源流》意圖推廣西學的動機相當不同。筆者發現，王韜雖然是一個反對西學中源論者，但是曾一度提倡西學中源論，如此做的原因是利用西學中源論模稜兩可的有用性降低傳統士子的防禦心理，藉此傳播西學。然而這種策略在運作近20年後，王韜意識到其帶來嚴重的後果，遂放棄此一傳播策略，重新展開反對西學中源論的論述以導正士子徒襲西學皮毛而嚼咀糟粕的惡風。

筆者探討王韜的用意，在於點出嚴復不是結合歷來反對西學中源論方法的第一人，但是筆者探索《天演論》種種反對西學中源論的論述，發現嚴復才是集反對西學中源論方法於大成的人。嚴復與王韜類似，都擔心時下士子徒學西學皮毛的現象和西學中源論的盛行，是以開始其翻譯《天演論》的工作。值得注意的是，赫胥黎《進化論與倫理學》一書之所以成為嚴復第一本翻譯的西書，主因是它屬於結構較為鬆散的演講稿，在翻譯過程中給予嚴復極大的自由發揮空間，方便嚴復構思如何導正晚清士子徒學西學皮毛和西學中源論大為盛行的兩個問題，另外，它的內容更是以比較進化論和古今各種宗教學說為主，嚴復更能順勢進行中、

西比較的工作，以展開其反對西學中源論的論證。

　　嚴復的西學背景給予他極大的幫助，使他得以進行更深刻的反對西學中源論的論述。在方法上，嚴復雖然承襲著前人的思路，但是他試圖重構「聖人」的概念。他將聖人去道德化，為「到處有開創聖人」的傳統論述建立新的理論基礎，以此反對西學中源論。此外，他同時比較中、西哲學，以此論證「東海西海，心同理同」此一想法的合理性，繼而論證中學西學，實不相同的事實，來反駁西學中源論。與前人類似的是，嚴復察覺到相同的經驗基礎是「東海西海，心同理同」得以成立的理由，然而較為不同的是，嚴復在西學上的涉獵遠比 200 多年前的李之藻、江永、趙翼，以至於稍早的王韜更為深刻，因此得以進行更深入的中、西哲學比較工作，使他反對西學中源論的基礎更為堅實，論述亦更為精緻。

　　另外，在介紹「西學源始」的過程中，嚴復試圖建立晚清士子不曾耳聞的進化論發展脈絡。在方法上，他的做法雖然與新教傳教士介紹「西學原始」類似，然而兩者對介紹的著重點卻大不相同。嚴復透過介紹地理位置、為西方名哲作史傳、辨證西方名哲的年代問題和建立新穎的進化論發展脈絡等四個作法，來達到導正的效果。這四個作法其實環環相扣，彼此具有加成的作用，因為這些作法全都是針對晚清士子「於西洋格致諸學，僅得諸耳剽」的缺點而發。嚴復的作法不僅是出於精心設計的結果，他的創新之處亦使其反對西學中源的論述更為堅實。

　　最後，嚴復亦從處理自然知識的過程中，透過闡釋生物概念、物質構成基礎和獲取知識途徑三個面向，突顯西學與中學有著根本上的差異。同樣的，雖然前人都試圖從此一路徑去突顯西學中源論的矛盾，但是嚴復介紹這些知識的方法，卻因為透過夾

敘夾議的風格論述一個相對完整的宇宙觀，顯得比前人更完備與更具有說服力。此一作法的主要目標固然是介紹西學新知，但是它卻帶有隱含的用意，即是：企圖引領晚清士子跳脫出陳舊的格致方法與傳統的「氣質」自然觀，連帶地，促使他們意識到中、西自然知識在根本上存在差異時，得以反省如此的西學不可能源於中學，因為中學根本沒有類似的概念。基於上述各種出自於嚴復自行創新，抑或青出於藍的做法，嚴復應是集反對西學中源論方法於大成的人，也因為如此，《天演論》的風行成為晚清西學中源論日益衰弱，最後消失無蹤的部分原因。

　　經過上述的研究，筆者釐清了明清西學中源論爭議的歷史脈絡，並確認嚴復透過《天演論》將反對西學中源論方法集大成，成為晚清西學中源論日益衰弱的部分原因。在某種意義上，《天演論》的出現標示著中國傳統自然知識的時代走向落幕，然而正是晚清產生的自然知識爭議，才使西方近代科學得以展現其獨特性，加速西學中源論的崩潰。歷史發展必然是多因的，光憑《天演論》的問世是無法完善地解釋晚清西學中源論何以消失無蹤，譬如當時大量湧入中國的翻譯西書，與戊戌變法導致的近代新式教育確立，都可能連帶地影響西學中源論爭議消失。由於受限於時間、精力以及主題等種種因素，筆者無法繼續全面性的探討此一課題，但是晚清西學中源論的影響所及，涉及中國近現代教育制度改變，和新興知識份子崛起問題，其多樣性與複雜性仍然值得學者予以高度關注。

參考書目

一、基本史料

（一）中文文獻

《聖經》（新標點和合本），臺北：臺灣聖經公會，1996。

丁韙良撰，《中西聞見錄選編》，臺北：文海，1987。

丁韙良撰，《西學考略》，收錄於《續修四庫全書》，上海：上海古籍，1995-。

孔穎達疏，《周易正義》，臺北，中華書局，1977，據阮刻本校刊。

方以智撰，《物理小識》，收錄於任繼愈主編，《中國科學技術典籍通彙‧物理卷》，鄭州：河南教育，1995，據光緒寧靜堂刻本影印。

王之春撰，趙春晨點校，《清朝柔遠記》，北京：中華書局，1989。

王仁俊撰，《格致古微》，北京：北京出版社，2000，《四庫未收書輯刊》據清光緒吳縣王氏刻本影印。

王太岳，王燕緒等纂輯《欽定四庫全書考證》，臺北：商務，1986。

王充撰，《論衡校釋》，收入世界書局編輯部，《新編諸子集成（七）》，臺北：世界書局，1974。

王先謙撰，《莊子集解》，收入世界書局編輯部，《新編諸子集成（四）》，臺北：世界書局，1978。

王冰注撰，《黃帝內經》，北京：中醫古籍出版社，2003，據清光緒京口文成堂摹刻宋本影印。

王廷相撰，王孝魚點校，《慎言‧道體》北京：中華書局，1989。

王念孫撰，鍾宇訊點校，《廣雅疏証》，北京：中華書局，1983。

王慶成主編，《嚴復合集・天演論匯刊三種》，臺北：財團法人辜公
　　亮文教基金會，1998。

王錫闡撰，《曉菴遺書》，收錄於薄樹人主編，《中國科學技術典
　　籍通彙・天文卷》，第六卷，鄭州：河南教育，1995，據守山
　　閣叢書本影印。

王韜撰，《弢園尺牘》，臺北：文海，1983。

王韜撰，陳恒、方銀兒評注，《弢園文錄外編》，鄭州：中州古籍
　　出版社，1998。

王韜輯，《西國天學源流》，收錄於《西學輯存六種》，出版地不詳：
　　出版者不詳，1890，據淞隱廬校印本。

王韜輯，《西學原始考》，收錄於《西學輯存六種》，出版地不詳：出
　　版者不詳，1890，據淞隱廬校印本。

司馬遷撰，楊家駱主編，《新校本史記三家注并殯附編二種》，臺北：
　　鼎文書局，1984。

合信撰，《全體新論》，北京：中華，1991。

朱熹撰，《論語集注》，臺北，藝文，1966。

江永撰，《數學》，收錄於嚴一萍輯選，《百部叢書集成》，臺北：藝
　　文印書館印行，據守山閣叢書本影印。

利瑪竇口譯，徐光啟筆受，《幾何原本》，臺北：藝文，1966，據清
　　道光海山仙館叢書本影印。

利瑪竇授，李之藻演，《同文算指前編》，臺北：藝文，1966，據清
　　道光海山仙館叢書本影印。

利瑪竇撰，朱維錚主編，《利瑪竇中文著譯集》，上海：復旦大學出
　　版社，2001。

吳汝綸撰，施培毅、徐壽凱校點，《吳汝綸全集》，合肥：黃山書社，
　　2002。

李之藻撰，吳相湘主編，《天學初函》，臺北：臺灣學生書局，1965，據金陵大學寄存羅馬藏天學初函本影印。

李時珍撰，《本草綱目》，北京：人民衛生出版社，1991，據明萬曆夏良心刻江西校刊本影印。

阮元撰，楊家駱主編，《疇人傳彙編》，臺北：世界書局，1962。

阮元撰，羅士琳續補，《疇人傳》，收錄於嚴一萍輯選，《百部叢書集成》，臺北：藝文印書館印行，據清嘉慶阮元輯刊道光阮亨彙印文選樓叢書本影印。

周振甫譯注，《周易譯注》，北京：中華書局，1991。

林樂知主編，《萬國公報》，臺北：華文，1968。

法蘭西斯·培根撰，關琪桐譯，《新工具》，臺北：臺灣商務印書館，1971。

孫奭撰，《孟子注疏》，臺北，中華，1968。

孫應祥、皮後鋒編，《嚴復集》補編，福州：福建人民出版社，2004。

孫應祥編，《嚴復年譜》，福建人民出版社，2003。

徐光啟撰，王重民輯校，《徐光啟集》，上海：上海古籍出版社，1984。

格致書院編，弢園重校，《格致書院課藝》，出版地不詳：出版者不詳，出版時間不詳。

班固撰，顏師古注，《前漢書》，臺北，中華，1966。

偉列亞力主編，《六合叢談》，復刻版收錄於沈國威，《「六合叢談」1857-58 の學際的研究──付·語彙索引/影印本文》，東京：白帝社，1999。

康熙述，《聖祖仁皇帝庭訓格言》，收錄於〔清〕高宗御製，《欽定四庫全書》，臺北，臺灣商務，1978。

張之洞撰、范希曾補正，《書目答問補正》，上海：上海古籍出版社，2004。

張自牧撰，《瀛海論》，收錄於王錫祺，《小方壺齋輿地叢抄》，臺北：
　　中央研究院歷史語言研究所傅斯年圖書館藏，據南清河王氏鑄
　　版，上海著易堂印行本，1877。

張湛注，《列子注》，收錄於世界書局編輯部主編，《新編諸子集成》
　　第四冊，臺北：世界書局，1978。

梁啟超撰，《中國近三百年學術史》，臺北：里仁書局，1995。

梅文鼎撰，《歷學疑問》，收錄於嚴一萍輯選，《叢書集成三編》，臺
　　北：藝文印書館，據原刻影印。

梅文鼎撰，《歷學疑問補》，收錄於《百部叢書集成》，臺北：藝文印
　　書館，據吳省蘭輯刊藝海珠塵本影印。

梅文鼎撰，《雜著》，收錄於嚴一萍輯選，《叢書集成三編》，臺北：
　　藝文印書館，據原刻影印。

梅文鼎撰，《中西經星同異考》，收錄於《中國科學技術典籍通彙‧
　　天文卷》，第六卷，鄭州：河南教育，1995，據《指海》本第
　　三集影印。

梅瑴成撰，《赤水遺珍》，收錄於嚴一萍選輯，《梅氏叢書輯要》，臺
　　北：藝文印書館，1971。

笛卡耳撰，錢志純、黎惟東譯，《方法導論、沉思錄＆哲學原理》，
　　臺北：志文出版社，1996。

郭嵩燾等撰，王立誠編校，《郭嵩燾等使西記六種》，北京：三聯書
　　店，1998。

傅蘭雅主編，《格致匯編》，第一冊，南京：南京古舊書店印製發行，
　　1992，據格致書室再版本。

揭宣撰，《璇璣遺述》，收錄於任繼愈主編，《中國科學技術典籍通彙‧
　　天文卷六》，鄭州：河南教育出版社，1995，據刻鵠齋本影印。

愛新覺羅‧玄燁撰，王雲五主編，《數理精蘊》，臺北：臺灣商務印

書館，1967。

達爾文，馬君武譯，《達爾文物種原始》，臺北：中華書局，1984。

達爾文撰，葉篤莊、周建人、方宗熙譯，《物種起源》，臺北：臺灣
　　商務，1998。

熊明遇撰，《格致草》，收錄於薄樹人主編，《中國科學技術典籍通
　　彙・天文卷》，第六卷，鄭州：河南教育，1995，據《函宇通》
　　本影印。

赫胥黎撰、《進化論與倫理學》翻譯組譯，《進化論與倫理學》，北京：
　　科學出版社，1973。

赫歇爾（John Frederick Herschel）撰，偉烈亞力（Alexander Wylie）
　　口譯，李善蘭 1811-1882 刪述，清徐建寅續述，《談天》，臺北：
　　新文豐, 1989。

趙君卿注，甄鸞重述，《周髀算經》，臺北：中華書局，1978。

趙翼撰，理解民點校，《簷曝雜記》，北京：中華書局，1997。

趙翼撰，楊家駱主編，《陔餘叢考》，臺北：世界書局，1990。

劉安撰，高誘注，楊家駱主編，《淮南子》臺北：世界書局，1965。

劉禹錫撰，《劉賓客文集》，臺北，中華，1965，據結一廬朱氏刻本
　　校刊。

劉嶽雲撰，《格物中法》，收錄於《中國科學技術典籍通彙・綜合卷》，
　　第七卷，鄭州：河南教育，1995，據家刻本影印。

鄭觀應撰，《盛世危言》，鄭州：中州古籍出版社，1998。

黎靖德撰，《朱子語類》，山東：山東友誼，1993。

墨翟撰，《墨子》，臺北：臺灣中華書局，1966，據畢氏靈巖山館
　　校刊本影印。

錢穆撰，《中國近三百年學術史》，臺北：臺灣商務，1966。

錢鍾書主編，《萬國公報文選》，香港：三聯書店，1998。

薛福成撰，《出使英法義比四國日記》，湖南：岳麓，1985。

薛福成撰，《庸盦全集（一）》，臺北：華文書局，1971。

薛福成撰，王有立主編，《出使日記續刻》，臺北：華文書局，1967，據清光緒廿四年傳經樓校本影印。

薛福成撰，沈雲龍主編，《出使英、法、義、比四國日記》，臺北：文海出版社，1967。

薛鳳祚撰，《曆學會通》收錄於任繼愈主編，《中國科學技術典籍通彙・天文卷六》，鄭州：河南教育出版社，1995，據北京圖書館藏《益都薛氏遺書》影印。

魏徵撰，楊家駱主編，《隋書》，臺北：中華書局，1965。

譚峭撰，丁禎彥、李似珍點校，《化書》，北京：中華書局，1996。

嚴可均校輯，《全上古三代秦漢三國六朝文》，日本京都：中文，1981。

嚴復合集編輯委員會主編，王慶城、葉文心、林載爵編輯，《嚴復合集》，臺北：辜公亮文教基金會，1998。

嚴復撰，《嚴復文集編年（一）》，臺北：辜公亮文教基金會，1998。

嚴復譯，馮君豪註譯，《天演論》，鄭州：中州古籍出版社，2000。

寶鋆等修，沈雲龍主編，《籌辦夷務始末・同治朝》，臺北：文海，1971。

顧炎武撰，楊家駱主編，《日知錄集釋》，臺北：世界書局，1962。

（二）西文文獻

Bacon, Francis, edited by Lisa Jardine, Michael Silverthorne. *The New Organon.* New York：Cambridge University Press, 2000.

Darwin, Charles, edited with an introduction by J. W. Burrow. *The Origin of Species by Means of Natural Selection or the Preservation of Favoured Races in the Struggle for Life.* Harmondsworth：Penguin,

1968.

Descartes, Rene, translated and edited by Stephen Gaukroger. *The World and other Writings*. New York ： Cambridge University Press, 1998.

Descartes, Rene, translated by John Veitch, introduction by Tom Sorell. *A Discourse on Method ; Meditations on the First Philosophy ; Principles of Philosophy*. London ： Dent, 1994.

Huxley. H. Thomas. *Evolution & ethics ： T.H. Huxley's "Evolution and Ethics" with New Essays on its Victorian and Sociobiological Context*. New Jersey ： Princeton University press, 1989.

Spencer, Herbert, with a new introduction by Michael Taylor. *First Principles*. London ： Routledge, Thoemmes press, 1996.

二、近人著作

（一）中文專著

J. R. 柏廷頓，胡作玄譯，《化學簡史》，桂林：廣西師範大學出版社，2003。

Neil A. Campbell 原著，李家維等編譯，《生物學》，臺北：偉明，1999。

中國天文學史整理研究小組編著，《中國天文學史》，北京：科學出版社，1987。

王中江，《進化主義在中國》，北京：首都師範大學出版社，2002。

王中江，《嚴復》，臺北：東大，1997。

王曾才，《世界通史》，臺北：三民書局，1996。

王壽南總編輯，《中國歷代思想家》，臺北：商務，1983。

王爾敏，《上海格致書院志略》，香港：中文大學出版社，1980。

王爾敏，《中國近代思想史論》，北京：社會科學文獻出版社，2003。

史革新，《晚清理學研究》，臺灣：文津出版社，1994。

史華茲（Benjamin Schwartz），《尋求富強：嚴復與西方》，南京：江蘇人民出版社，1995。

田默迪，〈天演論-嚴復的譯著與赫胥黎原文的比較〉，輔仁大學哲學研究所碩士論文，1974。

皮後鋒，《嚴復大傳》，福州：福建人民出版社，2003。

皮特‧J‧鮑勒（Peter Bowler）、田洺譯，《進化思想史》，南昌：江西教育出版社，1999。

皮特‧J‧鮑勒，《達爾文：改變人類的科學家》，臺灣：牛頓出版有限公司，1997。

任繼愈主編，《中國科學技術典籍通彙‧天文卷》，鄭州：河南教育出版社，1995。

任繼愈主編，《中國科學技術典籍通彙‧綜合卷》，鄭州，河南教育，1995。

列文森（Joseph R. Levenson），鄭大華、任菁譯，《儒教中國及其現代命運》，北京：中國社會科學出版社，2000。

江曉原、鈕衛星，《中國天學史》，上海：上海人民出版社，2005。

呂理政，《天、人、社會——試論中國傳統的宇宙認知模型》，臺北：中央研究院民族學研究所，1990。

李存山，《中國氣論探源與發微》，北京：中國社會科學出版社，1990。

李志軍，《西學東漸與明清實學》，成都：巴蜀書社，2004。

李杜，《中國古代天道思想論》，臺北：藍燈文化，1992。

李承貴，《中西文化之會通》，南昌：江西人民出版社，1997。

李約瑟（Joseph Needham），範庭育譯，《大滴定——東西方的科學與社會》，臺北：帕米爾書店，1987。

李約瑟，潘吉星主編，《李約瑟文集》，瀋陽：遼寧科學技術出版社，

1986。

李約瑟原著，羅南改編，上海交通大學科學史系譯，《中華科學文明史》第二卷，上海：上海人民出版社，2002。

李恩涵、張朋園，《近代中國——知識份子與自強運動》，臺北：食貨，1977。

李細珠，《晚清保守思想的原型——倭仁研究》，北京：社會科學文獻出版社，2001。

李澤厚，《中國近代思想史論》，臺北：風雲時代出版社，1990。

李儼、錢寶琮，《李儼錢寶琮科學史全集·第三卷》，瀋陽：遼寧教育，1998。

杜石然等，《洋務運動與中國近代科技》，瀋陽：遼寧教育出版社，1991。

汪子春、程寶綽著，《中國古代生物學》，臺北：臺灣商務，1995。

汪暉，《無地彷徨——五四及其回聲》，浙江：浙江文藝，1994。

汪榮祖，《從傳統中求變——晚清思想史研究》，南昌：百花洲文藝出版社，2002。

里查德·奧爾森（Olson, R.）主編，劉文成等譯，《科學家傳記百科全書》，北京：華夏出版社，2002。

周振甫，《嚴復思想述評》，臺北：中華書局，1987。

金永植，《朱熹的自然哲學》，上海：華東師範大學出版社，2003。

金祖孟，《中國古宇宙論》，上海：華東師範大學出版社，1996。

施湘興，《儒家天人合一之研究》，臺北：正中書局，1989。

唐君毅，《中國哲學原論——原教篇》，臺北：臺灣學生書局，1984。

唐君毅，《中國哲學原論——原道篇卷（一）》，臺北：臺灣學生書局，1986。

唐君毅，《中國哲學原論——導論篇》，臺北：臺灣學生書局，1986。

孫廣德，《晚清傳統與西化的爭論》，臺北：臺灣商務，1994。

席澤宗主編，《中國科學技術史‧科學思想卷》，北京：科學出版社，2001。

桑兵，《清末新知識界的社團與活動》，北京：三聯書局，1995。

馬勇、戴逸主編，《嚴復學術思想評傳》，北京：北京圖書館出版社，2001。

馬泰伊（Jean-Francois MATTEI），管震湖譯，《畢達哥拉斯和畢達哥拉斯學派》，北京：商務印書館，1997。

高振鐸主編，《古籍知識手冊》，臺北：萬卷樓，1997。

張立文，《中國哲學範疇發展史》（天道篇），北京：中國人民大學出版社，1989。

張朋園，《知識份子與近代中國的現代化》，南昌：百花洲文藝出版社，2002。

張建志，《嚴復學術思想研究》，北京：商務印書館，1995。

張海林，《王韜評傳》，南京：南京大學出版社，1993。

張灝，崔志海、葛夫平譯，《梁啟超與中國思想的過渡（1890-1907）》，南京：江蘇人民出版社，1995。

張灝等，《近代中國思想人物論——晚清思想》，臺北：時報文化，1980。

郭雙林，《西潮激盪下的晚清地理學》，北京：北京大學，2000。

陳玉申，《晚清報業史》，濟南：山東畫報出版社，2003。

陳垣，《中西回史日曆》，北京：北京大學研究所國學門，1926。

陳美東著，盧嘉錫總主編，《中國科學技術史‧天文學卷》，北京：科學，2003。

陳衛平，《第一頁與胚胎——明清之際的中西文化比較》，上海：人民出版社，1992。

陳遵媯撰，《中國天文學史》，臺北：明文書局，1988。

黃克武，《一個被放棄的選擇：梁啟超調適思想之研究》，臺北：中
　　央研究院近代史研究所，1994。

黃頌杰主編，《西方哲學名著提要》，南昌：江西人民出版社，2002。

楊儒賓、祝平次編，《儒家的氣論與功夫論》，臺北：國立臺灣大學
　　出版中心，2005。

楊儒賓主編，《中國古代思想中的氣論及身體觀》，臺北：巨流圖書，
　　1993。

葛兆光，《中國思想史・第一卷，七世紀前中國的知識、思想與信仰
　　世界》，上海：復旦大學出版社，2001。

葛兆光，《中國思想史・第二卷，七世紀至十九世紀中國的知識、思
　　想與信仰》，上海：復旦大學出版社，2001。

葛榮晉，《中國實學思想史》，北京：首都師範大學出版社，1994。

鄒振環，《影響中國近代社會的一百種譯作》，北京，中國對外翻譯
　　出版公司，1996。

熊月之，《西學東漸與晚清社會》，上海：人民出版社，1994。

臺灣中華書局簡明大英百科全書編譯部編譯，《簡明大英百科全
　　書》，臺北：臺灣中華書局，1989，據1988年15版《大英百科
　　全書》，1989。

蒙培元，《理學範疇體系》，北京：人民出版社，1998。

劉仲華，《清代諸子學研究》，北京：中國人民大學出版社，2004。

劉桂生等編，《嚴復思想新論》，北京：清華大學出版社，1999。

劉鈍、王揚宗編，《中國科學與科學革命 李約瑟難題及其相關問題
　　研究論著述》，瀋陽：遼寧教育出版社，2002。

盧嘉錫總主編、金秋鵬分卷主編，《中國科學技術史・人物卷》，北
　　京：科學出版社，1998。

霍夫斯達德　（Richard　Hofstader）、郭正昭譯，《美國思想中的社會

達爾文主義》，臺北：聯經，1986。

戴維・林德伯格（David C. Lindberg），王珺譯，《西方科學的起源：公元前六百年至公元一千四百五十年宗教、哲學和社會建制大背景下的歐洲科學傳統》，北京：中國對外翻譯出版公司，2003。

謝松齡，《天人象：陰陽五行學說史導論》，濟南：山東文藝出版社，1991。

盧嘉錫總主編，戴念祖分卷主編，《中國科學技術史：物理學卷》，北京：科學出版社，2001。

羅光，《中國哲學思想史——清代篇》，臺北：學生書局，1981。

羅光，《儒家哲學的體系》，臺北：臺灣學生書局，1990。

羅志田，《國家與學術：清季民初關於「國學」的思想論爭》，北京：三聯書局，2003。

羅桂環、汪子春分卷主編，《中國科學技術史：生物學卷》，北京：科學出版社，2005。

羅漁，《西洋上古史》，臺北：中國文化大學出版部，1998。

讓・泰奧多里德（Jean Theodorides），卞曉平等譯，《生物學史》，北京：商務印書館，2000。

（二）西文專著

Bowler, Peter J. *Charles Darwin：the Man and His Influence.* Cambridge：Cambridge University Press, 1996.

Bowler, Peter J. *Evolution -the History of an Idea.* London：University of California Press, 1989.

Chang Hao. *Chinese Intellectuals in Crisis：Search for Order and Meaning*, 1890-1911. Berkeley ：University of California, 1987.

Kuhn, Thomas S. *The Structure of Scientific Revolution.* Chicago,

IL :University of Chicago Press, 1996.

Kwok, D. W. Y. *Scientism in China Thought 1900-1950*. New Haven：Yule University Press, 1965.

Lackner, Michael Iwo Amelung & Joachim Kurtz, eds. *New Terms for New Ideas：Western Knowledge and Lexical Change in Late Imperial China*. Leiden：E. J. Brill, 2001.

Levenson, Joseph R. *Confucian China and its Modern Fate*. Berkeley：University of California Press, 1968.

Pusey, James Reeve. *China and Charles Darwin*. Cambridge：Harvard University, 1983.

Pusey, James Reeve. *Lu Xun and Evolution*. Albany：State University of New York. 1998.

Schwartz Benjamin. *In Search of Wealth and Power：Yen Fu and the West*. Cambridge, Mass：Harvard University Press, 1964.

Sivin, Nathan. *Science in Ancient China：Researches and Reflections*. Variorum Collected Series, 1995.

Wright, David. *Translating Science：the Transmission of Western Chemistry into Late Imperial China*, 1840-1900. Leiden：E. J. Brill, 2000.

Zumdahl, Steven S. *Chemical Principles*. Boston：Houghton Mifflin Company, 2002.

三、近代論文

（一）中文論文

王中江，〈「新舊之辨」的推演與文化選擇形態〉，《中國社會科學》，

第 4 期，1999，頁 27~41。

王民，〈嚴復「天演」進化論對近代西學的選擇與彙釋〉，《東南學術》，第三期，2004，頁 58~66。

王家儉，〈由漢宋調和到中體西用-試論晚清儒家思想的演變〉，《國立臺灣師範大學歷史學報》，第十二期，1984，頁 179~196。

王揚宗，〈《格致彙編》與西方近代科技知識在清末的傳播〉，《中國科技史料》，第十七卷，第一期，1996，頁 36~47。

王揚宗，〈「西學中源」說在明清之際的由來及其演變〉，《大陸雜誌》，第九十卷，第六期，1995，頁 39~45。

王爾敏，〈十九世紀中國士大夫對中西關係之理解及衍生之新觀念〉，收錄於王爾敏，《中國近代思想史論》，北京：社會科學文獻出版社，2003，頁 1~80。

王爾敏，〈近代知識份子應變之自覺〉，收錄於王爾敏，《中國近代思想史論》，北京：社會科學文獻出版社，2003，頁 323~369。

王爾敏，〈清季知識份子的自覺〉，收錄於王爾敏，《中國近代思想史論》，北京：社會科學文獻出版社，2003，頁 80~139。

王爾敏，〈中西學源流說所反映之文化心理趨向〉，收錄於《中央研究院成立五十周年紀念論文集》，臺北：中央研究院，1978，頁 793~808。

史革新，〈理學與晚清社會〉，《北京師範大學學報》（社會科學版），第四期，1998，頁 47~53。

史革新，〈略論晚清漢學的興衰與變化〉，《史學月刊》，第三期，2003，頁 86~95。

史革新，〈程朱理學與晚清同治中興〉，《近代史研究》，第六期，2003，頁 72~104。

全漢昇，〈清末的「西學源出中國」說〉，《嶺南學報》，第四卷，第

二期，1936，頁 57~102。

安宇，〈晚清「西學中源說」論綱〉，《徐州師範學院學報》（哲學社會科學版），第四期，1993，頁 83~86。

成曉軍、武增鋒、李龍躍，〈晚清「西學中源」說再認識〉，《貴州社會科學》，第一期，2002，頁 86~90。

朱發建，〈清末國人科學觀的演化-從「格致」到「科學」的詞義考辨〉，《湖南師範大學社會科學學報》，第三十二卷，第四期，2003，頁 79~82。

江曉原，〈試論清代「西學中源」說〉，《自然科學史研究》，第七卷，第二期，1988，頁 101~108。

吳展良，〈中西最高學理的綰合與衝突：嚴復「道通為一」說析論〉，《臺大文史哲學報》，第五十四期，2001，頁 305~332。

吳展良，〈朱子世界觀的基本特質〉，收錄於「東亞近世儒學中的經典詮釋傳統」國際學術研討會，臺北：臺灣大學，2004，頁 1~30。

吳展良，〈朱子理氣論新詮〉，收錄於「中國的經典詮釋傳統第 10 次學術會議」，臺北：臺灣大學，2000，頁 1~30。

吳展良，〈聖人之書與天理的恆常性：朱子的經典詮釋之前提假設〉，《臺大歷史學報》，第三十三期，2004，頁 71~95。

吳展良，〈嚴復《天演論》作意與內涵新詮〉，《臺大歷史學報》，第二十四期，1999，頁 103~176。

吳展良，〈嚴復的物競天擇說析論：嚴復與西方大師的演化觀點之比較研究〉，《臺大文史哲學報》，第五十六期，2002，頁 1~28。

吳康，〈晚清學界之進化思想〉，張灝等，《近代中國思想人物論-晚清思想》，臺北：時報文化，1980，頁 577~584。

李承貴，〈嚴復中西文化比較與結合理論方法探索〉，《福建論壇》，第三期，1993，頁 38~43。

杜正勝，〈形體、精氣與魂魄-中國傳統對「人」認識的形成〉，《新史學》，第二卷，第三期，1991，頁 1~65。

汪暉，〈「賽先生」在中國的命運-中國近現代思想中的「科學」概念及其使用〉，收錄於汪暉，《無地徬徨：「五四及其回聲」》，杭州：浙江文藝出版社，1994，頁 51~131。

汪榮祖，〈晚清變法思想析論〉，收錄於張灝等，《近代中國思想人物論──晚清思想》，臺北：時報文化，1980，頁 85~132。

汪榮祖，〈嚴復新論〉，收錄於劉桂生，《嚴復思想新論》，北京：清華大學出版社，1999，頁 17~24。

谷野，〈從「古今中西」之爭看嚴復的進化論〉，《中國哲學》，第十一輯，1984，頁 261~286。

季榮臣，〈論洋務派的「西學中源」文化觀〉，《中州學刊》，第三期，1999，頁 134~139。

尚智叢，〈1886──1894 年間近代科學在晚清知識分子中的影響-上海格致書院格致類課藝分析〉，《清史研究》，第三期，2001，頁 72~82。

屈寶坤，〈晚清社會對科學技術的幾點認識的演變〉，《自然科學史研究》，第十卷，第三期，1991，頁 211~222。

俞政，〈從孫寶瑄日記看其對《天演論》的解讀〉，《福建論壇》（人文社會科學版），第三期，2001，頁 76~80。

俞政，〈試論《天演論》的意譯方式〉，《蘇州大學學報》哲學社會科版，第二期，2000。

俞政，〈關於《天演論》譯文的修改〉，《蘇州大學學報》哲學社會科版，第三期，2001。

唐君毅，〈中國哲學中自然宇宙觀之特質〉，《學燈》，1937，收錄於《中西哲學思想之比較論文集》，臺北：臺灣學生書局，1988 年

校訂版，頁 95~127。

徐光台，〈「自然知識儒學化」：通過自然知識在「格物窮理」中的地位來看朱熹與利瑪竇的歷史關聯〉，收錄於鍾彩鈞主編，《朱子學的開展：學術篇》臺北：漢學研究中心，頁 161~195。

徐光台，〈明末西方四元素說的傳入〉，《清華學報》，新二十七卷，第三期，《清華學報》，1998，頁 347~380。

徐光台，〈明末清初西方「格致學」的衝擊與反應：以熊明遇《格致草》為例〉，收錄於《世變、群體與個人：第一屆全國歷史學學術研討會論文集》，臺北：臺灣大學歷史系，1996，頁 235~258。

馬克鋒，〈「西學中源」說及嚴復對其批評與反思〉，《中國近代史》，第六期，1993，頁 47~53。

馬來平，〈嚴復論束縛中國科學發展的封建文化無「自由」特徵〉，《哲學研究》，第三期，1995，頁 57~65。

馬來平，〈嚴復論傳統認識方法與科學〉，《自然辯證法通訊》，第十七卷，第二期，1995，頁 64~71。

張恒壽，〈嚴復對於當代道學家與王陽明學說的評論〉，收錄於劉桂生，《嚴復思想新論》，北京：清華大學出版社，1999，頁 3~16。

張晨曦，〈洋務運動期間中國社會對西方近代科技態度的轉變〉，《自然科學史研究》，第九卷，第一期，1990，頁 9~21。

張惠民，〈味經、崇實書院及其在傳播西方科技中的歷史作用〉，《西北大學學報》（自然科學版），第二十九卷，第一期，1999，頁 88~92。

張增一，〈江南製造局的譯書活動〉，《近代史研究》，第三期，1996，頁 212~223。

張錫勤，〈嚴復對近代哲學變革的複雜影響〉，《孔子研究》，第一期，1994，頁 81~87。

梁義群，〈嚴復與吳汝綸〉，《歷史檔案》，第四期，1998，頁 109~114。

郭正昭，〈達爾文主義與中國〉，收錄於張灝等，《近代中國思想人物論-晚清思想》，臺北：時報文化，1980，頁 669~686。

陳天林，〈嚴復進化論與老莊天道自然觀〉，《江西社會科學》，第五期，2002，頁 29~31。

陳衛平，〈中國近代進化論思潮形成的內在邏輯〉，《文史哲》，第三期，1996，頁 25~29。

彭世文、章啟輝，〈論嚴復「氣」範疇及其近代意義〉，《湖南大學學報》（社會科學版），第十五卷，第四期，2001，頁 13~16。

湯奇學，〈康有維的「托古改制論」與「西學中源說」的關係及命運〉，《學術界》，第六期，1998，頁 29~34。

黃一農，〈擇日之爭與「康熙曆獄」〉，《清華學報》，新 21 卷，第 2 期，1991，頁 247~280。

黃克武，〈思議與不可思議：嚴復的知識觀〉，收錄於習近平主編，《科學與愛國：嚴復思想新探》，北京：清華大學出版社，2001 年，頁 247~257。

黃克武，〈嚴復與梁啟超〉，《臺大文史哲學報》，第五十六期，2002，頁 29~68。

黃克武，〈梁啟超的學術思想：以墨子學為中心之分析〉，《中央研究院近代史研究所集刊》，第二十六期，1997，頁 43~90。

楊國榮，〈作為普遍之道的科學-晚清思想家對科學的理解〉，《科學·經濟·社會》，第十六卷，第四期，1998，頁 35~41。

葛兆光，〈宇宙、身體、氣與「假求於外物以自堅固」-道教的生命理論〉，《中國哲學史》，第二期，1999，頁 65~72。

雷中行，〈論嚴復在《天演論》中建立西方學術脈絡的用意〉發表於「國立清華大學歷史研究所九十三學年度研究生論文發表會」，

收錄於《國立清華大學歷史研究所九十三學年度研究生論文發表會論文集》，新竹：國立清華大學歷史研究所，2005 年 4 月 22-23 日。

熊月之，〈格致書院與西學傳播〉，《史林》，第二期，1993，頁 33~41。

趙建海，〈李之藻和《渾蓋通憲圖說》-比較天文學的地平〉，《中國文化》，第二期，1995，頁 196~210。

趙雲鮮，〈化生說與中國傳統生命觀〉，《自然科學史研究》，第十四卷，第四期，1995，頁 366~373。

劉又銘，〈宋明清氣本論研究的若干問題〉收錄於楊儒賓、祝平次編，《儒家的氣論與功夫論》，臺北：國立臺灣大學出版中心，2005，頁 203~246。

劉長林，〈說「氣」〉收錄於楊儒賓主編，《中國古代思想中的氣論及身體觀》，臺北：巨流圖書，1993，頁 101~140。

樊洪業，〈從「格致」到「科學」〉，《自然辯證法通訊》，第三期，1998，頁 39~50。

潘光哲，〈張自牧論著考釋箚記—附論深化晚清思想史研究的一點思考〉，《新史學》，第十一卷，第四期，2000，頁 107~109。

韓琦，〈白晉的《易經》研究和康熙時代的「西學中源」說〉，《漢學研究》，第十六卷，第一期，1998，頁 185~201。

韓琦，〈君主和布衣之間：李光地在康熙時代的活動及其對科學的影響〉，《清華學報》， 新 26 卷，第 4 期，1996，頁 421~445。

羅志田，〈學戰：傳教士與近代中西文化競爭〉，收錄於羅志田，《民族主義與近代中國思想》，臺北：東大圖書公司，1998，頁 119~147。

羅志田，《走向國學與史學的「賽先生」-五四前後中國人心目中的「科學」一例》，《近代史研究》，第三卷，2000，頁?。

蘇萃華，〈再談《淮南子》中的生物進化觀〉，《自然科學史研究》，
　　第二卷，第二期，1983，頁 145~153。

鐘少華，〈清末中國人對於「哲學」的追求〉，《中國文哲研究通訊》，
　　第二卷，第二期，1992，頁 159~189。

鐘興錦，〈嚴復的中西文化觀及其「天演哲學」〉，《武漢水利電力大
　　學學報》（社會科學版），第十九卷，第四期，1999，頁 1~5。

國家圖書館出版品預行編目資料

明清的西學中源論爭議／雷中行著. -- 初版. --
臺北市：蘭臺出版：發行, 2009. 02
面； 公分. --
含參考書目
ISBN 978-986-7626-806
1.明代哲學 2.清代哲學
3.天演論

126   98003196

中國歷史研究 C001

明清的西學中源論爭議

作　　　者：雷中行著
出　　　版：蘭臺出版社
編　　　輯：張加君
美　　　編：Js
地　　　址：台北市中正區開封街一段 20 號 4 樓
電　　　話：(02)2331-1675　傳真：(02)2382-6225
劃 撥 帳 號：蘭臺出版社 18995335
網 路 書 店：http://www.5w.com.tw　E-Mail：lt5w.lu@msa.hinet.net
　　　　　　　　　　　　　　　books5w@gmail.com
網 路 書 店：博客來網路書店　http://www.books.com.tw
網 路 書 店：華文網、三民書局、誠品書局
香 港 總 代 理：香港聯合零售有限公司
地　　　址：香港新界大蒲汀麗路 36 號中華商務印刷大樓
　　　　　　　C&C　Building, 36, Ting　Lai　Road, Tai Po,New Territories
電　　　話：(852)2150-2100　　傳真：(852)2356-0735
出 版 日 期：2009 年 2 月初版
定　　　價：新臺幣 350 元